MICRO COMMUNITY EFFECT

小群效應

席捲海量用戶的隱形力量

徐志斌

——

著

野人

地球觀　49

小群效應
席捲海量用戶的隱形力量

作　　者　徐志斌

社　　長　張瑩瑩
總 編 輯　蔡麗真
主　　編　鄭淑慧
責任編輯　陳瑾璇
專業校對　魏秋綢
行銷企劃　林麗紅
封面設計　兒日設計
內頁排版　洪素貞
出　　版　野人文化股份有限公司
發　　行　遠足文化事業股份有限公司
　　　　　地址：231新北市新店區民權路108-2號9樓
　　　　　電話：（02）2218-1417　傳真：（02）8667-1065
　　　　　電子信箱：service@bookrep.com.tw
　　　　　網址：www.bookrep.com.tw
　　　　　郵撥帳號：19504465遠足文化事業股份有限公司
　　　　　客服專線：0800-221-029

讀書共和國出版集團
社　　長　郭重興
發行人兼　曾大福
出版總監
印　　務　黃禮賢、李孟儒
法律顧問　華洋法律事務所　蘇文生律師
印　　製　成陽印刷股份有限公司
初　　版　2018年12月

國家圖書館出版品預行編目 (CIP) 資料

小群效應：席捲海量用戶的隱形力量 / 徐志斌著.
-- 初版 . -- 新北市：野人文化出版：遠足文化發行，
2018.12
　面；　公分 . -- (地球觀 ; 49)
ISBN 978-986-384-328-3(平裝)

1. 網路經濟學 2. 網路社群 3. 網路行銷

550.16　　　　　　　　　　　　　107019825

小群效應

線上讀者回函專用 QR CODE，您的
寶貴意見，將是我們進步的最大動力。

獻給我的女兒得米

女兒成就了一位父親

徐志斌的社交紅利系列，從《社交紅利》《社交紅利 2.0：即時引爆》寫到《小群效應》，通過持續的追蹤、敏銳的觀察、豐富的用戶研究和案例分析，以高遠深入的視角，多元有趣的數據，清晰地描繪了社交網絡的發展特徵與最新動態，也記錄了互聯網社交平台的時代與世代。

——李開復（創新工場 CEO、創新工場人工智能工程院院長）

社會進入了全民移動時代，人們的交往方式和訊息的傳播方式也應時而變。徐志斌多年來專注於移動社交的研究，《小群效應》一書是他多年研究成果的展現。志斌對移動社交案例進行第一手調研，用心觀察和潛心研究，這種有誠意的原創精神，令人敬佩。

——張志東（騰訊共同創辦人）

這本書，值得二刷、再三刷！

——羅振宇（羅輯思維 & 得到創辦人）

必讀書！為我們開啟了一道商業新知大門。

——姚勁波（58 集團 CEO）

互聯網的奧祕如果只能用一個詞表達，那就是互動。一切成功的互聯網產品都離不開互動，而互動的最優形態就是社交。不論是正在起步的創業者，還是已經頗具規模的互聯網企業家，有效地學習和利用《小群效應》發展業務，不僅性價比最優，更是建立企業核心競爭力的不二法門。

—— 陳大年（盛大網絡創辦人、連尚網絡創辦人）

微信已成國人社交生活的重要途徑，社交紅利系列用數據分析揭示了網絡社交諸多意想不到之處，更引人深入網絡社群一探社交能量釋放的究竟，有據又有趣！

—— 李明遠（資深互聯網專家、人工智能領域投資人）

很多人都認為互聯網社交時代結束了，但是我們看到的狀況恰恰相反，臉書、微信作為一個時代的社交軟體巔峰並非無法超越，愈來愈多的新社交生態正在崛起。以 Instagram 和短視頻為代表的下一代社交方式正在滲透人們的生活。

—— 李學凌（YY 董事長）

從 0 到 1 的產品學會利用社交紅利才能達到四兩撥千斤的效果。

—— 奉佑生（映客創辦人兼 CEO）

透過大量生動案例，總結出利用社交網絡和海量用戶進行溝通的方法論。

—— 王曉峰（摩拜單車 CEO）

就商業而言，我們已經從大眾化時代進入圈層化時代。未來所有的消費，都可能來自同一價值觀圈層的社交。志斌的《小群效應》是社交紅利系列的第三部，歸納了社群的基礎模型和六大驅動力。它回答的其實是這樣一個問題：社交網絡現在是如何釋放紅利的？

—— 吳曉波（著名財經作家、巴九靈新媒體創辦人）

書中的許多案例讓我非常振奮。我們必須擁抱這一變化，擁抱這個有巨大潛在影響力的媒體。

—— 李西沙（中國商務廣告協會會長）

志斌從核心進入，用最翔實的案例闡述社群六大驅動力，分析得如此透澈。社會化媒體已經改變了我們的營銷生態，而社群是社會化媒體的核心，整個行業都將受益於這些驅動力。

—— 黃小川（迪思傳媒董事長、華誼嘉信聯席總裁）

不管是微博、微信、自媒體，還是社群，其繁盛的核心是用戶對社交需求的追逐，徐志斌扎實的數據考證和清晰的洞見分析，為在這個領域尋找紅利者提供了一把利器。

—— 姬十三（果殼網 CEO、分答創辦人）

書中的基礎設問幾乎是創業者每天都在思考的問題，而給出的答案則開闢了新天地。這是創業者可以迅速崛起、比肩大企業的美好時代，社群的種種特性成為時代中強大的發動力。

—— 牛文文（創業黑馬董事長）

在看似普通的數據裡，發現社交神奇的威力。

——王慧文（美團高級副總裁、餐飲平台總裁）

看到書稿的第一刻就欲罷不能，這將是珠寶產業乃至傳統產業互聯網化的最佳讀本。

——白雪（真實匯創辦人）

今天，社交網絡浪潮席捲中國，微信已經成為擁有9億用戶的國民應用。如何進一步利用社交紅利？徐志斌先生的新著《小群效應》聚焦社群，用大量實戰案例告訴企業如何應用社群進行營銷，是創業者、企業高管和所有營銷人不可錯過的一本書！

——鄭毓煌（北京清華大學營銷學博士班導師、營創學院院長）

在今天的中國，很多創新都超出了美國人的想像。微信、共享單車都是這樣的例子。對於任何全球性企業，想要了解中國市場，必須使用微信這個社交媒體平台。徐志斌先生致力於研究中國社交媒體營銷，因此，我推薦所有希望進入中國市場和已在中國營運的全球化企業高管都要讀《小群效應》這本書！

——諾埃爾‧凱普（Noel Capon，哥倫比亞大學營銷學教授、關鍵客戶營銷之父）

寫作如此扎實、案例如此貼實、內容如此務實、價值如此「結實」的書，非常少見。作者的態度，就是這本書的溫度，而諸多一線精英業者在試讀等環節的互動參與，進一步夯實了這本書的實作參考價值。關於社會化網絡方向，《小群效應》始終是我給周圍朋友的第一推薦。

——胡延平（互聯網數據中心、未來智庫、未來實驗室創辦人）

書稿痛快！大量乾貨（不摻水的內容）撲面而來，那些信手拈來的數據引人深思。推薦多遍閱讀及深度討論。

——劉潤（潤米諮詢創辦人、《劉潤·5分鐘商學院》作者、前微軟戰略合作總監）

10年探索互聯網社交，徐志斌的熱忱與好奇心，在這個我們自以為熟悉的領域裡邊，點亮了那些潛行的規則和不為人知的驅動力。

——李方（騰訊網總編輯）

微信、微博打開了社交的大門。如何把握社交的本質，享受社交紅利，創業者和投資人都很急切地想知道答案。志斌長期關注社交，很有見地，我非常急切地看完了內容，不僅案例豐富，還有邏輯嚴謹的框架，值得認真閱讀。

——劉二海（愉悅資本創辦人及執行合夥人）

站在當下這個時間點，如果我們分別向前看 10 年，再向後看 10 年，尋找驅動商業世界進步的核心力量，不難發現，科技與人文的相互作用力，個體的解放力度，幾乎與頻寬的增長是成正比的。這也是徐志斌老師此書的價值。他的新書雖然再次以社交為名，但社交只是他探究時代變化的一個切入點，他真正的野心是揭示移動互聯網時代情感、信任、價值、判斷等關鍵要素如何發生變化，以及誰在掌握變化的話語權。任何紅利都是容易消失的，唯有基於人性的紅利永遠存在。

——何伊凡（雙志偉業集團總裁、《中國企業家》雜誌前執行總編）

小群效應

海量用戶和收入從哪裡來？

三近一反

如何建構活躍的小型社群？

連結者

找到可變現的連結者

你能幫我解決什麼根本性問題？

用戶打法成為市場主流

小池塘裡的大魚

榮譽驅動的巨大威力

讓人們愉快地消耗對方時間

如何經營不同種類和不同階段的社群

我想證明自己很偉大

事件驅動力如何帶來巨大效益

社群的力量

奇虎 360 公司董事長 周鴻禕

2000 年，互聯網圈曾有一則廣告，令我印象非常深刻，其中有句廣告詞是「網聚人的力量。」

互聯網能夠改變世界的最重要原因正是「網聚人的力量」。什麼是網聚人的力量呢？我的理解就是「連結」的力量。放到現在，也可以理解為社交的力量。

互聯網思維的核心就是連結。互聯網中的連結有兩種：一種是人與資訊的連結；另一種是人與人的連結，也就是我們熟悉的社交網絡。互聯網從出現開始，就注定要連結人與人。從最早的網絡論壇，到後來的人人網，再到移動互聯網時代的微博、微信等產品，其實都屬於社交網絡，都是在執行「連結人與人」這一使命。

物以類聚，人以群分。社交網絡的發展與人類發展類似，從開始到現在都是群居形態。最早的論壇聚集的是一群什麼樣的人？要麼是志同道合的一群人，要麼是以地域為特徵聚在一起的群體。我

的理解是：這就是最早的社群模式。

當然，之後出現的以臉書、QQ 空間和人人網為代表的社交網絡，以及現在最紅的微博、微信，我認為屬於另一種社群。與早期社群不同的是，這種社群大多不再以話題為中心集結，而是以人（確切地說是帳號）為中心集結。以微博為例，關注明星的粉絲是一個社群，關注數位科技的用戶也是一個社群，社交網絡就是由一個又一個社群組成的。

而微信把微博上的隱性社群進一步具象化了，直接就是微信群。微信群都是怎麼形成的？可能源於一個活動主題，可能源於一個興趣主題，也可能是以某個人為中心……

社群正在逐漸成為全球趨勢，中美兩個國家的產品指向日趨一致。

2017 年 6 月，臉書 CEO 馬克．祖克柏（Mark Zuckerberg）公開表示，將推出一系列工具，方便用戶更好地建立社群，更好地連結各個社群，並希望能讓 10 億用戶使用這些功能。這成為臉書新的 10 年願景：「幫助人們建立社群，讓世界聯繫更緊密。」

這些社群裡「連結」的力量，比社交網絡上的社群自身所蘊含的力量更為強大。志斌在他的這本新書裡講到了「三近一反」，很好地解釋了為什麼這種力量更加強大。

舉例來說，我們創業做的產品是給什麼人用的？這就需要我們找到目標用戶群，並在用戶群中引爆市場。

過去社交網絡還沒有那麼強大時，我們經常會在超市裡看到現場試吃等促銷活動，有些消費者喜歡參與餅乾試吃活動，有些消費

者喜歡參與麵包試吃活動，這些都是為商品尋找用戶群的傳統方式。通過這種方法找到用戶群之後，的確可以形成購買，但很難引爆市場。

現在做互聯網產品也會採用線下地推（實體推銷）的方式，如之前 O2O（Online to Offline，線上到線下的商業模式）火熱時，我就看到公司樓下經常有人發傳單。但大多數時候，我們都是在線上尋找用戶群，比如有人喜歡拍照，有人喜歡玩遊戲，這些人就會幫助我們找到特定用戶群。例如，我們做花椒相機時，負責營運的同事就會找一些「90 後」「00 後」的年輕女孩兒，請她們試用相機，並將試用結果發到她們的微博、朋友圈、微信群。為什麼不找遊戲宅男去試用？因為如果遊戲宅男在朋友圈發新遊戲的試玩視頻，肯定會有人問是什麼遊戲。但如果讓他發自拍，朋友們沒準兒都沒反應。而如果女孩兒拍完照片發出來，她的朋友大多都會問：這個「萌顏」不錯，特效好看，是什麼應用軟體？

這就是「三近一反」中的「興趣相近」，其他幾點，志斌在書中也有很深入的討論。

這些構成了社群巨大「連結」力量的來源，也帶來了許多新變化。如果沒有志斌翔實的數據和案例分析，我們很難想到今天很多創新項目、新獨角獸的崛起，是建立在一個個很小的社群之上。這又源於一個非常小的用戶行為變化，那就是用戶喜歡在小群內分享。

小社群可能只有一、二十人，但是不同的小社群連結在一起，最終會形成一個大社群。一款產品正是從一個小社群到另一個小社

群，再到無數個小社群實現引爆的。

很多東西，不但需要觀察和思考，還需要記錄和分享。我和志斌相識多年，他從做記者開始，到擔任騰訊微博開放平台負責人，再到加入微播易出任副總裁，一直都是勤奮工作、認真思考，屬於會做也真懂的那一類人。很高興他還保持寫作的習慣，保持探討數據、關注用戶變化的習慣。更令人高興的是，認真的他為我們帶來了這本超有價值的新書。

是的！今天早已經是豐饒經濟！

微播易創辦人兼 CEO 徐揚

今天我們究竟生活在什麼樣的世界中？我的回答是「豐饒世界」。

自 2009 年進入社交網絡領域創業至今，在這 7 年多的時間裡，我目睹了用戶數、訊息數持續增長的過程。用戶在線時間愈來愈長、互動愈來愈頻繁。以至於今天只要打開手機，好友們分享的訊息就會撲面而來，無窮無盡。

我們已經生活在豐饒富足的世界中很久了。這不單單是指物質世界和現實生活中商品供應充足，經濟發展蒸蒸日上，更多是指網絡世界，尤其是我們所熟悉的互聯網巨頭所建構的網絡生態。

我曾服務百度 9 年，經歷了百度從艱難創業到最輝煌的階段。一直以來，百度只在做一件小事，就是幫助用戶在浩瀚的訊息海洋中，快速找到自己想要的訊息。騰訊聚焦的社交網絡致力於將合適的訊息傳遞給合適的人，阿里巴巴則是方便用戶迅速找到想要購買

的商品。這三大巨頭（百度、阿里、騰訊，簡稱 BAT）代表的搜尋引擎、社交網絡和電子商務，率先構成了我們熟悉的互聯網豐饒世界。訊息無窮無盡，商品和服務也無窮無盡。

豐饒世界由兩個部分構成，其中一個構成部分我們已經很熟悉了，那就是長尾。2006 年，美國《連線》（Wired）雜誌前總編輯克里斯·安德森（Chris Anderson）出版了《長尾理論》（The Long Tail）一書，將「長尾」這個概念帶到了大眾面前。也正是這本書，讓豐饒經濟（或稱富足經濟）開始為大眾所關注。

《長尾理論》所闡述的世界可以這樣描述：無數小眾的、最易被忽略的商品（或訊息）會累積成巨大的訂單數量、用戶流量等。這句話如果以《社交紅利》中的語言方式來表述，就是社交網絡（大型平台）通過用戶的一次次自然分享，帶來海量的用戶、流量和收入。

長尾世界的最大關鍵點是平台方。如果重讀 Google 和百度，臉書和騰訊，亞馬遜和阿里巴巴，乃至京東和美團的創業史，會發現這些平台始終在做類似的工作：一方面不斷匯聚和豐富各種商品，從家電到生鮮，從書籍到旅遊，從虛擬物品到金融服務，幾乎無所不包；另一方面要求商家以最低廉的價格，為用戶提供最好的服務。在長尾世界中，受益最大的正是平台和消費者。

但另一個構成部分，不論是中國大陸的百度、騰訊、阿里巴巴，還是海外的 Google、臉書、Amazon 等平台巨頭，都很少提及，那就是「頭部世界」。

就以我們熟悉的社交網絡世界來說，業界從 2013 年開始就看

到了大量一進入社交網絡就迅速引爆的案例——其中多個案例都和微播易的幫助有著密切關係。它們在極短的時間內就獲得了海量用戶和流量、訂單，迅速成為用戶和投資人眼中的寵兒。此後，引爆案例此起彼伏，至今沒有斷過。這些就是金字塔「頭部世界」裡的新成員，幾乎一家就會占去其所在細分市場90%以上的份額或活躍用戶比例，它會如同王者般存在——儘管只是短短幾天。

當下，大部分巨頭占據著互聯網、移動世界的頭部地位。巨頭不僅占據著黃金位置，還投入大量廣告預算，持續鞏固自己在頭部世界的位置。除了它們以外，另一些在當今互聯網世界占據主流和一線位置的企業，在創投資金的支持下，也開始瓜分頭部世界。對於新創業團隊來說，愈來愈難以擠入「頭部」位置。

不過，豐饒世界的到來，正在悄然改變著這一點。

目前，BAT平台匯聚了海量的用戶、訊息和商品，以此為基礎形成的龐大時間池和用戶互動池，為許多企業、新創業團隊乃至個人，提供了一個基礎，便於他們迅速站到和巨頭比肩的高地上去。在過去，頭部世界就像頭等艙，所能提供的位置極度稀缺。而現在社交網絡不斷發展，為小個體、有著極強創新能力的「小」創業團隊進入頭部世界提供了新通道。這些新通道成本低、速度快，彷彿是為他們量身訂做的一般。

如果說長尾經濟是無數合作夥伴為平台貢獻力量的話，頭部世界就是大型平台，俯下身來為創業者打工。

這是大型平台為小團隊和創業者提供的最誘人的機會，是最好的紅利。在豐饒經濟中，最誘人的不是長尾，恰恰是頭部世界。小

團隊可以迅速觸及數以千萬計，甚至數以億計的用戶，並為他們提供最令人心動的服務。這意味著，小團隊、小個體的世界剛剛開啟。

在社交網絡中，占據著金字塔的頂端，就意味著擁有最為豐厚的流量、影響力和收入。仍以微播易熟悉的自媒體世界為例，優秀的頭部帳號（無論是微博、微信公眾號，還是直播、短視頻）牢牢地占據著企業最想投放、主動搜尋最多的多個榜單。更多的資源和合作意願正在源源不斷地湧向這些群體。

自媒體正是小團隊、小個體的代表。今天他們也逐漸從簡單提供訊息，快速升級蛻變成社交電商、傳播服務、社群經濟、網紅經濟和知識付費的引領者。這些變化在一、兩年前我們甚至都很難想像。

但挑戰也將變得截然不同。

在豐饒環境中，用戶的行為習慣發生了巨大變化。如志斌特別提及的社交中用戶對訊息和應用軟體、服務的巨大浪費，七天應用的速生速死，以及本書的另一個關鍵，即用戶分享和活躍的小群化，都是這一變化的縮影。

我們其實要問的是：當訊息和服務供應充足時，我們能為用戶解決什麼問題？用戶在什麼都不缺的環境下又會形成何種行為習慣？如何快速進入頭部世界？

基於這些問題的思考和答案，構成了志斌這本書精彩的內容核心。書中有一個觀點我極其贊同，那就是：流量打法已成歷史，基於用戶（或用戶池）的打法正在崛起，並將統治後續的行銷和傳播

手法。事實上，從 2016 年開始，微播易全力推進社交視頻行銷，也是基於這個判斷。

要想精準地闡述這個世界，必須站在幾大平台的核心與海量數據之上，且要擁有高超的寫作能力。能夠兼具這兩大能力且熟悉業界的人本就稀缺。這或許解釋了為什麼以 Amazon 和阿里巴巴、Google 和百度、臉書和騰訊為主題的書籍甚多，卻從未出現過關於深度描述「頭部世界」的書籍。

志斌以往一手參與打造騰訊微博開放平台，今天又加盟微播易擔任高管，不僅對社交數據瞭如指掌，對於數以十萬計企業的真實社交媒體廣告投放行為也更加清楚。海量數據在其眼前流動，再加上開闊的眼界和深厚的文字功底，正好使他成為開啟這一美麗新世界的最佳人選。

事實上，從志斌所撰寫的《社交紅利》和《社交紅利 2.0：即時引爆》中已經可以看到這個世界的樣子，這是他的書籍在業內受到極大關注的根本原因。其新近完成的第三本著作《小群效應》以更加翔實的案例和數據，更加細緻的觀察和思考，再度指向豐饒時代的生存方式。閱讀此書，將令你受益匪淺。

只有一個小建議：請準備深度燒腦。

未來會出現首席「社群長」嗎？

惠普前全球副總裁兼中國區總裁、海輝軟件集團前董事長、
及優教育科技創辦人兼董事長 孫振耀

　　社交網絡的重要性已不言而喻。隨著人類社會發展、科技進步及社會開放性的提高，社交網絡的本質、形式及作用已經有了根本性改變。從早期滿足精神及情感聯繫需求，到滿足求知及生活的各種需求，社交網絡可以進一步發展成為創造商業價值及促進經濟發展的一種商業模式。

　　因此，不管是個人還是機構，都不能不重視社交網絡發展所帶來的各種顛覆性變化。社交網絡已經衝擊了許多傳統商業體系，例如行銷的精準度、媒體內容的個性化、娛樂活動的虛擬性、訊息傳播的即時性、人際關係的複雜度和虛擬化，以及公司管理方式、產品更新升級的速度加快，進而促進了個體經濟、共享經濟，及社群經濟的產生及蓬勃發展。

　　而最令人關注的是社群經濟的發展，這也是社交紅利最主要的

來源。在互聯網技術推動下，社群品類呈爆發式增長，人們所處的社群已經非常多元化，社群的影響力及複雜性也在不斷提高，所產生的經濟效益也迅速得到個體及企業的重視。

即便社群的影響力已經如此巨大，但對於如何經營社群並且利用社群創造價值，仍存在許多尚待開發的領域，這也是志斌所著《小群效應》提供的價值，這本書所針對的議題是社交網絡如何釋放紅利，而其主要核心就是社群。

我與志斌認識多年，他曾經服務騰訊8年，不僅見證了中國社交網絡發展的過程，也是中國社交網絡早期的參與者及推動者。在離開騰訊後，他持續觀察並研究社交網絡發展，持續關注如何應對社交網絡的三大挑戰：

（1）如何從社交網絡中獲得用戶；

（2）如何快速增加用戶的數量；

（3）如何穩定用戶及找出變現的商業模式。

他的前兩本著作《社交紅利》《社交紅利2.0：即時引爆》已經對前兩個挑戰給出了答案。之後，他陸續搜集、研究大量案例和數據，也身體力行地實踐不同模式，因而這本新著得以寫成，並完美地針對第三個挑戰提出了具體觀點及工具。在社交網絡領域中，在能持續分析這三大挑戰並給出具體答案的人中，志斌可謂一位佼佼者。

我們可以將《小群效應》定位為一本工具書，志斌針對社交網

絡當下如何釋放紅利提出了許多新穎的觀點及實用的工具。例如，「今天已經不是經營社群的時代，而是如何『用好』社群的時代，『做』群不如『用』群」，「要深刻了解社群中人們的行為習慣、社群運轉規律，並將之與自己的產品和營運結合起來」。他還提出了「小群效應」、「人人都想進大群，人人活躍在小群」，以及「小池塘裡的大魚」、「三人成虎」等諸多新穎的觀點，並輔以相關的案例、數據分析和極具條理的原則。

在工具方面，「三大支點」、「六大驅動力」和「七種社群」是最大亮點，值得讀者細細品味，如能掌握其中的精髓，必然會提升「發揮社交網絡價值，在社交網絡中催生社群，用好社群，獲得紅利」的能力。

如何運用社交網絡的力量提升個人或企業的價值及影響力，已經不再是一種特別的能力，而是所有人和所有企業都必須具備的基本能力。現在我們已經看到營運長（COO）、策略長（CSO）、資訊長（CIO）、技術長（CTO）、行銷長（CMO）等對企業發展至關重要的職位，未來如果出現社群長（Chief Community Officer，CCO），我們應該不至於感到驚訝。問題是：「你是否準備好跨出這一步？」

用戶心智與社群市場

湖畔大學講師 梁寧

　　徐志斌的社交紅利系列出到了第三本，這一本的主題是「社群」。這確實是當下非常重要的課題。不論是籌畫如何去影響別人，還是反思自己如何被社群裹挾、影響，都值得讀讀這本書，認真思考一下。

　　中國經歷了漫長的農耕時代，我們習慣了以自然村落為單位，集體協作、共同生活。中國人天生注重集體，強調個體對集體的歸屬與服從。到了現代，集體主義成為立國精神，我們的集體意識得到進一步強化和培養，集體人格屬性進一步深化。

　　集體對我們具有天然的吸引力和影響力。

　　微信 2.0 版本推出了大受歡迎的「語音對講」功能，之後的 2.2 版本推出了「查找附近的陌生人」功能，而「微信群」功能則是先於語音，在最初的 1.1 版本就推出了。

　　這個版本次序不難理解。過去 10 年，騰訊一直是中國最大的

社交網絡。根據騰訊對用戶的觀察，對用戶社交需求的理解，中國大陸用戶喜歡群居的特性一目瞭然。

如今，微信每天新增 200 萬個群，人們紛紛將他們的自然關係鏈——家庭、家族、同學、同鄉、同好——移植到微信群。現代人獨處的時間愈來愈少。刷朋友圈，在一個又一個微信群裡發言或者潛水，成了每天的精神食糧。如果沒有手機和網絡，人們會頓時惶恐不安，手足無措。

徐志斌在《小群效應》中有一個觀點：「要影響一個人的購買決策，最好的方式不是直接衝上去向對方推銷，而是通過影響他的 2～3 位好友影響他。」這句話基本上道破了由網絡社群引發的一系列商業奇蹟祕密。

從 2015 年至今，互聯網經濟中出現了新物種：網紅經濟、直播經濟、知識付費、社群經濟，其支柱點幾乎都是網絡社群的社交紅利。

徐志斌在騰訊工作 8 年，之後在微播易擔任副總裁，應該說不只是社交紅利的持續觀察者，也是社交紅利的受益者，所以成了孜孜不倦的社交紅利布道人。

《小群效應》這本書詳細描述了如何從零開始建設一個社群，如何經營社群並影響其中的用戶，是一本非常實用且有系統的書。我讀完這本書的第一感受是：講得太清楚了。壞人看了豈不是幹壞事的效率提升很多？

全書引用了大量案例和數據。許多商業營運案例其實也適用於職場。比如，關於「什麼樣的人在一起會快速破冰，建立連結」，

書中的理論是「三近一反」。將同年齡、同愛好、同地域，性別相反的人放在一個小群，會快速建立連結。比如，關於「撈月狗」這個遊戲社區，要加入這個社區，需要先輸入自己在遊戲中的帳號、角色，系統會推薦 4 個具有同樣愛好和相似戰績的朋友，從而讓一個進入社區的新用戶處於「三近一反」的小群體裡，快速與社區的其他用戶建立連結。

「撈月狗」的研究數據還表明，用戶如果在社區擁有 3 個好友，他／她就能夠保持 6 ～ 9 個月活躍，社區 80% 的動態來自這部分用戶；如果用戶擁有 7 個好友，就會成為社區的鐵桿粉絲。職場也是如此，員工對一家公司的留戀程度，往往取決於他／她在這裡有沒有朋友。

關於用戶為什麼要加入一個群體，並與這個群體保持長期連結，《小群效應》另外一個挺有洞見的論述是，用戶對群體有六個訴求：問答求助、炫耀、尋找共鳴、分享知識和資訊、管理和儲備潛在關係、共同認可的長期目標和價值觀。其中，問答求助、分享知識和資訊、管理和儲備潛在關係屬於理性訴求；炫耀、尋找共鳴屬於感性訴求；共同認可的長期目標和價值觀屬於文化的吸引力。

這與現實生活中我們與某人成為朋友，成為長期朋友，成為人生摯友的原因並無二致。如同摯友對我們的影響一樣，這些社群正在潛移默化地占據我們的心智。

對此，徐志斌也專門提到：社交網絡中的關係鏈建構了壁壘，好友即整個世界。有些人明明走上了錯誤的道路，卻堅信自己的選擇，也許是因為他的整個核心關係鏈都是錯的。比如傳銷的模式，

就是用強隔離形成一個全新的社群關係鏈，用高密度、高強度的訊息占據人的心智。所以，當陷入錯誤的關係鏈時，社交壁壘會將人牢牢扯入泥潭。因此，徐志斌建議，應該毫不猶豫地刪除自己不喜歡的好友。

我們在享受社交紅利的同時，也應對社交訊息時刻保持警惕。添加好友，加入圈子，也許進入了一個新世界；刪除好友，摒棄圈子，也許成就了另一片海闊天空。

在人人都是低頭族的今天，手機成為肢體的延伸，成了掌中的世界。手掌之中，人來人往，群起群滅。建立一個社群，影響其中的人；加入一個社群，被其中的人影響。人人被席捲，概莫能外。認識社群，就是認識市場。

推出任何一個產品時，我們都應該自問：「在社群中爆發，還是在社群中滅亡？」

社群效應背後的六大驅動力

　　騰訊這個社交帝國對於社交的最新理解和運用幾乎處於即時反應階段。觀察騰訊旗下的系列產品，能夠幫助我們以最快的速度了解這個世界正在發生什麼變化，以及如何去利用這些變化。

　　2017 年 5 月 17 日，騰訊如期發布第一季財報，其中提到「全民 K 歌」這款產品，財報中這樣寫道：

　　「全民 K 歌」的活躍用戶及付費用戶大幅增長，此乃受益於「好友擂台」及高附加價值的「虛擬贈品」等升級功能。

　　這是騰訊連續第二次在財報中提及這款產品。上次騰訊是這樣提及的：

　　2016 年，「全民 K 歌」日活躍用戶超過 3,500 萬，同比（和去年同期相比）增長逾一倍，成為中國最大的在線卡拉 OK 社區。「虛擬禮品」是聽眾與歌手之間互動的工具，在「全民 K 歌」上廣受歡迎。

騰訊內部對優秀產品的嘉獎方式有許多種，最令人矚目的分別是在財報中被提及和獲得「名品堂」大獎。「全民 K 歌」只剩「名品堂」大獎沒能拿到，該獎項連續兩年分別被微信和「王者榮耀」奪得。

　　這款於 2014 年年底問世的產品，即使在騰訊內部，也是一個逆勢上升的典型。「全民 K 歌」剛剛設立、組建隊伍時甚至沒能吸引到公司裡的頂尖同事加入，「最初的團隊成員，大多是在原來項目團隊中不那麼順心的小夥伴，也有當年 PC（個人電腦）轉型移動端時遇到瓶頸的同事。就是這樣一群『失意人』，在資源投入度非常低的情況下，開啟了新產品的創業之路。」團隊負責人在公司內部的一次分享會上這樣說道。就連最初訂定的市場目標都是：兩年做到日活躍用戶量 200 萬，市場排名第二。

　　不過，兩年兩個月後（2016 年年底），「全民 K 歌」用戶數超過 3 億，月留存率保持在 75%，位列 K 歌 APP（應用軟體）排名第一。截至 2017 年 9 月，「全民 K 歌」用戶數達到 4.7 億。

　　這款產品是怎麼做到的？答案就藏在剛才提及的那段財報中。「全民 K 歌的活躍用戶及付費用戶大幅增長，此乃受益於好友擂台及高附加價值的虛擬贈品等升級功能。」

　　「好友擂台」是指用戶可以和好友進行唱歌比拚，誰唱得好，誰就成為擂主，甚至成為某首歌曲的擂主。此外，全民 K 歌還具有排行榜功能，如果用戶唱的某首歌特別受歡迎，收到的禮物也比較多，就有可能出現在這首歌曲的榜單上。

　　「虛擬贈品」在 2016 年直播功能上線後獲得快速增長，粉絲

們可以對那些唱歌特別好聽的「達人」進行打賞。直播功能推出前，每天產生的收入大約為人民幣 10 萬元，推出後每天的收入超過百萬元人民幣。

在這兩大核心功能的推動下，全民 K 歌共有 1,000 萬超級活躍用戶，占日活躍用戶總數的 20% 左右（如果以月活躍用戶數計算，則占 5%）。這些用戶幾乎每天都會登錄，每次活躍 1 ～ 2 個小時，貢獻了全平台收入的 20% ～ 30%。

在這些描述中，我們幾乎看到了所有社群都渴望的結果：

◆ 用戶數量快速增長；
◆ 高留存、用戶持續黏著和活躍；
◆ 高變現、高轉化，收入可觀。

全民 K 歌的冷啟動，也受益於「比拚／比較」這件事情。

在 2014 年上線時，因為背靠騰訊（外界曾開玩笑說，騰訊插根扁擔都能開花），全民 K 歌這款產品第一天就有了 20 萬用戶。不過，要解決優質內容的沉澱問題，還需要做得更多。全民 K 歌的經營團隊啟動了一場「校園之星歌手大賽」，通過線上海選、線下比拚的方式，在獲得高關注度之餘，還留存了 5 萬優質學生用戶持續貢獻優質內容。

「比較」帶來的魅力，在另一款產品中呈現得更加淋漓盡致，那就是奪走騰訊名品堂大獎的「王者榮耀」。如果細心整理這款產品的心智圖，會發現「比拚」、「比較」幾乎無處不在。用戶登錄

後的第一件事情，就是組隊互相比拚，或者爭奪更高排名。如今，這款產品和微信一起，成為吞噬用戶時間的大規模殺傷性武器，一躍成為全中國所有產品的競爭對手。

事實上，「比較」的背後是社交網絡中的一大驅動力在發揮作用，那就是「榮譽驅動」。人們都想要更好的形象、更多的勝利，或者希望自己所在的團隊獲勝。

幾乎與此同時，「微信讀書」也開始迅速成長。這款產品充分運用了一個小功能「贈一得一」，從 2016 年開始，「微信讀書」每天都能從中獲得一大批優質的讀書用戶。這個「贈送」的作用類似於當年的「滴滴紅包」，滴滴紅包甚至一舉改寫了當年「滴滴打車」和「快的打車」膠著的競爭局面，為滴滴在勝利的天平上加上了一個重要的法碼。

我們將「比較」和「虛擬贈品」、「贈送」背後的驅動力分別稱為「榮譽驅動」和「利益驅動」。這是社交網絡中六大核心驅動力中的兩個。

在社交網絡中，有六大驅動力不容忽視，分別是：榮譽驅動、利益驅動、關係驅動、事件驅動、地域驅動、興趣驅動。

這些驅動力過去也曾被大量使用，例如騰訊的產品可以乾脆就用「比」這個字來濃縮概括，它旗下的大量產品都在使用「比拚／比較」這個技巧。「圍住神經貓」、「微信打飛機」等輕量遊戲更是因為運用了「比較」而一度風靡全中國。但為什麼互聯網在近期才突然爆發出支撐全民 K 歌、王者榮耀、微信讀書、滴滴打車等獨角獸的力量？

問題的答案是六大驅動力之中的「關係驅動」。

微信讀書在研究分享訊息去向的調查中發現，用戶更願意將訊息分享到自己所在的小圈子中去。在小圈子中分享和比較的動力，正在大幅超越分享給所有人和所有圈子的動力。用戶在小圈子中炫耀獲得的成就感，遠遠超過在泛人群中炫耀獲得的成就感。

我們不能小看這個變化。正是這個小變化，開啟了一個新的社交紅利時代。新的社交紅利時代直接糾正了過去「即時引爆」現象（迅速崛起又迅速衰退）的弱點，使其變得迅猛、持續而穩定，且收入居高不下。這幾乎是一切企業所期盼的最美好結果。

全民 K 歌在調查、研究用戶的過程中也發現，用戶會邀請強關係、親朋好友一起加入 K 歌比賽，還會圍繞在網紅／達人周圍，透過組建 QQ 群、微信群的方式給予支持。這一切直接催生了「家族」這個產品，家族成員為了讓網紅能夠獲得更好的推薦版位，又會傾盡全力去擴散、投入資源、打賞等。這又為全民 K 歌打造了第二個被寫入財報的收入來源：「虛擬贈品」。

不僅僅是騰訊系產品，事實上，業內大量產品都開始受益於這個小變化從而迅速崛起。

如「大 V 店」，深究這個產品後，我發現，無數用戶透過自己所在的社群內組織讀書會等社群活動，實現了客單價人民幣 800 元左右、次月複購率 50% 的亮眼數據。「狼人殺」英雄榜背後無數「法官」自發組局、比拚遊戲排名的行為，幫助這款產品的用戶數迅速增長，畫出了一條非常美麗的增長曲線；這個小變化也幫助「知識星球」（剛啟動時曾名為「小密圈」）成為 2017 年最優秀的社

群產品之一，催生了「閨蜜圈」、「分答」等一些明星級 APP。「擁有一千個鐵桿粉絲就能夠生存良好」這個多年的想像，終於變成了美好的現實，背後更有風起雲湧的直播浪潮、知識付費浪潮。自媒體的社群化也在這個階段大量實現，並且收入等級得以大幅提升。

這一切是社群效應，也是社交網絡當下釋放社交紅利的最新進展。六大驅動力在社群的大背景下顯得益發強而有力。

自 2009 年社交網絡興起開始，業界一直在向這個新興平台提出自己的需求。這些需求可以透過如下問題表現出來：

◆ 如何從社交網絡中獲取大量流量和用戶？

◆ 如何一進入社交網絡，就能獲得爆發性增長？

◆ 怎樣才能讓這些爆發性力量持續而穩定？因為只有如此，商業模式和收入才能更加穩固。

問題分別聚焦在「獲得用戶、快速增長、持續黏著和變現」三個面向。社交網絡每三年回答一個問題，現在終於到了完美回答第三個問題的時候，社交網絡的三年發展週期也因此開啟了第三個新週期。

在當今用戶增長紅利消失的情況下，這些問題及答案顯得益發重要。不僅如此，過去企業熟悉的傳播方式、宣傳管道，也處於崩潰和大變革之中。尋找新方式、新方法成為當下乃至未來很長一段時間的重要工作。社交網絡中自然被賦予重任，且能迅速帶來用戶

增長、留存乃至變現的社群，又是其中關鍵的話題之一。

到了 2017 年 6 月，全球社交巨頭臉書的 CEO 馬克・祖克柏也提出了公司的下一個 10 年新願景 —— 讓用戶更方便建立社群。現在的群組用戶數量為 1 億左右，臉書希望這個數字能增加 10 倍。在中國和美國，騰訊和臉書幾乎都在朝著同樣的方向邁進。

社群也在努力轉變一個觀念：**社群正以意想不到的方式綻放光芒，今天已經不是經營社群的時代，而是如何「用好」社群的時代。「做」群不如「用」群。**

仍以微信為例，每天誕生的微信群至少有 200 萬個。建立在康盛（Discuz!）系統之上的社區超過 200 萬個，活躍在微博上的社交圈也達到數千萬乃至數億個，更遑論無數 QQ 群、陌陌群、小組、垂直社群、垂直社交 APP 等。社群的概念早已發生翻天覆地的變化，社群的數量也大到了可以任意浪費的程度。而業界對社群的理解也掀開了新的篇章。

在「用」群時代，我們需要關注的重點完全不同。**深刻了解社群中人們的行為習慣、社群運轉規律，並將之與自己的產品和營運結合起來，這才是企業獲利的關鍵所在。**

人類社會從來沒有以這樣的密度重組過。過去，人們只是依賴同鄉、同族、血緣、同學等關係，而在互聯網的推動下，人們可以認識更多意料之外的人，且以前所未有的密度聯繫起來，這使得人類社會的密度大幅增加，改寫了無數人的連結和溝通方式，也改寫了企業運用社群的方式。

自 2015 年起，我留意到社群化這一浪潮，並開始著手整理、

分析大量的案例和數據。當時正值《社交紅利 2.0：即時引爆》書稿付梓出版，我也離開騰訊，加盟微播易。我仍然可以利用在騰訊學到的方法論審視世界，同時大量搜集業界的一手案例和數據，來深度描述這個正在發生的新變化。除了在開篇階段將重點提及騰訊案例之外，我們還會大量深度分析除騰訊之外的一些精彩案例和數據。

　　值得一提的是，書中絕大部分案例都包含一手的核心數據，這也是本書遴選案例的標準之一。由於涉及敏感資訊，許多數據都是第一次公開。

　　書中使用的核心方法論分別來自騰訊（旗下擁有 QQ、QQ 空間、微信等國民級產品，以及康盛〔素有「站長之王」之稱，使用該系統的論壇有 200 多萬個〕）、百度（旗下擁有百度貼吧）以及豆瓣（擁有 30 萬個小組）。這三大平台是中國大陸最具影響力、成立時間最長、覆蓋範圍最廣的社群平台。站在這些平台上俯瞰社群、俯瞰數據，似乎整個世界就在眼前。再加上阿里巴巴的四大平台，對於社群的研究也最透澈、最清晰、最關鍵、最前線，其日常所使用、總結的方法論，催生了眾多明星 APP 和產品，以及火爆的社會現象、企業傳播事件等，是我們理解社群、運用社群的最佳工具和方法。書中幾個重磅的核心章節都源自這幾大平台，對其他一些新興平台的方法論同樣有所涉及。

　　本書的寫作分別圍繞兩條主線和兩條輔線。

　　主線一：「**工具性**」、「**病毒性**」和「**長連結**」三大支點。社

交網絡，包括社群在內，可用一個基礎模型進行歸納，分別是「工具性」、「病毒性」和「長連結」三大支點。這個模型構成了本書寫作的第一條邏輯主線。

　　主線二：社交六大驅動力。這六大驅動力推動了許多優秀企業迅速成長。在進行案例和數據分析之餘，六大驅動力也將適時展開，成為本書另一條邏輯主線。

　　此外，還有兩條輔線在推動本書的內容前進。

　　輔線一：優秀社群的三個標準。我在第一章提出了判定社群優秀與否的三個標準，並回答了大型社群提出的兩個關鍵經營問題。

　　輔線二：五種劃分社群的方式[1]，和三種區分社群成員角色的方法[2]。這是本書寫作過程中的另一條輔線，也是幫助我們確立不同營運技巧的準繩。

　　本書致力於用這些主線與輔線串起 10 個核心章節，揭示社群效應背後的那些方法論。

　　然而，這並不是一本追求大而全的書。本書旨在讓讀者了解社群運轉背後的規律及催生變化的核心要素，因此筆者只梳理了部分核心要點，摒棄了其餘一些已被業界密集分析和討論的話題。

　　隨著互聯網產業的快速發展，更多新變化會接踵而至，我會搜集更多案例和數據，以持續深入研究這個話題。如今，在各項產品技術的支持下，出版書籍不再是一門遺憾的藝術；相反地，持續更

1　劃分社群的五種方式包括：❶根據建立的目的劃分（p. 122）、❷根據成員熟識程度劃分（p. 134）、❸根據成員互動頻率劃分（p. 142）、❹根據關係是否平等劃分（p. 189）、❺根據模擬場景劃分（p. 252）

2　三種區分社群成員角色的方法包括：❶根據成員的影響力劃分（p. 100）、❷根據成員貢獻內容劃分（p. 263）、❸根據成員貢獻程度劃分（p. 283）。

新內容變得更為容易。我願意隨時升級、優化本書，持續為大家奉上更好的內容。

如果您有案例和數據提供，或想看到最新的內容，可以掃描下方二維碼隨時關注。如果您正和好友討論本書相關話題，也可以掃描下方二維碼邀我一起參與。

歡迎掃描 QR Code，
隨時與我交流

01

小群效應
海量用戶和收入從哪裡來？

- 「小型社群」是獲取海量用戶、引爆收入的關鍵力量。
- 認清社群的真實樣貌：人人無聲在大群，人人活躍在小群。

2016 年元旦後，「微信讀書」啟動了一項名為「贈一得一」的小型行銷活動，當用戶不想付費購買一本新書時，可以通過贈與強關係好友[1]的方式來免費獲得，正所謂「贈人玫瑰，手留餘香」。

讀書群「一讀」的成員數約百人，多為互聯網圈中喜歡讀書的人，大家經常在群組裡交流看過的好書，有時也會制訂一些閱讀計畫互相監督執行。一天，書友耀東推薦了一本正在熱銷的財經類新書，引起了大家的關注──原來還可以通過這種形式免費獲得一本電子版新書。我就是在那時留意到並下載使用這款 APP（應用程式）的。截至 2016 年年底，通過微信讀書我已經閱讀了 500 多個小時，超過 60 本書。

在回顧這個過程時，我產生了一個疑問：「贈送」這個動作為這款產品的推廣帶來了多大的幫助？在騰訊共同創辦人張志東的幫助下，我聯繫上了微信讀書的產品負責人 NicoYang，並向他求教這個問題。NicoYang 和我分享了一些數據：

在「贈一得一」活動完整進行的一天時間（第三天）裡，共有 2.1 萬名用戶送出 4.6 萬本書，平均每人送出 2.2 本。共有 1.8 萬名領取新書的用戶領走了 3.1 萬本書，平均每人領取 1.72 本。

NicoYang 在追蹤書籍的贈送路徑時發現，**用戶向小圈子書友推薦圖書的意願和數量，要遠遠超過向泛朋友圈的推薦：**

---

1 編注：強關係（strong ties）指日常生活中經常見面、互動較多的親朋好友或同事客戶，相反詞是弱關係（weak ties），指鮮少聯繫，甚至根本不認識的人。

◆如果有一名用戶將圖書分享到朋友圈，就會有兩名用戶將其分享給「好友」和「群」。

◆平均每人會將圖書分享給「好友」和「群」2～3次，比分享到朋友圈的頻率（平均每人分享1.6～1.8次）高出不少。

用戶只和強關係好友分享訊息

今天，新產品的最大問題多聚焦於「冷啟動[2]」，即如何在產品早期實現快速啟動，是每一個新玩家所面對的關鍵問題。尤其是在競爭激烈的閱讀類產品領域，前行者「掌閱」、「百度閱讀」等已經遙遙領先，留給新加入者的用戶規模十分狹小，即使背靠今天如日中天的微信，這個問題依然不容忽視。

微信讀書「贈一得一」活動的初衷和一個構想有關：志趣相投的人會一起閱讀和討論。NicoYang 觀察到，願意分享和被信任的用戶群體非常固定。微信讀書將用戶分為三個等級（見圖1-1），分別是「骨灰用戶」、「鐵桿用戶」和「淺度用戶」，其中月登錄超過 20 天的為骨灰用戶，月登錄 10～20 天的為鐵桿用戶，月登錄不超過 10 天的為淺度用戶。三種用戶占比分別為 18%、20% 和 62%。雖然用戶平均閱讀時間超過 30 分鐘，但大部分書籍的閱讀進度停留在前半部分。相比其他娛樂方式，閱讀所耗費的時間、精力較多，這樣一來，骨灰用戶和鐵桿用戶群就顯得非常突出，分享人群多集中在他們之中，用戶也樂於接納愛書人的推薦。

2　編注：「冷啟動」指整個產品從 0 到 1 的過程，也就是將目標用戶轉化為第一波用戶的過程。

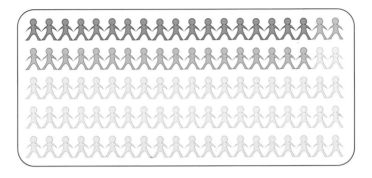

圖 1-1 「微信讀書」三種用戶月登錄天數及占比

骨灰用戶：每個月登錄超過20天，占18%

鐵桿用戶：每個月登錄10～20天，占20%

淺度用戶：每個月登錄少於10天，占62%

　　數據證實了這一點，僅在活動第三天，向好友贈送書籍的 2.1 萬名用戶就為微信讀書帶來了 5,000 多名新增用戶。同時，當天登錄的活躍用戶數相比活動前增長了 30%。不僅新下載、新註冊的用戶數增加了，更多老用戶也被召喚了回來。

　　不過，此次活動沒有想像中順利，部分出版社很快提出反對意見，不希望自己擁有版權的書籍被免費贈送，受此影響，活動在七天後結束。但這些數據已明確地指出了方向，產品經理們已經展開了後續的行動。

　　2016 年 1 月下旬，微信讀書將「贈一得一」活動升級為一項功能（同時上線的還有另一個類似功能：「買一贈一」，即用戶在成功購買一本新書後，可以贈送給好友一本書），順便做了一個小調整：用戶可

表 1-1 微信讀書新功能上線早期的各項表現

時間	點擊「贈一得一」用戶		分享至微信群和好友		分享至微信朋友圈		點擊領取頁	
	次數	人數	次數	人數	次數	人數	次數	人數
2月15日	9,156	5,063	5,833	2,785	842	492	7,874	6,727
2月14日	8,621	4,757	5,843	2,556	824	476	8,305	6,868
2月13日	9,509	4,928	6,082	2,604	1,033	535	9,960	8,067
2月12日	8,155	4,426	5,330	2,432	695	413	6,569	5,532
2月11日	8,523	4,590	5,272	2,433	858	464	7,833	6,591
2月10日	6,728	3,586	4,184	1,942	545	308	4,944	4,131
2月9日	4,513	2,567	3,156	1,416	406	216	3,113	2,636
2月8日	3,809	2,213	2,561	1,191	322	187	2,222	1,850

以無限制送書，但每人只能領取兩本，至於哪些書籍參與「買一贈一」則由出版社自行確定。

我們獲取了微信讀書一段時間內的營運數據，並對其進行觀察。表 1-1 選取了新功能上線早期連續 8 天的各項指標。其中，2月8日為 2016 年春節（農曆正月初一）。

在社交網絡中，「分享」是一個關鍵動作，代表著用戶想和哪些人群分享什麼樣的訊息。數據顯示：

用戶傾向於分享至微信群和好友，在當天分享人數和次數中，占比均超過 85%。

「領取頁」是微信讀書的觀察指標之一，用戶可以點擊「好友贈送」訊息進入頁面領取新書。這就是我們常說的另一個基本概念「回流」，從中可知用戶的分享幫助企業從社交網絡中獲得了多少新用戶。

因為是透過在社交網絡中點擊「好友贈送」訊息，進而回到企業或應用，所以用「回流」來指稱。隨著時間的推移，新書的領取次數和人數不斷增加。

產品經理預先限制每人領取兩本，且進入領取頁的多為新用戶，讓新功能被明確限制在拓展新用戶這一途徑上。截至 2 月 11 日（農曆正月初四），每天進入領取頁的新用戶穩定在 6,000 人左右。截至目前，該功能每天可為微信讀書帶來新增註冊用戶 5,000 ～ 7,000 名。

在騰訊現有的產品系列中，「全民 K 歌」是一款全新的明星級產品。從剛開始時不受重視，到現在連續兩次在財報中被提及，從數據角度觀察會得出許多有意思的結論。如在這款用戶超過 4.7 億的產品中，有七成用戶會選擇收聽好友的歌曲，但這些播放量僅占全平台的 40% ～ 50%，其餘 50% ～ 60% 的播放量來自用戶關注的那些唱歌好聽的人。換句話說：我們身邊很少有歌霸。

聽到這個結論我很開心，因為我唱歌很一般，每次團體聚會都不好意思唱歌。現在看來，大部分人的演唱水準其實都差不多，可以勇敢去唱。

對於這一結論的專業表述則是：全民 K 歌的用戶關係鏈由強關係和弱關係構成，其中由興趣驅動的弱關係占了很大比重。音樂

本身是一件「蘿蔔青菜各有所愛」的事，不同類型的音樂都有很多擁躉，且彼此影響的人群差異非常明顯。例如，喜歡二次元歌曲的用戶不會和廣場舞愛好者產生共鳴，喜歡民謠的用戶很難欣賞重金屬音樂。用戶會利用歌曲類型來選擇關注對象，會關注那些唱歌非常好聽的達人。

當然，興趣之所以能夠成為重要驅動力[3]，和好友中唱歌好聽的歌霸過少密不可分，如果好友中唱歌好聽的人非常多，將會在播放、互動等方面貢獻出更多優質數據。

這些由興趣驅動的弱關係催生了一個有意思的功能：「家族」。產品經理注意到，許多用戶會透過更換自己的暱稱、相冊封面和歌曲封面等方式，支持某個唱歌特別好聽的達人，或者透過邀請其他人加入 QQ 群、微信群等方式組建「家族」。因此產品經理展開了小範圍的內部測試，截至 2017 年 3 月正式開放時，這個功能也只具備家族等級、家族排行、成員列表、作品等基礎要素，但仍在 3 個月內吸引了超過 200 萬用戶進入。

「家族」漸漸成為社群經營中一支重要的潤滑劑，「家族」成員的活躍度顯然更高。為了讓「家族」的排名更往前，成員們會一起幫助選歌、分享、擴散、評論、互動等，甚至會產生角色分工，如分成主唱、女神、土豪等不同角色。

成員們對家族達人的打賞、圍繞同一首歌的討論，都顯示出了更強的互動欲望，甚至連 QQ 群都可以展現出這些熱度。這預示著基於相同興趣的產品功能具有很大的開發潛力，社交元素成為全民 K 歌未來的產品重心。

3　編注：「興趣驅動力」是指人們因為相近的興趣而自然聚攏在一起。

表 1-2 全民 K 歌單日分享數據表

分享去向	人數占比（%）	次數占比（%）	人均分享次數（次）
微信群和好友	49	54	2.13
微信朋友圈	23	20	1.67
QQ 群和好友	20	20	1.91
QQ 空間	7	5	1.34
新浪微博	1	1	1.38

圖 1-2 全民 K 歌單日分享去向比例

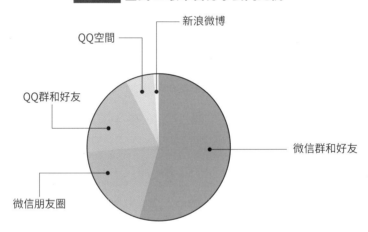

抽取全民 K 歌任意一天的分享數據（見表 1-2）進行分析，會看到和微信讀書同樣的分享變化。

全民 K 歌單日分享去向比例見圖 1-2。

全民 K 歌人均分享次數見圖 1-3。

全民 K 歌每天分享的用戶數超過 1,000 萬。從以上圖表中可

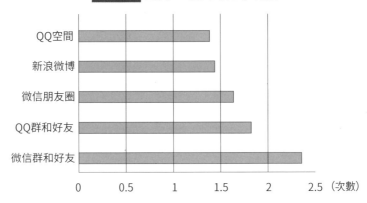

圖1-3　全民K歌人均分享次數

以看出，分享到「微信群和好友」占全部分享次數的54%，如果再加上分享到「QQ群和好友」，這一比例則會上升到74%。同樣，分享至「微信群和好友」的次數都遠遠大於分享到微信朋友圈、新浪微博和QQ空間的次數。

　　與此同時，60%～80%的用戶會和強關係好友進行互動。例如，許多子女居然是用全民K歌和父母進行溝通，父母會默默播放孩子唱的歌並送花按讚等。

　　分享給強關係好友和小圈子、小群，已成為目前用戶下意識的動作。

　　這些分享每天為全民K歌從微信帶來超過10萬新增下載用戶。我們可以這樣理解，在已有的3億用戶中，每天分享的1,000萬用戶幫助產品建立了廣闊的外部用戶池子，並持續穩定地帶來新增用戶。

　　在這個基礎上我們再去理解全民K歌的產品策略，會大概明

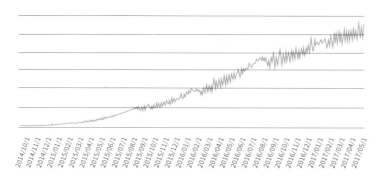

圖1-4 全民 K 歌用戶登錄趨勢圖

白它成功逆襲的原因。在各種基礎功能產品體驗優秀的前提下，全民 K 歌充分運用了這些強關係、小群之間的比較心態，以及和家族、興趣人群之間的團隊比拚、打賞等功能。

全民 K 歌用戶登錄趨勢見圖 1-4。

截至 2017 年 6 月為止，全民 K 歌日活躍用戶超過 5,000 萬，月留存率為 75%。其中，最活躍的 1,000 萬用戶保持了幾乎每天登錄的節奏（月登錄 30 天）。分享到小群這件事情，讓用戶得以留存並活躍起來。

大型社群沒落，小型社群開始活躍

社交網絡經歷了 2009 ～ 2016 年的爆發式增長，現已成為源源不斷的大量流量和用戶的最佳來源。我們經常還能在微博、微信

等平台上看到新產品迅速引爆，尤以「瘋狂猜圖」、「魔漫」、「臉萌」、「美拍」、「足記」等 APP 為最，自 2013 年起，這種爆發式增長（一進入社交網絡就即時引爆）已成為常態。在 2016 年啟動的直播大潮中，社交網絡又當之無愧地成為供給用戶和流量的主要管道之一。

因為工作關係，我曾長期追蹤一些社交化（指擅長運用社交網絡及其特性）非常優秀的 APP 應用分享及用戶增減等相關數據。2015 年我追蹤一個明星 APP，發現每天新增下載註冊用戶中的 95% 以上均來自社交網絡。我從該團隊獲取了這款 APP 任意一週的分享消息及用戶註冊、下載等相關數據（見表 1-3）。

全民 K 歌現在從社交網絡中直接獲得的下載用戶數量，雖然沒有達到這個量級，但每天僅安卓新增用戶就超過了 10 萬。微信讀書僅一個活動的分享功能，每天就可帶來數千新增用戶。我們在後續章節中還特別留意了社交電商的收入數據，多家電商的月收入都已超過 1 億元人民幣，最高的甚至超過 20 億元人民幣。毫無疑問，社交網絡已成為獲得用戶、銷售訂單的核心管道。

相比任何一個管道和來源，低成本和爆發性都是社交網絡的優勢所在，吸引了創業者和業界的目光。隨著時間的推移和社交網絡自身的發展，業界關心的問題早已從如何帶來爆發性的流量和用戶增長，開始轉向同時獲得更理想的留存、黏著和變現。尤其是在 PC 流量和無線互聯網流量的增長紅利開始消失的行業大背景下，這個問題變得更受重視。

現在，這個大趨勢被注入了新變化。社交網絡可以帶來大量用

表 1-3 某 APP 任意一週分享消息及用戶註冊、下載等相關數據

時間	分享到社交網絡消息數（萬）	當日新增註冊用戶數（萬）	社交來源註冊用戶數（萬）	社交來源占比 (%)
10 日	47.9	43.1	40.6	96
11 日	48	38	36.7	96
12 日	49.1	37.6	36.1	96
13 日	48.1	35.4	33.8	95.6
14 日	60.1	32.5	35.8	95.6
15 日	65.7	38.9	36.7	95.3
16 日	43.8	29.9	28.6	95.5

戶、流量和收入。但是，**人們已經由大廣場、大社交圈分享的狀態，迅速進入了小群溝通和分享的狀態。**

在社區、社群、社交圈等概念隨著社交網絡自身發展而不斷演化的今天，人們所處的社群已經面目全非。除了垂直社群[4]，BBS（電子布告欄系統）、俱樂部等常規社群之外，大部分用戶也活躍在各種群組中，尤其是 QQ 群、微信群、陌陌群等。到現在，這些群組已經成為社群最具體的呈現和實際駐紮經營的落腳點之一。因此，群也成為如今進行社群觀察和運用的對象之一。

業界通常將社群定義為基於興趣或需求的某一人群的集合。在過去的數年中，社群形態經歷了線下社區到線上社區的變化，時至今日，垂直社交、QQ 群、微信群，乃至大型社交網絡中的某些人群，也被納入社群的範疇。

4　編注：垂直社群是基於一定機制集合了相同屬性使用者的社群，類別多種多樣，如遊戲、二次元、音樂、母嬰、醫療、旅遊、美食、體育等等。

帶來大變化的小群，是社群真實形態中的一種。甚至從某種意義上來說，它就是社群本身。

而更為重要的是，從 2015 年、2016 年初創到成長為如今的明星級產品應用，大部分都是由無數小群促成的。這些案例不僅出現在本章，也分散在後續的各個章節中。小群已經成為推動明星級應用乃至獨角獸企業迅速崛起的堅實力量。

網路上的大城市聚集效應

在之前討論的騰訊產品中，微信讀書以強關係為主，而全民 K 歌的弱關係、興趣社交占了很大的比重。不同風格的產品指向了同樣的趨勢變化。那麼，作為更不一樣的「廣場」，微博的變化又如何？

2013 年，秦海龍博士啟動了一項研究工作，希望能摸清用戶在社交圈中的行為特點。他是哈爾濱工業大學劉挺教授團隊的成員之一，時任小米公司工程師。那一年，中國的社交網絡在微博和微信的帶動下蓬勃發展。學者們可以透過一些公開途徑獲取社交網絡數據，如新浪微博、騰訊微博、QQ 空間等開放平台提供的 API（應用程式介面）接口，註冊開發者和合作夥伴可以在規則允許的前提下進行分析。秦博士選擇利用新浪微博 API，分析了 95,489,041 名新浪微博用戶的「互粉」關係（互相加對方為好友，並追蹤關注）。

表 1-4	新浪微博用戶社交圈類型

社交圈類型	社交圈數量 (個)
學校相關	282
行業興趣相關	128
地理位置相關	34

　　儘管微博關係以單向關注為主，但隨著用戶的關注人數或粉絲數量增加，互粉好友數量也會逐漸增加。秦海龍博士在研究中引入了地理位置維度，發現大部分好友與用戶的所在地相同，表明用戶與大多數好友的地理位置相近。另外，不論用戶在中國大陸的哪個省份，好友位置中排名第二的都是北京。

　　在微博上，互粉的好友之間會形成一個個不同的社交圈。在對調查樣本進行分析後，秦博士得出了以下結論（見表 1-4）。

　　親友、同學、同事、同好不僅構成了互粉好友的基礎，還會再度形成一個個緊密的小圈子。其中，以同學、行業、興趣、老鄉為基礎，構成了最常見的社交圈。緊隨其後的數據顯示，互粉數量增加會提升用戶發表微博的數量。

　　秦海龍博士還在新浪微博上提交了一個名為「圍脖集體照」的小應用，邀請用戶在上面標示出自己實際活躍的社交圈，最終搜集到了 322 位用戶的標示訊息，涵蓋了興趣、地域、行業等多種分類。通過研究發現，用戶會大量加入社交圈，不同圈子的成員數從多（200 人以上）到少（0～30 人）都有，能被用戶認可、長期活

表 1-5 新浪微博用戶社交圈統計

社交圈成員數量（人）	社交圈數量（個）
0～30	121
31～50	52
51～100	30
101～200	18
200 以上	2

躍、易被影響的仍然是強關係所在的小圈子，如成員數在 30 人以下的社交圈總數為 121 個，而大圈子（如 200 人以上）多被自動忽略（見表 1-5）。

AdMaster 的社群細分圖譜

　　無獨有偶，AdMaster（精碩科技）也曾針對新浪微博數據做過一次社群分析。這家社交數據分析公司將新浪微博 2015 年 4 月至 6 月提到某關鍵詞（同一屬性）的用戶抽取出來進行深度分析。

　　此次分析涉及的數據種類包括帳號數據（指用戶標籤[5]、用戶屬性，依據這些數據可以確定用戶輪廓[6]），訊息數據（即用戶發表了什麼訊息，依據這些數據可以推測出用戶的興趣、愛好和態度等），以及關係數據（包括用戶關注和關注用戶的好友數據等，透過關係數據，可以知道訊息如何傳播，從哪些關鍵節點打開傳播缺口，傳播多久能夠到達哪些群體等。關係

5　編注：用戶標籤（User Tag）指對某個群體或對象的特徵進行抽象分類，比如以「性別」作為標籤的話，可分為男生、女生。

6　編注：用戶輪廓（User Profile）由多個標籤組成，比如一個人可以用「男生」、「28 歲」、「北京」、「碩士」、「有車」來標示。

圖 1-5 **AdMaster 社群研究圖譜**（圖片來自 AdMaster 公司）

數據還能幫助業界將龐大的用戶群體區分開來，將用戶活躍的社交圈單獨勾勒出來）。

最後，AdMaster 找到 49,312 名用戶，並繪製出下面這張社交圖譜（見圖 1-5）。

在這張圖譜中，不同顏色的圓圈代表不同的社群。不同形狀代表社群的不同狀態，如圓形表示社群成員之間關係相對緊密，互動頻繁；長條形說明社群成員之間關係比較疏遠，相互之間互動不多，分化也比較大（此處暫不深入闡述社群成員之間的狀態）。

圖譜中還有一個個代表用戶帳號的小點，節點愈大（大節點），代表關注這個用戶的人愈多，影響力愈大；線條則代表訊息從一個用戶到達另一個用戶；在圖譜下部，有許多非常長的線條，代表訊息被擴散到更遠的地方。不過，這些發散的線條並沒有聯繫

圖 1-6 可視化圖譜（圖片來自 AdMaster 公司）

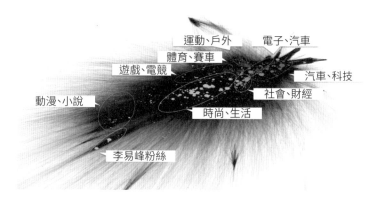

運動、戶外　電子、汽車
體育、賽車
遊戲、電競
汽車、科技
動漫、小說
社會、財經
時尚、生活
李易峰粉絲

圖 1-7 「運動、戶外」社群的二次切割

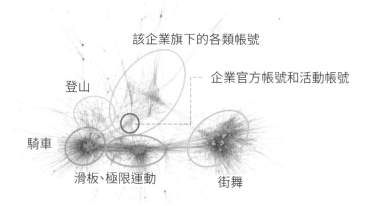

該企業旗下的各類帳號

企業官方帳號和活動帳號

登山

騎車

滑板、極限運動　街舞

起新的社群，代表訊息僅僅擴散到個人而已。

在這由 49,312 名用戶組成的社群中，5,000 人以上的細分社群有兩個，2,000 人以上的細分社群有 5 個，500 人以上的有 11 個，100 人以上的有 21 個。其中 9 個社群具有明顯特徵。可視化圖譜

表 1-6	5 個子社群的人數規模	
子社群	社區用戶數 (個)	總粉絲數 (個)
街舞	417	857,559
滑板、極限運動	216	507,046
騎車	322	1,582,376
該企業旗下的各類帳號	168	604,610
登山	74	355,148

顯示出，雖然同在一個內容主題、大型社群下，用戶仍然再度活躍在不同的小社群中（見圖 1-6）。

分析師繼續切割這些看起來人數略多的細分社群，發現這些細分社群被再度分為更多的子社群，如在對「運動、戶外」社群進行二次切割後發現，該社群主要由 5 個子社群組成（見圖 1-7），分別為登山，騎車，滑板、極限運動，街舞，該企業旗下的各類帳號（包括企業官方帳號和活動帳號）。

這 5 個子社群的人數規模大致如表 1-6。

由於數據是基於對新浪微博的分析，我們可以將這張表格理解為大部分粉絲聚攏在部分帳號（意見領袖或內容帳號）之下。這些人可以將社群內產出的訊息輻射到更大的人群和更多的社群中去。

表格和圖譜很直觀地顯示出：

一個社群會分化成多個小社群，本社群內一定有成員協助將更多社群連結起來。這個連結起更多小社群的人（連結者）非常重要，

---

7   編注：中國大陸用「大號」、「大Ｖ」指稱網路人氣非常高的帳號。

他不一定是粉絲很多的大帳號[7]，卻一定是社群內很重要的大節點。

大節點的概念源自於我的第一本著作《社交紅利》，指的是社交網絡中具有較大影響力的用戶和帳號。在社群經營中，尋找和確定這些關鍵節點，會對擴散傳播、社群轉化等訴求帶來巨大幫助。我們還將在後續章節中，再度詳細分析這些大節點的發掘和經營模式。當然，稱謂也會隨之變化。

這些表格和圖譜同時也驗證了一個觀點：**大型社群及其高價值效果是由無數小社群構成的。用戶活躍在小群之中，更易受到小群的影響。**

人們一直生活在小群之中，而分享集中流向小群，最終促使這個基礎行為帶來雪崩般的變化，激發出新一輪龐大的社交紅利。因此，**我們將人們活躍在「小群」中進行分享，引發極巨大社交傳播結果和轉化結果的現象，稱為「小群效應」。**

就像最易被忽視的星星之火，開始促成了社交網絡上新的燎原之勢。小群激發出了社群的巨大勢能。

人人都想進大群，人人活躍在小群！

在業界備受關注的一定是大型社群，這顯然和「小群化」認知不太一樣。那麼，大型社群和小群之間的關係究竟是怎樣的？我們可以從微信群和 QQ 群的人數上限變化中得到一些啟發。

在微信的影響下，大家逐步接受了群成員數為 500 人的上限。在過去，群成員數上限的調整是一個由低到高、循序漸進的過程。例如，微信群在推出之初將群人數限制為 100 人，500 人的大群需要申請特批。不久後，微信將群人數限制上調為 500 人。

這個數字是否合適呢？我在騰訊工作期間曾接到不少訴求，希望騰訊能取消微信群成員數限制，以便一些大公司能建立萬人以上的大群，將員工或者合作夥伴分別納入其中。而現實中對於千人乃至人數更多的大群的呼聲也比比皆是。

類似情況曾在 QQ 群的組建過程中發生過。早期騰訊也對 QQ 群人數進行了限制，如普通用戶最多只能建立 100 人的 QQ 群，活躍用戶及更高級別的會員可以創建 200 ～ 500 人的大群。在實際運營和用戶調研過程中，呼籲放開群限制的聲音此起彼伏，用戶希望擁有更大群的願望非常強烈。產品經理意識到：**人人都想進大群，限制群人數是沒有必要的。**

2015 年 2 月，我也曾對讀者做過一次調查，詢問他們「喜歡加入大群還是小群」，這裡的「群」是指微信群，這次調查在數天內吸引了 124 位讀者前來參與。其中，希望加入 200 人以上（含 500 ～ 1,000 人群）大群的比例為 42%，20% 的人認為群成員只要超過 50 人就可以，還有 26% 的人喜歡小群（群成員數在 20 人以下）狀態。人們更希望加入大群。

但在對用戶行為習慣進行分析後，騰訊產品經理又發現，雖然人人都想進大群，大群數量仍然非常稀少，500 人以上的 QQ 大群實際占比很小。而大部分用戶長期活躍在 4 ～ 6 個群中，那多是由

親朋好友、同學同事、同好密友所構成的不足 20 人的小群。這是社群中最小規模，也是最堅實的存在。

人人都想加入大群，人人多在小群中活躍。

以即時溝通為核心需求的群，人數愈多，噪音愈大，對用戶的騷擾就愈大。**觀察用戶行為可以發現，大部分用戶加入大群後，最常採取的動作就是關閉消息提示，這正是因為受無意義訊息嚴重打擾。**當這種打擾持續增加時，用戶多選擇退群而去。因此，雖然用戶希望加入大群，但並不是每天都活躍在大群中，相反，用戶更多會在小群中進行頻繁和密切的溝通與分享。

過去我們所說的小群，往往不超過 20 人（秦海龍則將 30 人以內的社交圈歸為一類）。超過 20 人就可以稱為大群了，近年來在 QQ 群、微信群等影響下，人們漸漸習慣認為 100 人以下就是小群，100 人以上才是大群。但在實際用戶的使用習慣中，仍以 20 人以下的小群為常態。

基於對在最終群成員人數和產品體驗之間取得平衡（當然，這項特權也成為 QQ 會員付費的動力之一）的考量，QQ 將大群人數上限提升至 2,000 人。

與電腦相比，在手機上使用微信時，被打擾的感受會更加強烈，騰訊因此將群人數限制在 500 人。未來或許會再度對群人數進行調整，但至少短期內將會停留在這個數字範圍內。

優秀社群的三個標準

不論是微信群還是社交圈，都顯現出「大群鬆散沉默，小群緊密活躍」的特徵。許多企業和運營者雖然眼望著大型社群背後的高轉化率和高活躍度，但這些結果恰恰是小群呈現出來的典型特點：在「三近一反」建構的基礎上，小群中的人們互相認識、互相信任有加，且高度活躍。

這三個特點甚至可以當作衡量一個社群是否優秀的三個核心標準：

1. 成員互相認識

成員在社群之中能結識多少好友？這個指標代表了緊密度。一個成員在社交圈內部的好友愈多，說明成員在社交圈中的地位愈重要，質量也愈高。在一個社群中，好友數量愈多，人們在這個社群中留存、黏著，或者活躍的時間就愈長。在現實中，許多社群安排線下活動時會安排相當長時間的「破冰」，就是這個原則的實際運用。

在實際經營和運用社群時人們經常會產生一個困惑：在單一社群中，人數增長過快是不是好事？許多社群因為新人湧入過快，導致人群沒有足夠的時間來互相認識，從而使人數出現下滑。解決方案取決於新加入的用戶和老用戶之間能否相互結識，或每位用戶在社群中結識的好友數量。

值得注意的是，平均數對社群來說毫無意義。如果 1,000 位新

人不認識任何一位老用戶，就算平均數再高，也僅僅意味著某些用戶占據了過多資源。只有大部分用戶互相認識時，社群才會持續活躍。

2. 成員互相信賴

成員是否信任其他人？這代表信任度。信任成本最低是促成社群高轉化的基礎。如騰訊曾小範圍分析過 QQ 群的轉化數據，發現能達到 50% 左右，即每兩次分享到群中的商品訊息，會有一條產生銷售轉化。

我的寶貝得米在我寫作本書時已經兩歲了，在她的成長歲月裡，媽媽為她買下了大量玩具，也報了許多才藝班（這似乎是華人父母的共同特點）。回顧這些決策，其中許多都來自媽媽群：我妻子所在公司中寶寶年齡相近的媽媽們組成了一個小群，對寶寶的教育、成長等事情都在小群中互相分享、討論。因此經常會發生一位媽媽用過某商品後在群內推薦，大家一起團購的現象。其中就包括一起參加昂貴的才藝班、團購新上市的某些玩具等。

3. 成員之間互動頻繁

互動次數和互動頻率代表著時間貨幣。衡量一個社群是否具備價值的一個核心指標是看社群消耗用戶的時間有多少。通常，用戶停留時間愈長，表明社群對用戶的影響愈大。其中最主要的消耗發生在成員之間的頻繁互動中。頻繁互動可以催生大家一致認同的社群變化，帶來訊息大擴散，是用戶快速增長的基礎。

業界經常討論的社群經營，幾乎都是指全力消耗用戶時間，在這個過程中形成了許多方法。我們可以簡單地將這些經營方法分為兩種：「強運營」和「弱運營」。在第 9 章中，我會詳細介紹這些經營手法。不過在這裡，我們可以先提出一個問題：在用戶消費無數社群的當下，如何才能吸引用戶在「我的」社群裡長期活躍和互動？

上述三個標準深深影響著社群的日常經營和運用，這會在後續章節中的諸多案例和細節中展現出來。

事實上這構成了一種矛盾。早期吸引企業關注社群的原因，可以總結為「兩高一低」，即**高活躍、高轉化、低門檻**。今天，企業進入或組建一個社群貌似非常簡單，新產品的不斷推出都在持續降低社群的門檻（同時也改變了社群形態）。當訊息進入社群時，轉化比例通常高於其他推廣形式，這對許多企業的推廣和營銷部門來說是一個非常好的消息。本章前面提及的數個案例都印證了這一點。

只是，用戶體驗（訊息騷擾程度）和小群形態又為社群設立了新的門檻。當企業或品牌將用戶、粉絲通過社群的方式維繫、組織在一起時，訊息騷擾會阻礙社群規模和轉化效果。要形成大群效應，

✴ 社群高手經營術 ✴

優秀小群必備的三大條件：❶社群成員相互認識、❷社群成員互相信賴、❸社群成員互動頻繁。

必然要解除這些束縛。因此，大型社群面臨兩個關鍵考驗：

一是社群的組織方式。在當今移動狀態和社交網絡帶來的人人平等、人人都可發聲的架構下，噪音和騷擾非常大，遴選有價值訊息的成本也十分巨大，用戶逃離或沉默的比例急劇上升。因此，將一人群人直接圍攏在一起的方式必然變得不可行。但如果自己去管理和經營一個個小群，也注定無法成行，成本會成為最大的阻礙。

組織方式考驗的是，用戶已經活躍在一個個小型社交圈中，**大型社群要通過什麼方式，才能將無數小圈子、小群牢牢凝聚在自己周圍？**

二是訊息的傳播擴散方式。在用戶活躍的小群中，關係鏈就像是一道天然防火牆，將企業阻擋在外。因此，訊息的傳遞方式也是一種考驗：**如何才能穿透並觸及無數小群，進一步影響和觸及應有的目標人群？**

在很大程度上，實際經營或運用社群就像一個遊戲：大型社群經營提出了兩個關鍵命題，小群效應負責解答問題。

我們將會在後續不同章節中陸續看到小群中的三個標準如何一點一滴回答兩個命題，以及如何一步一步讓社群幫助自己取得誘人且龐大的結果。每個章節之中都有不同的啟示。

而「微信讀書」和「全民K歌」兩款應用都不約而同地運用到了利益驅動（微信讀書的「買一贈一」、「贈一得一」兩個功能和全民K歌的虛擬贈品功能），及榮譽驅動（微信讀書的好友排名和全民K歌的好友擂台），這是社交六大驅動力中最常見的兩個，社交也從這個角度給出了自己的解決方案。

1. 嘗試在朋友中展開調查，詢問好友們分別加入了多少個微信群或 QQ 群，想加入什麼樣的群，在什麼樣的群中會長期活躍，以及這些想加入的、活躍的和沉默的群分別有多少成員。

2. 如果您是創業者，可以調取公司歷年的數據，將某一天的分享數據和回流數據進行比對，連續查看數年的數據變化，並觀察用戶的分享習慣是如何發生變化的。

02

三近一反

如何建構活躍的小型社群？

- 配對「地域相近、興趣相近、年齡相近」以及「性別相反」的用戶，就能打造出活躍的小群。
- 用戶只願意關注與自己密切相關的內容。

2016 年年底，一家自媒體團隊採用組建微信群的方式嘗試社群行銷。行銷人員將許多鐵桿用戶邀請到群中，每天設定一個話題供大家討論，並策畫了許多行銷活動，但他們苦惱地發現，用戶參與幾次討論後就再也不說話了。一個月後，陸續組建的幾十個微信群都十分冷清、回應零落平淡，「沉默的大多數」成為一個難以突破的瓶頸。

粉絲幫自媒體賺的錢愈來愈多！

2016 年開始，我不斷建議許多自媒體加強粉絲社群的經營。此舉源於這樣一個背景：

微播易調出歷年自媒體廣告收入數據進行分析，看到一個簡單且樂觀的結果：粉絲幫助自媒體賺的錢愈來愈多了（見圖 2-1）。2009 ～ 2013 年，自媒體的主要陣地是微博，平均每 100 名粉絲一年可以為微博帳號帶來 12 元人民幣的廣告收入。從 2015 年開始，微信公眾帳號成為主流，平均每名粉絲一年可為自媒體帶來 36.5 元人民幣的廣告收入。如果自媒體嘗試電商，每名粉絲會在一年內再度貢獻 80 元人民幣以上的收入。從 2016 年開始，社交進入直播時代，打賞變成部分帳號的收入來源之一。在跟許多直播平台交流數據後，我估算用戶人均每年打賞金額在 30 元人民幣左右。

這些廣告收入、電商收入、內容／打賞收入，都在持續上升

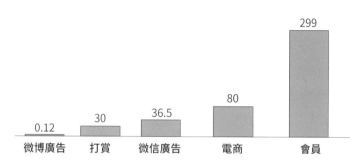

圖 2-1 單個粉絲帶來的收入

單位：(人民幣/年)

中。以部分行業廣告舉例，企業吸引單個微信用戶閱讀一次廣告訊息的成本，已經由人民幣 1 元上升到了 2 元，甚至更多。

到 2016 年年底，來自社群的會員收入又開始迅速上揚（最常見的是人均 299 元人民幣的會員費），成為許多投資人關注和決定投資自媒體的新動力。

0.12+36.5+80+30+299=445.62 元（人民幣）。這組數據意味著：粉絲變得愈來愈「值錢」，幫自媒體賺的錢愈來愈多。**每多一個粉絲，就意味著多一份收入。我們已經到了必須極其重視粉絲的時候了。**

這個大背景促使許多自媒體開始有意識地自行配備粉絲經營、社群行銷，以期將粉絲黏得更緊。其中有自媒體採取了微信群這個方式，但很快，粉絲「陷入沉默」，讓人措手不及。這其實並非新困惑，社群一直有著強烈的自我個性。我們會在後續章節中詳細討論如何「用」好或「經營」好社群。

小群不僅僅影響了用戶行為習慣的變化、獲取海量用戶和收入的方式，還直接推動了大型社交網絡的發展。

騰訊前戰略總監鍾甄在 2017 年創辦了「大眼通訊」，一個供熟人之間視頻聊天的 APP。作為社交領域的連續創業者和深度研究者，她在社交網絡平台的比較研究中使用了一個非常有意思的指標——「單個用戶價值」，這個指標是用「社交網絡市值」（market cap）除以「月活躍用戶數」（monthly active users，MAU）得出。

從宏觀來說，這個指標意味著每個「月活躍用戶」對社交網絡市值的貢獻；從微觀來看，則體現出用戶在不同社交平台所感知到的社交網絡價值。鍾甄認為，社交網絡中的用戶和平台之間存在一種對等的價值交換。對用戶愈有價值的社交平台，用戶活躍度愈高，愈願意沉澱內容與關係，該社交網絡的盈利能力和商業價值也愈大。這與我所說的「粉絲幫自媒體帶來收入」這個現象非常類似。

根據不同社交網絡的「單個用戶價值」，鍾甄繪製出一個球狀比對圖譜，其中，圓球大小代表該社交網絡「單個用戶價值」的大小，球的縱向排序的高低代表該社交網絡的用戶規模（見圖 2-2）。

這張圖向我們展示了一些有趣的現象，例如：

（1）並不是社交網絡規模愈大，單個用戶價值就愈高。用戶在社交網絡的關係強度、活躍性，也會影響社交網絡價值。

（2）並不是本益比愈高的社交網絡，單個用戶價值就愈高。網路聚集效應（Network Effect）[1] 會幫助平台獲得更大的收入空間。

1　編注：「網路聚集效應」是指一個產品或服務，會隨著使用的人數增加，創造出更多的價值，進而吸引更多使用者。

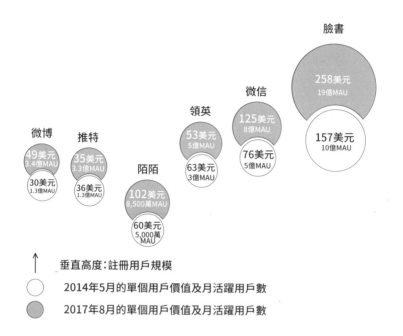

圖 2-2 不同社交網絡的「單個用戶價值」比對圖

↑　垂直高度：註冊用戶規模

○　2014年5月的單個用戶價值及月活躍用戶數

●　2017年8月的單個用戶價值及月活躍用戶數

　　從圖中我們可以看到，與 2014 年 5 月相比，2017 年 8 月微博的「月活躍用戶數」增長了近 3 倍，但「單個用戶價值」僅增長了63%；領英（LinkedIn）、推特（Twitter）的「單個用戶價值」甚至下降了；陌陌「月活躍用戶數」增長了 70%，「單個用戶價值」也增長了 70%，達到 102 美元，成為全球第三個最有價值的社交網絡；臉書和微信的「單個用戶價值」都獲得 64% 的增長，成為全球前兩個最有價值的社交平台。過去三年，雖然六大平台的「月活躍用戶數」都在上漲，但「單個用戶價值」增加最快的平台，都是用戶好友數、使用強度和活躍度增長最快的社交網絡平台。

鍾甄意識到，**當社交網絡大平台逐步成熟並擴張到一個飽和規模時，社群（尤其是小群）所帶來的商業價值會更加明顯。**只有具備良好社群關係的社交網絡，才能擁有更高的用戶黏著度和平台價值，社交網絡本身也就具有了更大價值潛力和增長空間。「微信」和「陌陌」就是其中的典型案例。這也恰恰解釋了臉書為何在2017年開發者大會上，把「建立社區／社群」（building community）[2]作為下一步的戰略目標。

能經營好小群、讓小群具備健康生長機制的大型社交平台，才能持續產生社交紅利，而在這方面失勢的社交網絡則會逐漸喪失輸出社交紅利的能力。小群甚至還有機會催生出更新、更高效的社交溝通平台。

各個在社交網絡耕耘的團體、機構和企業，都從數據中看到小群化的趨勢，大型社交網絡的生存發展也與小群息息相關。那麼，用戶會更習慣停留在什麼樣的小群中呢？

其實，無數活躍小群的組建都遵循著以下三大基礎。

2　編注：原文是「Our next focus is building community by bring people closer together」（臉書的下一個重點目標，就是讓大家更為緊密，並建立起社群）。

表 2-1 引爆 APP 分享去向數據對比

(單位:%)

時間與APP名稱	分享至微博	分享至微信朋友圈	分享至微信群和好友
2013年「足記」	29.22	64.62	5.62
2017年「朋友印象」	5.5	45.8	23

作者注:「朋友印象」在微博平台上做了相關推廣工作。實際微博占比會更低,分享至微信朋友圈、群和好友的比例會略有上升。

組建活躍小群的第一要素:相近地域

「朋友印象」是近年來崛起速度較快的一款社交 APP,主打陌生人交友,它的經營團隊在發展過程中充分運用了「七天應用」[3]「小程序」[4]在微博、微信中的引爆經驗來觀察和吸引用戶。從 2010 年開始,「七天應用」一直是獲得社交網絡用戶、觀察用戶狀態變化,及獲取社交紅利的有利方式之一。通常,一進入社交網絡就迅速引爆的小型 APP 多屬於「七天應用」範疇。

如果調出三年前最熱門的「足記」照相 APP 和「朋友印象」用戶分享數據做比對,會看到和第 1 章「小群效應」中類似的小群趨勢(見表2-1)。

分享去向的變化反映出社交網絡正在努力修正問題,即利用小群來避免 APP 在即時引爆後迅速衰退,幫助企業實現用戶的留存和黏著。只有讓爆發力量持續而穩定,企業基於社交網絡所建構或

3　編注:指一款 APP 從推出第一天起,到被用戶拋棄的時間只有 7 天,這類 APP 雖然在引爆後就迅速消亡,卻是蒐集用戶數據很好的工具。

4　編注:「小程序」是一種不需下載、安裝即可使用的 APP。對用戶而言,小程序比一般 APP 更方便,因為無須安裝、卸載;對於開發者而言,小程序的開發門檻相對較低,進入市場更容易。

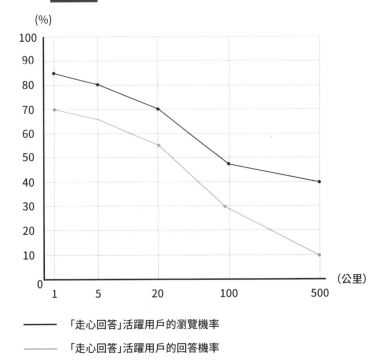

圖2-3 距離對用戶瀏覽機率和回答機率的影響

———— 「走心回答」活躍用戶的瀏覽機率

———— 「走心回答」活躍用戶的回答機率

優化的商業模式和收入模型才能更加鞏固。

　　在對「走心回答」（「朋友印象」中的一項功能，類似於我們私下常玩的「真心話大冒險」）進行改版討論時，產品團隊發現用戶對距離非常敏感。甚至可以說，對於陌生人而言，**用戶之間的距離非常重要，將決定社群的發展和彼此能否建構更緊密的關係**。在走心回答中，距離成了產品和營運的重點考慮因素。

　　距離對用戶瀏覽機率和回答機率的影響如圖 2-3 所示。

　　距離對加好友和聊天消息數的影響如圖 2-4 所示。

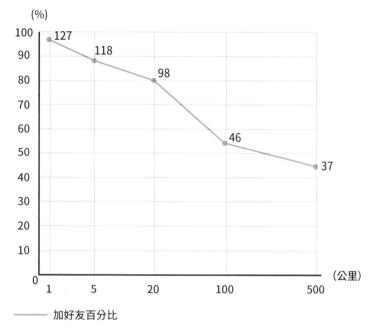

圖 2-4 距離對加好友和聊天消息數的影響

（%）

加好友百分比

共鳴後的聊天消息數

　　彼此距離愈近，用戶的參與興趣（瀏覽和回答機率）愈大，尤其以距離 1 公里以內為最佳，這是用戶參與度的最高值。當距離超過 500 公里後，用戶的回答機率直接跌至最低點 10%。同樣，距離對於用戶互加好友的影響也非常明顯。當問答取得共鳴後，距離愈近，相互之間聊天和加好友的比例愈高。同樣透過數據，產品團隊看到距離 1 公里以內的用戶聊天互動欲望最強，互相加好友的比例為 98%，幾乎可說距離 1 公里以內的用戶必加好友。

　　發現距離對用戶行為的影響後，朋友印象產品團隊做了一些測

表 2-2 按距離和時間排序的問答次數及聊天機率比對分析

	按回答時間 （調整前）	按距離排序	距離+時間排序
用戶查看回答 的次數	53	114	99
用戶回答問題 的次數	1.2	2.7	2.3
配對後加好友聊天 的機率 (%)	81	63	74

試，將問答次數和聊天機率分別按照距離、時間等組合做比對分析（見表 2-2），發現用戶查看回答的次數和回答問題的次數都相應變化較大。簡單來說，社交網絡中將距離關係與時效性關係統一起來考慮，可以產生比較好的效果。

在圖表數據之外，長尾也開始發揮巨大的作用。社交網絡中的訊息流通常以時間為唯一標準，最近發布的訊息會出現在最前，愈早發布的訊息愈後面，所以業內多以 Timeline 來稱呼訊息流。在這個標準下，訊息的生命週期多以「分鐘」計算。當把朋友印象的訊息流和距離因素結合後，產品經理們驚訝地發現，產品內 68% 的評論都在 24 小時後發生。其中，發布訊息 30 天後，用戶評論率還有 27%，並貢獻了 60% 的按讚和 69% 的瀏覽。

用戶對距離（地域）的敏感程度，遠遠超過了對時效的要求。

距離也讓訊息的生命週期得到極大延長。

基於對距離的經營策略，「走心問答」自 2016 年 7 月在 APP 內推出後，數據一路上揚，截至 2017 年 3 月，有 352 萬名用戶回

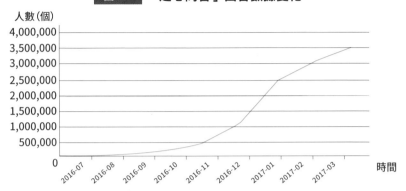

圖2-5 「走心問答」回答數據變化

答了好友提出的問題（見圖2-5）。

　　從陌陌的數據中，我們也可以看到地域對營運結果的影響。

　　陌陌曾對用戶的標籤進行分析，發現90%的用戶都使用了「音樂」、「攝影」、「旅遊」這三個標籤。陌生人之間為了建立新關係，互相打招呼發送的消息量僅占總消息量的5%左右，關係的建立仍然依賴通訊錄、騰訊微博、新浪微博、人人網等已有關係鏈，這表明**用戶不會經常花時間使用「陌陌」來建立關係，廣泛的興趣很難成為驅使用戶互動的主要理由**，且即使用戶為自己標注了這些標籤，他們的實際行為也和這些標籤沒有太大聯繫。而在建立好友關係的用戶中，彼此為「附近的人」占總體好友比例的30% ～ 40%。

　　2012年4月，陌陌開始討論並測試不同版本的「群功能」。陌陌群最早採用的是多人對話的模式，最終發展出了基於地理位置的群功能，允許用戶在「小區」、「學校」、「辦公室」三個地點

創建自己的群。這三個地點能夠顯示出用戶的社會地位（或者說，用戶具有相似的社會地位），而其他地點（如公園、地鐵站等）則不具備社交篩選這一功能。

在實際營運中，陌陌發現用戶只是需要找一個理由聚在一起，不管主題是「某某小區狼人殺」還是「BMW／寶馬汽車群」，用戶基本不會只圍繞設立的主題進行溝通，而是圍繞地點本身以聊天和聚會的形式交流。在由社會地位相當的基礎成員構成的用戶群中，陌陌每月活躍的 100 多萬個群中至少有 1% 會發起線下聚會。數據也顯示出，在線下發起過聚會的群會維持非常高的活躍度（70% ～ 80%）。

社交網絡中的人群配對是一件難度很大的事情，騰訊一直試圖通過其強大的關係鏈來實現配對，與此同時，中國大陸其他社交網絡顯然就沒有這麼幸運。陌陌的數據表明，地點是天然的人群區隔和劃分工具。

陌陌最初只允許用戶創建 1 個群，群成員規模為 20 人。如今，用戶至少可以創建 3 個群，群成員規模可以達到 200 人（免費用戶）至 500 人（付費用戶）。從消息量來看，群消息量只有好友點對點對話的 20% ～ 30%，卻有半數日活躍用戶活躍在群中，平均每條消息能吸引 50 ～ 60 人閱讀。大部分用戶的時間都花在圍觀群消息和群內互動上，遠遠超過花在點對點對話上的時間。

基於地理位置的群功能支撐了陌陌。2013 年年底，其日活躍用戶數從 300 萬～ 500 萬的規模躍升到 1,000 萬以上。同時，用戶長期留存率從推出這一功能前的 20% 上漲到 30% 以上，增幅達到

50% 左右。今天，陌陌在短視頻、直播等領域持續快速增長，仍是受益於「群」這一基礎。

組建活躍小群的第二要素：相近興趣

朋友印象利用「走心回答」來替陌生人做交友配對，這項功能設計的出發點是找出陌生人之間相似的個人興趣。在社交網絡中，**相似的興趣是催生大型社群的主要動力之一。**

例如，小雲社群（一個專門為企業提供社群產品製作的平台）將平台上運行的排名前 100 的社群做了一次初步分析，將社群按照「地域」「行業」「興趣」三個屬性進行分類，結果發現，地域屬性的社群在前 100 名中占了 48 個，在其餘社群中，行業屬性的占 29 個，興趣屬性的占 23 個。可見興趣、行業、地域都是強大的社群起源地。

不過，「朋友印象」在實際營運中發現，如同距離遠近會對最終結果產生深刻影響一樣，興趣廣泛與否也會對社群營運結果、用戶行為習慣產生直接影響。

實際營運中，「朋友印象」產品團隊將相關問題分為四種類型（如圖 2-6 所示），分別為公共問題、私人問題、客觀問題和主觀問題。舉例來說，「情人節怎麼過」、「養狗的好處和壞處」、「旅遊對生活有什麼幫助」是公共問題，「如何看待互聯網的快速發展」等是客觀問題，「你養狗時有什麼有趣的經歷」、「你旅遊時

圖 2-6　四種問題的瀏覽機率和回答機率

公共問題		私人問題	
53% 瀏覽機率	39% 回答機率	82% 瀏覽機率	62% 回答機率

客觀問題		主觀問題	
30% 瀏覽機率	24% 回答機率	79% 瀏覽機率	57% 回答機率

曾有過什麼難忘的故事」等就是私人問題、主觀問題。

私人問題的瀏覽機率和回答機率最高，分別是 82% 和 62%。團隊意識到，主觀問題容易吸引用戶參與，私人問題則容易在小圈子內引發討論。面對公共問題，用戶更願意以旁觀者的身分參與，客觀問題則基本不受歡迎。

換句話說，**同樣是興趣，人們還是比較願意關注和自己密切相關的問題。**這和陌陌的「廣泛的興趣很難成為驅使用戶溝通的主要理由」結論一致。**愈是小眾，愈能讓用戶明確地了解自己正是這個圈子中的人。**

用戶互相加為好友，互相形成小圈子的機率，也根據問題的類型而完全不同。公共問題會引起大家共鳴，但無法成為發展進一步關係的基礎。而私人和主觀問題則更容易讓用戶做出判斷，找到和自己相似的好友。透過觀察回答問題後興趣相投的用戶的行為，我們發現，回答私人問題後相互加好友的比例也是最高，為 89%（見

表 2-3　參與四種問題的用戶配對機率和轉化為好友的機率●

	參與問題後的配對機率 (%)	配對後轉化為好友機率 (%)
公共問題	62	43
私人問題	87	89
客觀問題	41	18
主觀問題	77	85

表 2-3）。根據這個原則，「朋友印象」鼓勵用戶在產品群組內提出與興趣相關的議題，同時也利用 APP 引導用戶提出主觀角度的私人問題。

組建活躍小群的第三要素：相近年齡

本書草稿完成之時，我曾和 PMCAFF（產品經理社區網站）一起邀請部分互聯網公司產品經理試讀。其中有產品經理提到，「快手」（網絡短視頻播放 APP）是一個非常值得研究的社群形態。當下，快手以 7,000 萬日活躍用戶（截至 2017 年 8 月）躋身中國大陸 APP 流量消耗第一名，甚至超過了微信。

談論這款產品時，許多人下意識地認為，三線、四線城市使用快手的用戶居多。其實不然，和其他移動產品一樣，「北上廣深」（北京、上海、廣州、深圳）等大型城市的用戶仍然占據著主流地位，

而三線、四線城市的用戶由於創造力同樣被激發了出來，因此顯得比較特別。但從用戶畫像看，快手更像是一個年輕人聚集的大型社交類產品，「90後」用戶占比超過 87%。

2017 年 4 月，快手 CEO（執行長）宿華受邀在騰訊內部做閉門分享課時，提及了一段轉型歷史。2013 年，快手從 GIF（Graphics Interchange Format，圖像互換格式）工具轉型為短視頻分享社區。隨後，原名為「GIF 快手」的這款產品去掉了名字中的 GIF，改為「快手」。這次轉型讓活躍用戶流失了 90% 以上，迅速跌至 1 萬左右。直到 2014 年 7 月，日活躍用戶數才再次超過百萬。到 2015 年 1 月，日活躍用戶數超過千萬。

對這段轉型陣痛後的快速增長時期，我曾有切身體會。當時我正在騰訊微博開放平台工作，在推進業內合作的過程中，留意到快手的數據在 2014 年下半年增長很快。部門同事王璿曾去拜訪過這家公司，回來後大力誇讚其小團隊（當然，現在隊伍已經很大了）。我們還一度討論過這款產品的社交數據表現。

宿華在騰訊分享時提到，用戶能在短時間內迅速增長，一方面得益於產品演算法。演算法提升了用戶體驗及分發效率，簡單來說，就是分別理解內容和人群，在兩者之間做更合適的推薦。實際上，產品經理們對未來社群的關注點就部分集中在演算法和相似人群的自動劃分上。預計未來對社交網絡成長變化的關注和分析會繼續從這一角度展開。

用戶的增長另一方面也得益於年輕人群。快手剛轉型時，原有的成熟用戶不太習慣，反而是一些**年輕、愛分享的用戶更願意嘗**

鮮，願意拍攝和發表視頻。現在，快手也將自己的目標人群定義為年輕、熱愛分享的普通人。這個人群為快手貢獻了人均日消費 60 分鐘、每 5 位活躍用戶中就有 1 人上傳原創視頻的數據。從 2015 年 6 月到 2016 年 2 月，快手用戶從 1 億上漲到 3 億。目前快手註冊用戶超過 5 億。

大部分社群都忽略了「反」

我們應該再度強調一下社交網絡賴以崛起的基礎：以「信任」為底層機制，讓訊息在關係鏈中流動。關係驅動的威力本就十分巨大。相較於大型社交網絡，社群的構成基礎同樣如此。除去親友、同事這樣的「強關係」，還有其他的策略能被運用和加強。

在本書的第 1 章，微信讀書和全民 K 歌提到了相似的興趣和相同的年齡（喜歡讀書的人、喜歡同類歌曲的人、喜歡二次元的用戶等）會自然形成緊密的小型社群，秦海龍博士分析「微博用戶互粉」時則提到了相似的地域。本章提及的「小雲社群」「朋友印象」「陌陌」「快手」等，也展示了興趣、年齡和地域等特徵。這其實是產品經理廣為運用的一個小基礎：

在社交網絡中，產品經理將能夠增進用戶活躍度、降低互相認識的門檻，以及加為好友的基礎歸納為「三近一反」。其中，「三近」指的是相近的地域、相近的年齡、相近的興趣愛好等，「一反」最

早是指性別相反。

　　很快大家便發現，擁有相似的個人資料，發布相似的消息，擁有相近的財富、相同的社會地位、相似的履歷，在某一遊戲中擁有相似的等級和戰鬥力，乃至某個時刻都在減肥，都喜歡某個明星，都喜歡看某部電視劇，都想辭職去某地旅遊，都在為家裡的小朋友挑選幼兒園等相似的背景和需求，都被納入「三近」的範疇中來。

　　「一反」則指相互幫助卻又存在衝突和合作的兩方，除去我們最熟悉的兩性關係外，典型的還有商業環境中的甲乙雙方、供需雙方等。

　　「三近」協助無數用戶聚集成各種社群，並促成社群的擴散、黏著、活躍。如「微信讀書」通過書籍在讀書群自然擴散，吸引來更多新用戶；「一反」則能將社群成員強而有力地黏合在一起，協助打開商業化的大門。

　　在當下諸多社群中，行業社群總能率先盈利，正是因為甲乙雙方、供需雙方，或者互相有需求的上下游聚合在一起時，會引發成

✳ 社群高手經營術 ✳

Q：如何有效提升社群活躍度？

A：用「三近一反」策略，配對社群中「地域相近、興趣相近、年齡相近」以及「性別相反」的用戶。

員巨大的付費欲望。這就是「一反」的貢獻。

因此，當「三近」成立的時候再加入「一反」的因素，會讓社群更加活躍。回到朋友印象中去，同樣是基於興趣的好友推薦、話題推薦，當產品經理加入「一反」因素後，用戶發生了明顯變化。**如向「乖乖女」用戶推薦紋身女孩兒發布的內容，向喜歡音樂的男性推薦喜歡同類音樂的女性發布的內容，向比較宅的女孩兒推薦喜歡戶外運動的男孩兒，都會令活躍度大幅上升。**這樣的測試在 2016 年 9 月、10 月分別進行過一次，測試結束後，朋友印象得到了表 2-4 的數據。

從表 2-4 中可以看出，測試期間，問題的新增回答、評論、互相加為好友等關鍵行為的數據都有了大幅提升。

日常營運中，「朋友印象」經常採用小應用、小程序的方式實現擴散、獲取用戶。在這些追求引爆的小應用中，經營團隊不斷地結合、複製「三近一反」來改進經營策略，這帶來了一個簡單而直接的比對：

如果沒有採用這些機制，小應用僅能實現 0.3% 左右的用戶註

表 2-4 朋友印象 2016 年 9 月和 10 月的測試數據

模組	指標	10月社群活躍度漲幅 (%)
UGC[5] 靈魂共鳴貢獻指標	新增回答數	169
	新增評論數	425
靈魂共鳴配對指標	成功配對數	505
	發生配對的人數	264

5　編注：UGC（User Generated Content 用戶原創內容）指用戶將自己原創的內容展示在互聯網平台上，或者提供給其他用戶的行為。

冊轉化率，當充分運用後，註冊轉化數據提升到 3%～10%，用戶活躍和留存數據同步上升。在沒有積極宣傳的情況下，這款產品曾被推至 APP Store（應用商店）總榜前 25 位，社交榜第 4 位。

另一款產品快手，也因為年輕人群的聚集而從 2014 年下半年獲得超速發展，成了今天的全民 APP。

「三近一反」帶來的優勢

「三近一反」原則帶來的樂觀結果，在我們身邊也常常可見。喜歡長跑的眾籌網工作人員劉慶餘有一個很小的發現，在馬拉松長跑過程中，實力相近的一些跑者（哪怕素不相識），最後多會跑成一個小圈子。「可能你會停下來補充水分或者能量，他超過了你，但在下一個路段你又會超過他，無形中互相激勵，最終抵達終點線的時間也非常接近。」

騰訊微信高級產品總監劉翌離職時創辦了「同事」，這是一款幫助各大企業員工聚集在一起溝通交流的社交 APP。經過一年多的營運，僅在騰訊員工這個群體內部，這款 APP 的平均日活躍率便達到了 40% 以上，次日留存率超過 70%，週留存率更是達到驚人的 85%。每個用戶每次打開 APP 後的平均使用時間長達 3 分鐘。遇到騰訊特定事件時，日活躍率可以上升到 70%。

一年前，創辦人團隊發現產品價值已經發掘完畢，在這種情況下，他們做了一個大膽的決定：停止產品更新和營運。一年過去

了，APP用戶活躍率仍然沒有任何變化，40%這個數據一直居高不下。「同事」進入了良性的自動循環。

從這些案例（及本書更多案例）背後，我們看到：

1. 用戶的高註冊轉化率與快速增長

小群分享會帶來更高的轉化率。「全民K歌」的用戶登錄曲線和明星應用的用戶下載表格，都證明了這一點。社交網絡成為快速累積用戶的主要管道之一。朋友印象也通過對距離和興趣的運用，提升了自己的註冊轉化數據。

2. 更加穩定的黏著和留存

「同事」日活躍比例能夠達到40%，跑馬拉松的人們互相陪伴、一起堅持到底，全民K歌月留存率達75%，快手成為國民級應用，朋友印象的用戶在30天後仍貢獻了27%的評論和60%的按讚、69%的瀏覽……相似的用戶在一起時，營運數據呈現出了更高的活躍度。

這些結果正是社群運行規律及建構基礎所賦予的。人們更願意信賴和自己相似的人。

「三近一反」幾乎是小群提出的「優秀社群的三個標準」（相互認識、相互信賴、頻繁互動）的最直接呈現。正是以「三近一反」為基礎，用戶才樂於停留在社群之中，繼而留存在產品中，源源不斷地為產品和營運者貢獻更多收入和價值。我們所見的用戶高價值和社群的諸多優點，以及社交網絡為了修正即時引爆後的快速衰退而

做的努力，都是來源於這個小基礎。

　　想要利用無數小群來實現龐大的社群營運結果，獲得更海量的社交紅利，需要對社群有著更多的理解和運用。在本書後續章節中我們會看到對「三近一反」更精巧的運用，依據這個原則所建構的動態小池塘等將會協助營運者充分運用榮譽驅動、利益驅動等策略，不斷實現擴散和活躍、轉化。可以說，沒有「三近一反」，就無法形成優秀的社群，也無法從中獲得變現收入。因此，不論我怎麼強調「三近一反」這四個字都不為過。

　　不過，大部分社群對「三近」重視較多，對「一反」思考不足。我們前期提及的許多社群迅速沉寂、用戶沉默，也和「一反」的不足有很大關係。找到「一反」是另一個關鍵所在。關於「一反」的討論，我們將會在「你能為我解決什麼根本性問題」章節進一步闡述。

　　從「三近一反」開始，我們已經隱約看到一個訊息：**不一定要做大型社群，充分運用社群或社交網絡的「三近一反」特性，小型社群也能幫助企業和創業者獲得理想的成果。**

　　現在，社群（或者說無數小群）已經組成，就看我們如何在上面建構起無數巍峨的建築了。

實戰練習

1. 嘗試結合「三近一反」這一原則，梳理身邊熟悉的社群的「近」和「反」，找到對方的盈利點。

03

連結者
找到可變現的連結者

- 連結者是推動訊息在無數封閉「小群」中擴散的關鍵人物，0.8%的人就能帶來事半功倍的宣傳效果。

- 將「普通人」轉化成「連結者」，是社群行銷的終極目標。

社交電商如何突破「低分享」的困境？

2016 年 10 月的一天，我和一家電商網站的產品經理討論「社交傳播」這個話題。他跟我分享了所在公司的數據，其中一些現象非常值得思考：用戶購買的商品和他所在社交圈購買商品的重疊度，如果以金額計算，會占到 10% 左右；如果以品牌來歸類，比例為 31%。

再深入分析這些數據，其中僅 20 萬用戶的主動推薦和分享，就帶給該平台每月至少 1 億元人民幣的銷售額。我們將這些用戶稱為「購物達人」。在社交網絡中，除非用戶非常滿意和開心，實在很想炫耀一下（如書籍、電影、奢侈品是電商最常被分享的三類商品），否則他們會吝於秀出自己購買的商品。該平台大部分購物達人的一次分享，都能帶來 200 ～ 2,000 份訂單。而當這家網站之前達到 15 萬用戶分享時，每月銷售額只有 4,500 萬元人民幣。分享人數增加了 30%（即達到 20 萬用戶），帶來的銷售額卻幾乎增加了一倍。

這家電商平台因此也在思考：如果將商品推薦與用戶社交關係相結合，會不會提升轉化效果？答案是肯定的。之前，我曾做過一次觸及 300 位白領女性的小範圍調查，結果顯示，對於好友推薦的服飾，有 47% 的人表示會認真考慮，43.3% 的人表示會在購買前參考其他用戶評論，如果有好友幫助決策，則考慮購買的比例會增至 88%。由於調查範圍很小，調查結果未必準確。但好友分享和推薦所產生的影響的確十分巨大[1]。

1　本觀點引自《社交紅利》（修訂升級版）。

這些數據告訴我們：來自好友和「相似」人群的推薦訊息，會大大影響用戶的購買決策。

我在《社交紅利》（修訂升級版）第三章第三節曾分享了一張表格，這張表除了告訴我們分享會帶來轉化和回流價值之外，還從側面回答了另一個關鍵問題，我們不妨再度回顧一下：

觀察四家中大型電商網站任意一天的分享數據（2013 年前後分享到騰訊微博的數據），及獲得的點擊訪問數據（分享／點擊倍數），簡單比對當天兩家類似量級資訊網站數據（見表 3-1）。

觀察「分享數據」與「點擊訪問數據」之間的關聯，明顯呈現「兩低一高」的特點，用戶分享欲望低、人數少、互動欲望低，但分享／點擊的倍數卻很高。

表 3-1 四家中大型電商網站和兩家類似量級資訊網站任意一天的分享數據及獲得的點擊訪問數據

類型	網站	當日分享訊息條數	當日點擊訪問次數	分享／點擊倍數
電商	A	7,004	394,588	56
	B	62	769	12.4
	C	708	5,944	8.4
	D	7,232	9,734	1.3
資訊	E	42,334	123,046	2.9
	F	21,234	61,702	2.9

◆ 用戶更願意分享的是資訊，而不是商品訊息。

◆ 用戶分享的商品訊息數量不到資訊的 1/10，甚至更少。

◆ 分享商品訊息產生轉銷售作用的時間遠超過分享資訊，且被分享次數愈多，長尾效應愈強。

◆ 電商若能增加分享用戶數量，回流倍數會相對大幅增加。

用戶吝於分享商品，但受朋友發布推薦訊息的影響非常大。尤其是愈貴重的商品，人們詢問、參考朋友建議的比例愈高。

當再度回顧這張表格時，我們看到了身邊「相似」人群和好友的分享訊息所帶來的價值，也會發現「分享欲望低」、「互動低」所導致的流動匱乏。

這張表格一方面印證了前文提及的電商網站轉化數據的誘人之處，另一方面也回答了一個關鍵問題，這也是社交電商在當下所面臨的最大困惑：

相比社交內容和社交遊戲，為什麼社交電商在過去沒能出現同樣數量級的優秀創業公司？低分享和低互動是根本原因所在。社交電商某種程度上需要解決自身品牌或商品訊息在社交網絡中擴散流動的問題。

2014 年、2015 年後陸續崛起的一些社交電商公司，如「小紅書」（生活好物電商平台）、「張大奕」（中國第一網紅）等，本身就具備了訊息擴散的能力。他們本身就是一個自媒體，發布的訊息既是粉絲希望看到的，又屬於商品導購，沒有訊息無法流動擴散的問題，反而形成一種高效率的「訊息擴散－關係鏈轉化」循環機制

圖 3-1 訊息擴散和關係鏈轉化的循環圖

關係鏈轉化　　　　　　　　訊息擴散

（見圖 3-1）。因此，如何穿透無數「小群」，挖掘出那些活躍且經常分享、推薦的成員，就成為能否成功運用社群的關鍵之一。

將近 50% 參與量由 0.8% 小群帶來

Target Social 是一家分析社交數據的行銷公司，曾對一些大事件在微信（包括微信公眾號、微信個人帳號）上的傳播數據進行特定分析。由於強關係相關數據多牽涉用戶隱私，因此微信數據沒有想像中開放，只有少數企業能夠取得資料並做出分析。Target Social 透過邀約事件傳播過程中所涉及的各個環節──企業、公眾號、最

終用戶等——一起參與的方式，獲得了許多關鍵的一手數據，並繪製出可視化的社交圖譜。

2016 年 9 月，我在上海和 Target Social 首席執行官蘇旋一起詳細討論了這些數據。在蘇旋製作的圖譜中，微信傳播路徑呈現出非常典型的規律。以一家企業發起的宣傳活動為例，這家公司利用官方微信公眾號並邀約了部分優秀微信公眾號進行群發擴散。活動頁面在公司內網公布後，也吸引了部分員工參與和分享。這是目前最常見的傳播形式。

蘇旋在圖譜中將整個訊息傳播的先後次序、擴散路徑及最終效果動態呈現出來。我們可以清晰地看到，訊息以其中一個帳號為源頭擴散開來，經過部分用戶的分享和擴散，蔓延並覆蓋了一個龐大

圖 3-2 微信訊息傳播圖譜（圖片來自 Target Social）

人群，其中包括每個帳號分別影響了多少好友等。

在這張動態圖譜中（見圖 3-2），傳播效果首先表現在微信公眾號中。在圖譜中，帳號和帳號之間的訊息傳遞用線條來表示，每個帳號的呈現就是一個個點。這些由點構成的圓圈表示更多用戶受到一個帳號影響（粉絲們聚集在它周圍），他們閱讀了這個帳號發布的訊息並點擊參與了活動，圓圈大小直接表明帳號的影響力大小。我們看到的是，用戶率先聚攏在這些微信大號周圍，形成一個個愈來愈大的圓圈。

擁有比較多粉絲數量的公眾號就是我們俗稱的大號／KOL（Key Opinion Leader，關鍵意見領袖）。大號的實際擴散和影響能力在圖譜中被真實地呈現出來，和上述規律一樣，**有些大號呈現出完美**

圖 3-3 **訊息傳播圖譜中的「孤獨用戶」**（圖片來自 Target Social）

孤獨用戶

的圓形，但這其實是非常糟糕的結果，表示粉絲沒有二度擴散，僅僅完成了瀏覽。

有些粉絲不僅圍繞在大號周圍，還二度擴散出一圈密集的小圈子，這表明這些粉絲非常活躍，他們分享的訊息吸引了更多相似人群瀏覽和參與活動。在這個基礎上，一些帳號不僅僅產生了圍繞自己的大圓圈，還二度擴散出無數小圓圈，部分用戶的分享和再分享，再次延伸至更多新人群當中，就像平靜的水面被無數石子激起一個又一個漣漪。那些激起許多漣漪的用戶，就是一顆顆跳躍的小石子。

在圖譜不斷生成的過程中，有一個用戶浮現出來。他將活動分享到自己的朋友圈後，僅僅吸引了少數幾位好友點擊參與。在圖譜上，這條線與這個用戶構成的點和線，被排到了偏僻的一角，成為孤獨的存在。如果沒有後續，這個點就像一個偶然的訊息發散，很快就會被大家忽略。然而，緊接著其中一位好友再度分享，引發了新連鎖反應，一個個新漣漪不僅僅圍繞著他，也在他的好友背後此起彼伏地綻放開來 —— 更多潛在的新圈子被吸引到這次活動中來（見圖 3-3）。

這個孤獨用戶引發的連鎖反應在整張圖譜中就像突兀的存在，引起了蘇旋的好奇，他特別尋找並聯繫了這個用戶，發現對方正是這家公司的一名普通員工。單獨看這位用戶引發的結果，就是一個典型的即時引爆現象。如遊戲類社交 APP「碰碰」的內部員工曾在一次活動中將內部測試連結網址無意中分享出去，引發了一輪計畫外的引爆傳播[2]。如果將這個結果納入社群範疇進行觀察，則能

2　參考我的第二本著作《社交紅利 2.0：即時引爆》。

產生完全不同的思考：可不可以找到更多類似角色，用以激發新的龐大人群，取得更好的效果？

相比圖表，可視化圖譜是許多大數據公司經常採用的一種方式，可以幫助我們更加形象化地理解自己想要解決或研究的問題。透過這樣的分析，企業可以很清楚地知道哪些用戶是關鍵用戶，會對傳播和轉化帶來巨大幫助。在對這一事件及更多社交傳播案例做出分析後，蘇旋發現：46.25% 的參與量是由 0.8% 的人產生的。

近乎一半的參與是由 0.8% 的「小群」帶來的。增加小群的數量，無疑將放大社群的最終影響效果。因此問題可以聚焦為：我們要如何找到那 0.8% 的用戶？

蘇旋**將社群中成員的角色劃分為四種，分別是：普通人、連結者、局部意見領袖、全局意見領袖**（見圖 3-4）。

圖 3-4 四大社群成員角色

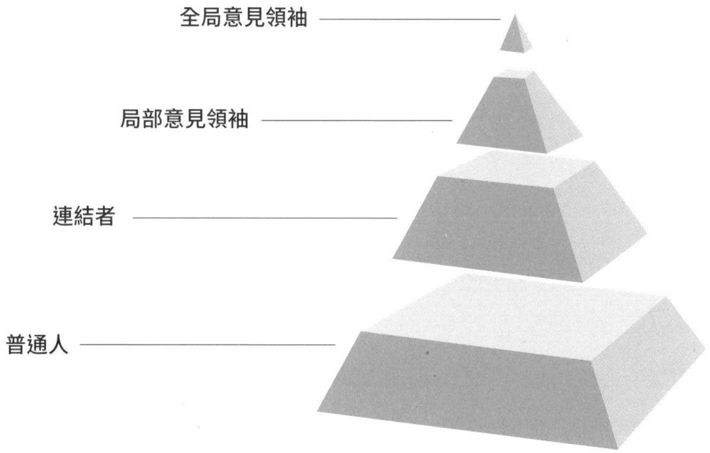

全局意見領袖

局部意見領袖

連結者

普通人

「普通人」的角色非常容易理解，一個社群中90%以上的成員都是沉默的大多數，他們正是普通人。普通人是社群中最為堅實的基礎，大群效應的形成、閱讀、參與、轉化成購買等行為，都依賴這個龐大的基礎。

　　「局部意見領袖」是指能夠影響小範圍人群的用戶，「全局意見領袖」是指能夠影響更大範圍乃至大部分人群的用戶。兩者的差異正如他們的名字所呈現的那樣，局部意見領袖僅僅能夠影響自己所覆蓋的粉絲，這些粉絲大多沒有擴散性，「意見」因此也無法被擴散出去。

　　本節開篇提到的電商網站依靠用戶分享轉化的數據，與這些意見領袖密不可分。「全局意見領袖」小範圍能影響社交圈和身邊好友，大範圍能觸發一連串病毒擴散反應，在圖譜上就像激發一個個漣漪的起點。應該說，「全局意見領袖」包含了諸多「局部意見領袖」和「連結者」。

　　2016年9月25日，中國大陸萬達集團借著合肥萬達城開業的契機發布了一個「一鏡到底」的宣傳頁面，邀請了100位意見領袖在微信朋友圈分享。當時我受邀解讀這次活動的傳播效果，從利用技術生成的傳播圖譜中可以看到，排名前三的意見領袖每人影響並吸引了10～12萬名用戶參與活動。在以強關係為主的微信中，能達到這樣的影響力非常罕見。在這次傳播中，這三個人就是典型的「全局意見領袖」。

　　如果再提一位，大家對他的影響力會更驚訝。王思聰[3]參與創辦了「熊貓TV」直播APP。2017年6月，我拜訪這家公司的高

3　編注：王思聰（1988年1月3日～），中國首富、萬達集團董事長王健林的獨生子，現任萬達集團董事，熊貓TV創辦人兼CEO。

層主管，他們提到，早期獲得的 5,000 萬用戶中，大部分都是被王思聰及其關係鏈好友吸引而來的，沒有任何用戶通路費用。這種影響力幾乎超過了絕大多數頂級明星。

「連結者」，顧名思義，是指能將訊息分享出去的社群成員。他們串聯起不同的社群和人群，是推動訊息在無數封閉「小群」中擴散的關鍵人物，也是幫助訊息二次乃至無數次傳播的關鍵人物，訊息經由「連結者」到達一個新人群。大群效應考驗的「訊息傳播擴散方式」，有賴於連結者來破解。換句話說，普通人引發「蝴蝶效應」的背後是一個個「連結者」。最典型的連結者就是剛才我們看到的那位「孤獨用戶」。同樣，部分「連結者」也兼具意見領袖的角色。

「連結者」的樣貌會有一些不同，在蘇旋的圖譜中我們看到了兩類連結者。

一類是活躍在微博、微信上的內容帳號（自媒體或者俗稱的大號），他們承擔和扮演了連結者這個角色。當一些微信大號將訊息群發之後，許多粉絲會將訊息二次擴散，進而吸引更多社交圈參與活動。大部分企業都依賴這些帳號進行社交傳播和營造病毒事件。他們構成了今天的社交網絡，尤其是微博、微信上連結者的主體。

他們既扮演了「連結者」，又擔任了「局部意見領袖」（反過來說也是一樣）。在業界，他們還有另一個代名詞：關鍵意見領袖（KOL）。2015 年底我加入微播易後，看到許多企業都在透過長期鎖定優秀的微信帳號、微博大號進行合作，2016 年以後，更多短視頻帳號、直播帳號又被加入到長期合作名單。

第二類是普通人躍升為「連結者」。一位普通員工進行分享之後，雖然只影響了一位好友，但這位好友的再度分享擴散，卻觸發了另一個龐大人群。這位員工平時可能僅僅是一個「普通人」，但他的分享經過關係鏈的多次擴散後，卻爆發出意想不到的威力。這一刻，他變成了此次訊息傳播中最關鍵，也是最重要的「連結者」，其重要性及所引發的結果不亞於任何一位「全局意見領袖」。

如何找到「連結者」？

我們可以藉由哪些方式發現和清楚辨認出最關鍵的「連結者」呢？比如，有時我會向一些合作夥伴分享自己常用的發現「連結者」的方法。

第一步，建立一個員工小組（市場部門和商務部門經常扮演這個角色），在微信和微博上找到真實用戶（或目標用戶），這個數量通常

在 500 ～ 5,000，將他們一一添加為好友。

第二步，閱讀目標用戶近半年以來的朋友圈或微博貼文，將細節記錄到一張工作表格中，需要留意的細節包括：

（1）他／她關注了哪些帳號和 KOL，又被哪些人所關注？在朋友圈和微博中經常討論什麼話題？曾經分享了什麼連結網址？這些連結網址來自哪些內容帳號或 APP、企業？這些連結網址和其他發文所顯示出的語言風格是什麼樣的？貼文屬什麼類型？標題是什麼？經常在什麼時間段發文？

（2）他／她還參與過什麼線上或線下活動？活動是由哪家企業舉辦的？通常一些成功的活動結束後，企業都會發布新聞稿宣傳這次活動。搜尋這家企業發布的新聞稿，看看這家企業出於什麼原因舉辦這次活動，是如何策畫和思考的，以及效果如何。了解這家企業處在什麼樣的發展階段、前後是否還舉辦過其他活動等。

更多問題還能不斷窮舉出來，需以經營團隊當下關注的重點和需求為準。

第三步，這些訊息會告訴我們當下目標用戶期待什麼類型和主題的活動，他們又聚集在哪些帳號或 APP 周圍，以及採用什麼樣的風格表達自己的訴求等。利用這些訊息可以製作成一張工作表格，包括連結者們、KOL、目標合作 APP 或企業、用戶活躍時段、興趣喜好、語言風格、閱讀習慣，及不同行業的活動／傳播資料庫等。

順便提一句，稍後第 6 章會重點分析「互惠接口」，企業設置「互惠接口」最簡單也最實用的方式，恰恰是觀察粉絲討論文。

第四步，人工分析會強化團隊對這些關鍵訊息的掌握，形成不一樣的理解深度。這項工作十分瑣碎，如果輔助使用大數據，能幫助企業更加了解目標用戶群。

當這些結論被搜集整理在多張工作表格中，並不斷被更新、完善時，非常適合協助團隊理解目標用戶，也幫助團隊率先找到一些可以扮演「連結者」角色的用戶。這和做用戶訪談、用戶田調的本質類似，只是由「聽」用戶說變成了「看」用戶說。

經由這個策略，企業首先能知道哪些名人、明星是影響用戶的KOL，但更重要的是，發現真正能影響他們的「連結者」和「局部意見領袖」，可能就是他們身邊的朋友。

整合上述方法論會得到許多意外的結論。例如，此前我曾和珠寶從業者探討這個話題，過去大家總習慣性地認為，珠寶行業的「連結者」是具有一定經濟基礎的人。運用上述方法針對用戶進行觀察分析後發現，原來扮演關鍵連結者角色的是那些喜歡茶藝的人。喝茶時手腕和頸部佩戴的珠寶首飾，是這個群組經常交流的話

✳ 社群高手經營術 ✳

4 個步驟找到「訊息連結者」。
Step1：將目標用戶一一添加為好友
Step2：閱讀、記錄目標用戶近半年以來的所有訊息和貼文
Step3：歸納用戶聚集在哪些帳號或 APP 周圍
Step4：透過人工、大數據持續做深淺程度不同的分析

題之一，他們將訊息引入了一個個談話時的小圈子。當結論揭曉時，真是讓人意外不已。

社群經營的終極目標：
將「普通人」轉化成「連結者」

我們尤其不能忽略「普通人」轉變為「連結者」的威力。在角色劃分模型和社交圖譜中我們看到，社群規模的大小取決於「連結者」和「意見領袖」這些關鍵角色，也就是 0.8% 的人群。這個人群愈大，最終被吸引進來的「普通人」才會愈多。同樣，**有效影響和激發「普通人」，不僅能讓社群更加活躍，還將吸引更多人轉變成「連結者」和「意見領袖」**。

奧地利作家斯蒂芬‧褚威格（Stefan Zweig）在其著作《人類的群星閃耀時》（*Sternstunden der Menschheit*）中記錄了兩個這方面的故事，第一個是「黃金國的發現」，記錄了 1848 年加利福尼亞發現黃金引發的淘金熱潮：「潮水般的電報越過陸地，越過海洋，宣布黃金唾手可得的佳音。人們從城鎮、港口蜂擁而來，水手離開他們的船隻，政府官員離開他們的崗位，長長的無盡的行列，步行的，騎馬的，乘車的，從東方來，從西方來，不絕於途。狂熱的淘金者簡直像一群大蝗蟲鋪天蓋地而來。」

在此之前，這裡還只是不安分的冒險家祖特爾（John Sutter）建設的一個殖民農場。很難想像在那個時代，僅僅是農場裡的農民，

就在資訊傳播不發達的年代裡引發了波瀾壯闊的淘金熱潮。

類似這樣的故事，在互聯網尤其是社交網絡中無數次重演，從「瘋狂猜圖」、「微信打飛機」、「圍住神經貓」，到「魔漫」、「臉萌」、「足記」等。最新一個案例是「分答」，這是一款付費問答的產品。王思聰在分答中的答問也曾引發自媒體大範圍報導，引起了用戶潮水般的湧入。我曾和分答聯合創辦人曾進回顧「分答」的發展歷史，她告訴我，最初分答的前 1,000 名用戶大多是普通用戶，分別來自「在行」（知識技能共享平台）、官方帳號推薦和創業媒體報導等。直到他們其中一個引來小馬宋（業界非常有名的 KOL），小馬宋又引來羅振宇，再到鸚鵡史航、王思聰等意見領袖加入，分答最終成為 2016 年最火紅的創業項目之一，也成功開啟了內容付費的新風潮。

第二個是「一夜天才」，記錄了 1792 年法國國歌《馬賽曲》誕生的故事。在這首歌寫作完成後，作者首先在當時法國史特拉斯堡市的社交界達人面前演奏，這些人是理想的 KOL，但「聽眾似乎只是友好地鼓了掌，很可能這只是禮貌性地對在座的作者不可缺少的恭維」。

按理說，這個曲子是受到擁有貴族身分的市長所託，寫作的內容幾乎直接呈現了人們的共鳴點，「魯日（Claude Joseph Rouget de Lisle）根本不必去創作、虛構，他只需要把今天，把這絕無僅有的一天裡人人都在說的那些話押上韻，配合激動人心的旋律、節奏，他就能表達出民族靈魂最深處所感受到的一切。」但是社交達人們沒有意識到這首曲子的偉大，直到 500 名年輕士兵聽到並唱起它，

引起了「雪崩似的迅猛傳播」，「一兩個月後，《馬賽曲》成了人民的歌，成了全軍的歌」。這些年輕的士兵，就是促成這首曲子邁向偉大的「連結者」。

社群中的一小部分人能夠帶來巨大的傳播擴散效果，這些用戶或許只是普通用戶，但他們的社交分享能將訊息帶到更多的新社群和社交圈中去，影響到更多人。

從任何角度來看，連結者都扮演了關鍵角色，他們是病毒擴散、即時引爆的推動者，更是一個大型社群的必要組成部分，幫助組織者穿透了無數個「小群」，並將他們團結在大型社群周圍。**尋找、激發社群中的連結者，是社群工作者的重點。**

社交網絡中有一個常被提及的專業術語：傳播層級。假設 A 用戶發出訊息後，被他的好友 B 看到，這是第一層社交擴散傳播；B 再將訊息轉發、分享出去，這就是第二層社交擴散傳播；依此類推，B 的好友 C 再做一次擴散，就是第三層擴散……值得注意的是，上一層好友和下一層好友可能互不相識，如 C 不認識 A，後續的 D 也不認識 B 和 A 等。傳播層級有時也會被稱為「度」，不管是「度」還是「層」，都是病毒擴散的結果，每一次傳播都意味著新的人群被吸引進來，意味著觸及了更加廣泛的用戶。

我們曾在「杏仁醫生」（一款服務醫生的醫患互動管理 APP）的一次行銷活動中看到擴散多達 12 度／層且不斷帶來註冊用戶的案例[4]，蘇旋在針對社群擴散的分析中也留意到，在以強關係為主的社交網絡中，分享用戶能帶來 10 度／層以上的分享擴散。也就是

4　請參考《社交紅利 2.0：即時引爆》。

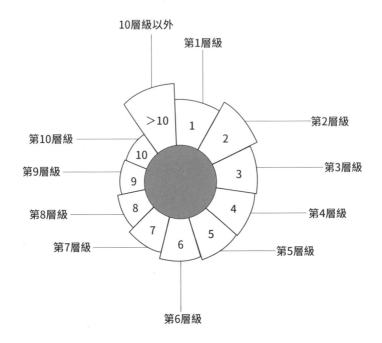

圖 3-5 訊息在社交網絡中的傳播層級

說，一個用戶分享之後，能接連不斷地影響 10 度／層以外的潛在
用戶。

在後續章節我們還會探討「滴滴紅包」，這個產品的傳播層級
一度達到 17 層以上，屬於非常凶猛和極具誘惑的存在。

訊息在社交網絡中的傳播層級見圖 3-5。

有時我們能估算出傳播邊界，傳播邊界首先取決於訊息本身，
如果是事件驅動，事件結束前後就是傳播邊界所在。如果是關係驅
動，企業往往在 10 層、12 層、17 層以外因為數據非常微弱而放
棄統計，但訊息仍在長尾的世界中擴散、運用。有時，這些擴散又

會激起新的漣漪，即湧現出新的「連結者」，連通了新用戶群組，這種現象十分常見。這也就是社交網絡中的「肥尾」現象（見《社交紅利 2.0：即時引爆》），指訊息在很長一段時間內都會陸續被用戶消費，就像松鼠尾巴那樣又肥又大的長尾。

在這種一層層的關係鏈擴散中，並不是下一層影響的人數一定會比上一層影響的人數少。這取決於每一個分享者本身的影響力，我們經常會看到某一層所影響的用戶和粉絲，甚至超過了任何一個層級，多半是因為出現了新的連結者或意見領袖。而這些連結者會將全局意見領袖、局部意見領袖的訊息再傳播出去，繼而影響更多的意見領袖及普通人。

法官就是 Keyman：
「狼人殺」玩家指數增長的祕訣

大部分用戶只有少數好友，也只能影響少數好友。騰訊數據顯示，絕大多數用戶好友數都不超過 100 人。少數用戶（連結者、局部意見領袖和全局意見領袖）能連結絕大多數好友，但占比只有個位數。找到這些大節點，尤其是「連結者」，社群才能夠快速增長。

我們暫時將目光集中到遊戲社群中，看看「狼人殺遊戲」是如何找到並運用這些連結者？如何應對將「普通人」變成「連結者」這個挑戰？

「殺人遊戲」和「狼人殺遊戲」是目前最為流行的多人參與桌

面策略類遊戲。「戰旗直播」（一款電玩遊戲的直播 APP）曾推出狼人殺真人秀節目「Lying Man」，不斷推高了狼人殺的百度指數排名，更多人主動搜尋並參與狼人殺遊戲。還有許多用戶採用加入或組建微信群的方式玩殺人遊戲或狼人殺遊戲。2016 年 2 月，張萌在這個背景下，開發出狼人殺英雄榜（後面簡稱「英雄榜」）。

「英雄榜」早期只是提供狼人殺發牌工具的微信公眾號，以便用戶在線下面對面遊戲時使用，「法官」（負責主持遊戲進度的角色）在公眾號創建房間後，其他玩家輸入相應房號便可以很方便地領到遊戲中的身分。在狼人殺遊戲中，法官發揮了遊戲最關鍵的發起、組局和控制進度的作用。

張萌很快便發現，一旦用戶嘗試擔任「法官」角色，就會有部分人願意回到自己所在的圈子，利用微信群組織新一局遊戲。

「英雄榜」早期的 1 萬名用戶，幾乎都圍繞在 200 位「法官」周圍，「法官」扮演了至關重要的「連結者」角色。這意味著，如果有源源不斷的新「法官」加入，就會建立起全新的訊息擴散管道和新用戶增長管道。英雄榜開始重點關注「法官」，並開始由發牌工具定位轉向經營社群。

2016 年 2 月底，張萌推出一個小功能「法官人氣值」，根據「法官」邀約人數給出一個分值（人氣值＝邀請進入社群參與遊戲的朋友數量），這個功能簡單易行，便於「法官」們記憶和掌握。

功能上線一個月後，英雄榜公眾號新增粉絲由日均不足 100 人，上升到日均 300 人左右。日活躍用戶也由早期的 80 人上升到 500 人（活躍法官 50 人左右）。到了 4 月底，日活躍用戶達到 1,200

人，日活躍法官數達到 100 名以上，在用戶新增曲線上拉出了第一個小轉折點。

5 月 9 日，英雄榜組織的狼人殺排位賽第二賽季結束，這個賽季一共吸引了 100 多位用戶參加，在一週內開展了 10 場比賽。儘管人數並不多，這些組織工作仍然耗去了這個小團隊大部分的時間和精力。張萌希望排位賽能繼續，但比賽規模增大，團隊花在組織比賽上的時間成本會呈指數增長。

兩天後，英雄榜推出認證法官制度，排位賽不再由團隊組織，而是改由「認證法官」發起。所謂認證法官制度，和微博認證用戶制度一樣，由經營團隊發放認證「法官」資格並給出明顯標識。在新制度下，只有「認證法官」組織的比賽才能獲得積分並參與排位賽爭奪。

在採取這個讓權措施之後，7 月初，也就是「認證法官」們發起的第三賽季結束時，數據已經變成了 100 位「法官」組織了 2,000 局比賽，共 1,400 位玩家參與，參與用戶達到 2 萬人，公眾號粉絲上升為 8 萬人。100 位「法官」作為樞紐，撐起了整個社群，排名第一的認證「法官」人氣值超過 500（也就是說，這位「法官」一共邀請了 500 人進入社群）。

從排位賽第三賽季和推出認證法官制度開始，愈來愈多的老玩家從其他圈子遷移過來，加入排位賽體系中。英雄榜猶如一尊圖騰，不斷吸引著更多老玩家加入排位賽體系，原本孤立的各個小圈子由於「認證法官」的連結，形成了一個統一文化的大型部落，玩家開始互相流動、交流。亞文化，如競技文化、法官文化等，也開

始滋長和傳播。

　　但是認證制度帶來了一些新問題，比如沒有被認證的「法官」組局愈來愈難，原本活躍的圈子開始由於玩家流失而逐漸枯萎。在這樣的背景下，英雄榜繼續推出新制度，即認證法官「導師制度」，也就是再度讓權，將過去由官方團隊發放「認證法官」資格，改為由官方團隊選擇「認證導師」，再由導師考核發放認證資格的方式。

　　在新制度的推動下，「認證法官」人數繼續增加到 200 多人，這 200 位「法官」在第四賽季中共組織了 5,000 局遊戲，3,500 人參與了排位賽，單日新增用戶從每天 2,000 人增至 4,000 人，日活躍用戶從 3,000 人增至 8,000 人。「法官」也成為玩家們認可的身分，許多玩家開始加入更多新手群，藉由帶新手的方式提升自己的人氣，然後接受導師考核，加入「法官」行列。到 2016 年 9 月底，英雄榜用戶達到 30 萬。

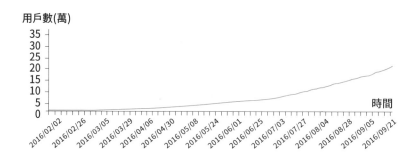

圖 3-6　「狼人殺英雄榜」推出半年內的用戶增長曲線

「狼人殺英雄榜」推出半年內的用戶增長曲線見圖 3-6。

到英雄榜第五賽季時，「法官」人數增長至 800 多人，由於認證導師培養出來的「法官」數量增加，形成了圍繞各導師、各具特色的「法官」門派──類似於小型社交圈，被認證的「法官」圍繞在導師周圍，在門派中找到了歸屬感及榮譽感，從而主動幫助和帶動更多玩家加入認證「法官」行列和自己的門派。在第五賽季的短短兩個月內，「認證法官」們組織了 1.3 萬餘場排位賽，共 8,000 人參與排位賽機制，單日新增用戶高達 3 萬多人。賽季結束後，「狼人殺英雄榜」關注用戶量超過 100 萬。

截至 2017 年 3 月，「狼人殺英雄榜」微信公眾號粉絲增長數據見圖 3-7。

英雄榜在日常營運中清楚了解到哪些用戶是「連結者」和「局部意見領袖」人群，著力透過各種功能、榜單、認證機制等方式引導、發現並吸引這個人群。最後「法官」們也不負眾望，紛紛在自

圖 3-7 「狼人殺英雄榜」微信公眾號粉絲增長數據（截至 2017 年 3 月）

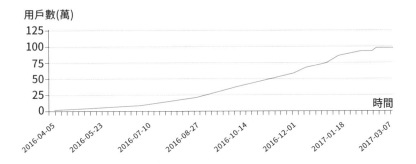

己的朋友圈、群、線下玩家圈子中呼朋引伴，吸引大家加入英雄榜。我們可以這樣認為：**每位「法官」就是一個「連結者」，每一位「認證導師」就是一個「局部意見領袖」。**

「分答」同樣是通過邀約和吸引各行各業的工作高手（意見領袖）實現快速增長，這些人在日常生活中本就是經常被大家求教的對象。當這些人聚攏到一個平台上時，爆發出了意想不到的價值。

利益驅動法：
大 V 店讓用戶自發成為宣傳大隊

我們還需要重點關注「電商」如何挖掘連結者。低分享、低互動特點導致社交電商屢屢受挫，我們能夠透過什麼策略穩定而有效地解決這個問題呢？這是一個典型難題，通過探討這個話題，我們可以幫助更多具有「低分享、低互動」特點的社群找到「連結者」。實際上，這類連結者在我們身邊比比皆是。

有一天，我在樓下碰到小區「姥姥團」中的一位姥姥，小區中小朋友眾多，許多都是由爺爺奶奶或者姥姥姥爺陪著，尤其以姥姥最多，我們親暱地稱之為「姥姥團」。這位姥姥熱情地推薦著她剛買的一個大西瓜，價格便宜、個頭大，還特別甜，周圍的鄰居們包括我都開心地跟著買了。

賣西瓜的瓜農原來在附近菜市場銷售，不久前菜市場被關閉，瓜農只好開著車在附近兜售。這位姥姥買了一回，結果特別好吃，

之後就向周圍的姥姥們推薦。後來，在姥姥們的幫助下，這位瓜農將周圍幾個小區的西瓜訂單都拿了下來，每天定點過來送西瓜。再後來，幾位菜農也加入進來，每天開車給姥姥們送新鮮的蔬菜。

「姥姥團」的善意與熱心無意中幫助瓜農和菜農解決了大問題，她們也是我們身邊最常見的典型「連結者」，是普通人但也是在社交圈中極活躍的存在，類似的還有開篇提到的購物達人等。線上關於電商商品訊息的分享和互動頻率低，並不代表用戶在現實生活中的互動也很低。

順便再提一句，微商（Micronet）[5] 的獲客方式，實際上也是採取尋找「連結者」來獲得快速增長。中國互聯網協會微商工作組提供的一份數據顯示，2016 年中國大陸排名第一的微商年成交金額 GMV（Gross Merchandise Volume）超過 100 億元人民幣，排名第 15 的微商年成交金額也超過 10 億元。

綜觀投放策略，微商行業並不是直接賣貨，而是透過發布訊息來吸引、遴選出合適的個人代理商，再透過他們進行日常銷售和客戶維護等工作。這些個人代理商扮演了「連結者」這個關鍵角色。

只是微商多壽命短暫，往往 3 ～ 6 個月就會迅速衰退。這恰恰是因為，微商利用這些連結者進入了不同用戶圈子，但所有底層從業者多機械化地發雷同廣告訊息，沒有充分利用好友驅動力，這會迅速耗盡用戶的「社交貨幣」，從而導致無人關心。到了這時，一個微商品牌也就迅速耗盡生命力，被新人取代了。然後新人再度在短時期內被更新的人取代。

因此，社交電商不僅僅要像遊戲那樣，將普通用戶激發為穩定

5　編注：指透過微信、微博、微網開展移動電商的企業商人。

的「連結者」，重點更在於如何讓連結者人群「持續、穩定」的發揮作用。我們或許可從「大V店」（以媽媽為目標社群的電商）的營運中得到一些啟發。

「大V店」是最近數年崛起速度較快的社交電商創業公司，2017年6月曾對外公開過自己的成長數據：註冊用戶500萬，付費會員100萬。2016年全年成交金額超過10億元人民幣，2015～2016年增長率超過500%。新會員次月複購率超50%，6個月後複購率為30%，如果看大平均，則平均每個會員每月購買4次以上，客單價超過200元人民幣。截至2017年6月，大V店每月銷售額早已超過1億元人民幣。他們是怎麼做到的呢？

我透過朋友圈認識了鍾燕，她是成都一家成人高考學校的老師，一位兩歲孩子的媽媽。同時，她還是大V店排名前十的「鳳凰媽媽」，一個人為大V店就帶來了超過5,000名註冊會員。

2015年9月，鍾燕看到朋友圈中有好友分享了一篇來自大V店的繪本介紹文章。此前她曾在一些電商網站購買過一些兒童繪本，有的很合適，有的則顯得不太合適。電商網站的商品說明頁中只有簡介，無法直接促成媽媽們做出選擇。大V店中的專家分享、文章，以及朋友們之間的討論，間接發揮協助篩選的作用，好友也推薦說在這裡購買還有佣金可拿。在短暫考慮後，鍾燕選擇註冊成為大V店付費會員。

佣金主要分為兩個部分，此處仍以鍾燕為例：

一是鍾燕順著好友分享的連結網址註冊成為大V店會員，好友將會獲得一筆獎勵。如果鍾燕邀請了好友註冊，也將獲得這個獎

勵（每新增一個會員獎勵一次）。

二是鍾燕在自己的頁面下單購買商品，將會直接獲得固定比例回饋金，相當於會員的折扣。

不過，這些獎勵有些太少了，一本書獲得的回饋金可能僅是個位數。最初鍾燕只是偶爾在朋友圈分享商品和文章，身邊一些媽媽受到影響也加入會員。2016 年，大 V 店推出「蜜蜂媽媽」、「蝴蝶媽媽」、「孔雀媽媽」、「鳳凰媽媽」這樣不同的用戶等級——凡是邀請超過 50 位好友加入的用戶，就可以晉升為「鳳凰媽媽」，更因幫助培訓自己直接邀請的媽媽而獲得培訓津貼。這相當於增加了一個新的佣金形式。鍾燕看到已經有超過 30 位好友因為自己的分享成為大 V 店會員，就試著再多努力一下，使用了包括發朋友圈、錄電台、更新公眾號文章等方式邀約更多好友，沒想到很快便突破了 50 位這條門檻。

現在，鍾燕組建了許多群，分為育兒、讀書、學英語等不同主題，每天將合適的商品和訊息推薦到不同群中，方便有同樣興趣的媽媽相互交流。在她周圍，有的專職媽媽會發起社區活動，每天在固定時間給社區內的小朋友們講故事，並把這當成一件長期的事情在做。只是鍾燕因為工作忙碌，沒有採取這種方式。

盧利萍從事體育賽事工作，她剛剛結婚，暫時還沒有成為一位媽媽。對繪本很有興趣的她，有一次通過朋友分享留意到了大 V 店，發現這家公司出售的繪本打折後很有價格優勢，因此付費成為會員。截至目前，她在朋友圈和群的分享，幫助這家平台增加了21 個註冊會員。

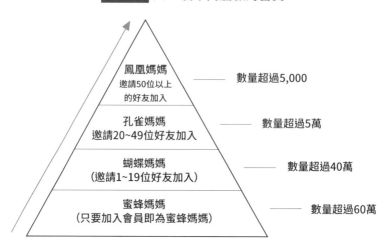

圖 3-8 大 V 店不同層級的會員

鳳凰媽媽
邀請50位以上
的好友加入 ——— 數量超過5,000

孔雀媽媽
邀請20~49位好友加入 ——— 數量超過5萬

蝴蝶媽媽
（邀請1~19位好友加入） ——— 數量超過40萬

蜜蜂媽媽
（只要加入會員即為蜜蜂媽媽） ——— 數量超過60萬

　　大 V 店根據會員邀請好友註冊數量的多少，分別將會員稱為「蜜蜂媽媽」、「蝴蝶媽媽」、「孔雀媽媽」、「鳳凰媽媽」。她們之間的關係和定義如圖 3-8 所示：

　　「蜜蜂媽媽」可以理解為基礎註冊會員，根據推薦好友數量的不同，會員分別被命名為「蝴蝶媽媽」、「孔雀媽媽」、「鳳凰媽媽」，其中邀請好友數量 50 名以上的即稱為「鳳凰媽媽」。層級愈往上，影響力愈大。如鍾燕是「鳳凰媽媽」，一人就發展了超過 5,000 名會員。盧利萍邀請 21 個好友成為會員，屬於「孔雀媽媽」。實際上，大 V 店的增長也包含在這張圖中。

　　在剛才的用戶討論中，有一個訊息已經非常明顯：

　　當同一件商品在不同電商平台價格相近時，用戶會傾向於選擇成本更低的平台。**商品簡介並不能有效幫助用戶做出選擇和決策，**

真正能幫助用戶大幅降低選擇成本的，是發生在用戶之間的相互推薦和討論。

用戶因為「相似的需求」（媽媽之間的溝通、合適的商品推薦、低廉的價格，以及優質的內容）而相互吸引加入會員，但這還不夠，媽媽們之間天然的吸引力還無法支撐平台的快速增長。在這樣的前提下，大 V 店設計了一套榮譽驅動與利益驅動所組成的用戶階層體系，讓不同階段的「媽媽」分別獲得不同的利益分配與用戶榮譽等級。

因此我們看到，基礎的折扣促使盧利萍帶來了 21 個新註冊用戶，成為「孔雀媽媽」，又推動鍾燕邀請 50 個會員一躍而成「鳳凰媽媽」。在用戶榮譽等級、利益，乃至獲得他人認同的驅動下，更多媽媽開始追求向上升級，普通「蜜蜂媽媽」不斷被提升為更活躍的「蝴蝶媽媽」、「孔雀媽媽」、「鳳凰媽媽」，她們同時變成了最關鍵的「連結者」。每天至少有超過 10 萬名媽媽會分享平台上的內容給身邊的朋友。

自 2015 年產品上線至 2016 年年底，大 V 店付費會員增長曲線與銷售收入增長曲線見圖 3-9。

☀ 社群高手經營術 ☀

設計一套榮譽驅動機制，讓用戶為了提升自己的排名，而願意主動替你宣傳產品。

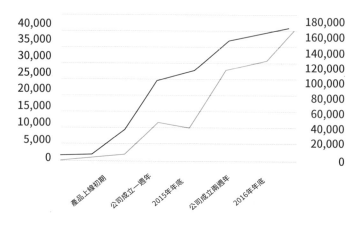

圖 3-9 大 V 店付費會員數增長曲線與銷售收入增長曲線
（自 2015 年產品上線至 2016 年年底）

當分享人和數量穩定時，社交電商的銷售額也就得以穩定和增長。隨著愈來愈多用戶晉升為「蝴蝶媽媽」、「孔雀媽媽」乃至「鳳凰媽媽」，新增會員數持續上升，銷售收入也隨之上升。

目前，大 V 店正在嘗試推出新的「城市合夥人」計畫，鼓勵這些城市合夥人幫助線下的鳳凰媽媽串起整個城市的線下活動和媽媽人群，就像分公司那樣。如果這個計畫得以落實，將能成功串起整個公司線上、線下的用戶經營與連結。

04

你能幫我解決
什麼根本性問題？

用戶打法成為市場主流

- 社群的吸客大法門：讓用戶看一眼就知道
  「你解決了我最關鍵的困境」！
- 病毒性爆發、用戶黏著和持續獲得收入，
  都取決於你如何運用「工具性」用法。

在 PC（Personal Computer）社群時代，中國的社群霸主是康盛（2010 年 8 月被騰訊收購），200 多萬個論壇藉由這個團隊開發的 Discuz! 系統搭建起來。藉由分析後台數據，工作人員發現，大部分論壇在 3 天後就直接死掉，活躍時間超過一個月的論壇實屬鳳毛麟角，在這個基礎上進一步成功的論壇更是十分稀少。

數據顯示，持續 3 天都有用戶使用的論壇為 15 ～ 16 萬個，占比僅 7% ～ 8%，比較活躍（每日發文量在 100 以上）的論壇有 3 萬個（占比 1.5%）。如果將發文數和用戶數再提高一個量級（如每日發文量為 1,000），會發現活躍的論壇數量更少。2011 年前後，當時我所在的部門（騰訊微博開放平台）做過估算和預測，活躍論壇大約有 4,000 多，占論壇總數的 0.2%。

那麼我們熟悉的微信群又如何？據粗略估計，現在微信上每天會建立 200 萬～ 300 萬個群組（3 人以上對話群組），其中 40% 以上的群組在 7 天內直接死掉，只有 30% 左右的群組能夠艱難地活過一個月。

即使微信群活過了一個月，成員的活躍程度也不樂觀。過去，我被許多讀者邀約進入 500 人的微信大群進行即時分享和回答疑問，也經常在群組中進行即時統計：正在參與分享和互動的群組成員有多少？大部分時候，活躍人數不超過群組成員總數的 10%。騰訊內部也曾對數以億計的 QQ 群進行分析，結果發現活躍比例也只有 10% 左右。

今天我們將社群的範疇做了極大的向外延伸。不僅僅是社區、大型垂直社群、遊戲公會、俱樂部等，還包括興趣和愛好的集合、

關係的集合等，因此，微信群、QQ 群、圈子（一款社交 APP）等產品也被納入社群的觀察範疇。過去我們無法知道整體社群的面貌，今天大數據澈底幫我們釐清了許多困惑。如康盛的數據就傳遞了一個訊息：**人們建立的大部分社群，都是被浪費的、迅速消亡的。**

什麼樣的社群能留住用戶？

在被浪費的海量社群面前，我們開始追問一個問題：人們願意停留在什麼樣的社群中？緊接著還可以追問：人們加入社群的目的是什麼？

我的朋友劉丞懿曾經分享過一個小故事：2016 年 6 月，她參加了北京園博園 5 公里彩色路跑活動（The Color Run），被好友拉進「彩跑群」，群組裡滿是各種關於活動的訊息，如因臨時有事無法參加活動需要轉讓門票、想將上午場換成下午場等，非常熱鬧。活動當天許多成員還分享了現場照片，但很快這個群組就死掉了。而我的另一位朋友程剛則邀請部分媒體圈密友組成了一個群組，話題從媒體變局，到聚餐見面，再到出國旅遊等，無所不包，數年來一直非常活躍。

從無數個類似上述群組誕生和衰亡的過程中，騰訊的同事們總結歸納出如下這段話：

由「事件驅動」而組建的社群生命週期很短，多為 3～7 天。由「關係驅動」組建的社群生命週期更長，至少有一個月。

事件驅動不如關係驅動。事件驅動是指人們為了完成某件事情而共同協作，我們手機上大量沉默的參加會議、發起活動時組建的群組，出去旅遊的討論群，與客戶圍繞某次合作組建的工作群，以及劉丞懿加入的彩跑群，顯然屬於此列。關係驅動是指人們因為各種社交關係而聚集在一起，如親朋好友群、同行交流群、同事們組建的工作群等，程剛組建的群組則屬此列。強調關係的社群走得更遠。**微信群組建的目的不同，社群的壽命也會不一樣。**

用戶主動加入社群的 6 大動機

社群能帶來誘人的轉化、小群引爆、超高黏著度這些美好的結果，但「剛誕生即死、沉默的大多數」也是社群的「脾氣」之一。

我們將這些「脾氣」稱為社群邊界。

社群受到一些天然的束縛，如成員規模大小、轉化效率高低、訊息擴散速度快慢等。社群經營如何突破這些邊界，我們將在後續章節中討論。現在我們關心的問題是，為什麼用戶加入社群的目的會左右社群的生命週期？正如康盛數據所揭示的：在 200 多萬個社群中，人們為什麼只願意長期停留和活躍在某些特定社群中？在本章中，我們將這些設問調整為：用戶為什麼要加入一個社群？

中國大陸著名影視、圖書社區「豆瓣網」從用戶行為特點的角度提供了一個答案。豆瓣技術副總裁耿新躍說，用戶加入一個社區（或者社群、小組）多半會有數個訴求，分別是：

（1）**問答求助**。當用戶有疑問或需要幫助時，如果知道某個社群能回答，就會毫不猶豫地加入進去。例如，有人想去南京遊玩，會選擇加入「吃喝玩樂在南京」小組進行詢問。問答求助的範圍包括用戶想要獲得的實際利益、解決當下的某些實際問題等。

（2）**炫耀**。與發微博、朋友圈的炫耀行為很類似，只是用戶在同類和內行的人面前炫耀會更有成就感。在社交中，這是非常具有影響力的行為，這個特點不僅會解決用戶的黏著、持續活躍等問題，還會帶來訊息擴散。

（3）**尋找共鳴**。用戶表達對某件事情的想法是為了得到別人的肯定，尋找共鳴、互相取暖。尋找共鳴是常見的情感需求，用戶願意透過互動，甚至爭吵來表達自己的訴求等。

（4）**分享知識和資訊**。分享知識、幫助他人等利他行為也是常見的驅動力（或許是為了積累人氣和影響力、獲得榮譽）。在實際運用

中，利他行為能從多個層面幫助企業更善用社群。

（5）**管理和儲備潛在關係**。用戶通常會為了結識某些特定用戶而加入一些社群或社交圈。今天許多用戶在一些微信群中寧願沉默也不退出，也與隨時找到某些關係、儲備潛在關係鏈，以及維繫和某個社群之間的關係等訴求有關。

（6）**擁有共同認可的長期目標和價值觀**。優秀社群大多能形成統一且有影響力的文化，成員有共同認可的長期目標和價值觀，並能傳播擴散至社群以外，影響更多的人。

六個訴求既趨同於馬斯洛需求模型，也和「三近一反」中的「一反」十分契合。許多人加入並持續停留在一個社群中，不僅僅因為他們有共同的基礎，還因為有一個明確的「需求」，既相互幫助，又存在衝突和協作。

用戶需求模型見圖 4-1。

耿新躍將這些訴求稱為社群的「工具性」，「**社群產品未必是工具形態，但一定要有一個工具用法**」。比如跑步論壇，剛加入的新人發出有關裝備的諮詢貼文，會得到一個快速和專業的回應，就像客服功能一樣。這會讓新人從陌生人轉化成用戶，也會讓更多潛在用戶收到一個訊號，即：他會在那裡得到幫助。如果換成時下互聯網最常用的問法，就變成了：**你解決了什麼根本性問題，讓用戶願意主動加入？**

上述六個訴求是這個問題的潛在答案。豆瓣在其網站上這樣介紹自己的起源：「對多數人做選擇最有效的幫助，其實來自親友和同事。隨意的一兩句推薦，不但傳遞了他們自己真實的感受，也包

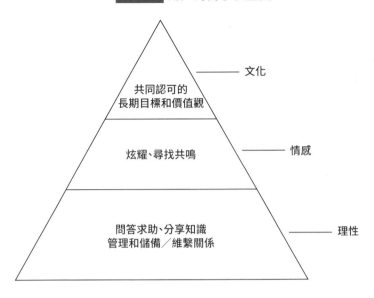

圖 4-1 用戶的需求模型圖

含了對你口味的判斷和隨之而來的篩選。他們不會向單身漢推薦
《育兒大全》，也不會給老媽帶回《赤裸特工》。遺憾的是，即使
將你我所有親友的所見所聞加起來，數量仍然有限。而且，口味最
類似的人卻往往是陌路。如果不用一一結交，就能知道成千上萬人
的口味、能從中間迅速找到志趣相投的人，口耳相傳的魔力一定能
放大百倍，對每個人都會有幫助。豆瓣因這個願望而產生。豆瓣不
針對任何特定的人群，力圖包納百味。無論高矮胖瘦，豆瓣都能幫
助你經由你喜愛的東西找到志同道合的人，然後透過他們找到更多
的好東西。」這就是社群工具性用法的最佳詮釋。

「知識星球」4 次調整工具性用法

工具性用法至關重要。

2016 年，不僅自媒體社群化風起雲湧，基於社群領域的創業同樣如此。「知識星球」是這一年快速崛起的創業社群之一。這個旨在幫助 KOL 實現社群化經營和粉絲管理的工具，在 2016 年 10 月前一直沒沒無聞，此後一躍成為社群管理的常用工具之一。

「知識星球」2017 年 1～4 月關鍵數據見表 4-1。

「知識星球」2017 年 2～5 月營運後台數據走勢見圖 4-2。

四條曲線自上而下分別為：七日三活（七天內有三天登錄的用戶數量）、DAU（每日活躍用戶數量）、安卓每日活躍用戶數量、iOS（蘋果）每日活躍用戶數量。「七日三活」（測量用戶活躍度的指標）目前僅有知識星球提出，與移動互聯網「七日留存」（指移動 APP 新註冊用戶在七天內再次登錄）這個常見指標略有不同的是，知識星球創辦人吳魯加認為，七天內登錄三次的用戶更值得關注，從某種意義上說，這更能反映出用戶的黏著度，標識出核心用戶群。

從曲線可以看出，知識星球的「七日三活」用戶在每日活躍用戶中的占比超過 90%，表明用戶活躍比例相當高，整體數據也處於快速增長中。

不過，這麼漂亮的數據並非從創立之時就有。知識星球創立於 2015 年，當時想解決微信群內優質內容無法沉澱的需求（即使是現在，依然有這個需求），許多創業者利用微信群來嘗試社群經營，但服務成本高昂、便利的工具協助匱乏，以及精華內容無法沉澱等，

表 4-1 「知識星球」2017 年 1 ～ 4 月關鍵數據表

	1月	2月	3月	4月
日活躍用戶數量(萬)	1.5	2	4	6
累計付費用戶(萬)	1.9	3.7	6.7	11
新增星球數(個)	3,475	6,843	16,470	25,556
註冊用戶(萬)	30	41.6	67.9	106.1

圖 4-2 「知識星球」2017 年 2 ～ 5 月營運後台數據走勢圖

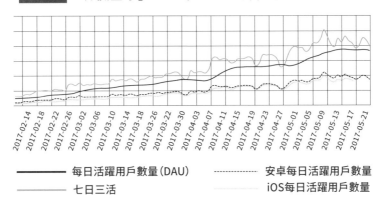

都阻礙著社群經營的實際效果。

　　後來，吳魯加又將用戶需求定位為「移動互聯網雲端硬碟的安全協作」，他之前在互聯網安全領域工作多年，熟悉「雲端安全」（Cloud security）這個領域。

　　但這個定位也很快被推翻，此後知識星球團隊接連調整了四次。在一次產品經理的小型分享會中，吳魯加描述了四次調整時所

採用的口號和希望解決的問題。

第一次調整：「小圈子，更親密」，重點解決的問題是微信群中的優質訊息如何沉澱。

第二次調整：「移動協作利器」，重點解決團隊成員的移動協作需求。

第三次調整：「開心工作，安心分享」，重點解決小團隊分享，讓全體成員聚焦社群創建者、組織者這一需求。

第四次調整：**「連結一千位鐵桿粉絲」**，重點解決 KOL 的粉絲管理、付費渠道的需求。

前面三次調整都無功而返，用戶並不買單（2016 年 10 月前，知識星球日活躍用戶僅為 1,000 名左右，每日新增用戶不到 300 名）。直到第四次調整完成後的 2016 年 10 月，「無碼科技」創辦人、「小道消息 APP」創辦人馮大輝（馮大輝是互聯網 KOL 之一）開通了自己的知識星球，並在微博上邀請用戶加入。從此以後，知識星球駛入了快車道。

回到最初的問題：「知識星球」解決了什麼樣的根本性問題，讓用戶願意主動加入？

「沉澱微信群內的優質內容」這一需求有著廣泛的用戶基礎，但有優質內容並不一定就能吸引用戶停留，也不能讓用戶幫忙拉來更多用戶。能夠讓用戶在一瞥之間就決定加入社群，並實現病毒式擴散的「工具性用法」才是關鍵。知識星球的四次調整都在尋找這個工具性用法，即：「協助用戶連結一千位鐵桿粉絲」。

吳魯加在回顧這些調整時認為，前兩次定位完全錯誤，當時改

版的大部分功能都被拋棄了。直到第四次調整時，經營團隊增加了付費功能，KOL 可以在這裡管理自己的粉絲並獲得收入。也就是說，從第四次調整開始，每一個開通知識星球的 KOL 都成為一個連結者。

在馮大輝推薦數週後的 2016 年 11 月 9 日，知識星球的日活躍用戶達到 13,000 名，日新增用戶超過 6,000 人。2017 年 5 月初，知識星球的日活躍用戶為 10 萬人，日新增用戶達到 1.7 ～ 3 萬人，累計超過 95,000 個星球，其中付費星球超過 6,000 個，涉及科技、房地產、金融、法律、攝影、育兒、教育、設計、音樂、醫療等各行各業。有些 KOL 甚至最高可以吸引超過 5,000 名付費用戶，這些 KOL 吸引著愈來愈多用戶加入，並繼而留存、付費，一週內至少登錄三次。

好社群的 3 個基點：工具性、病毒性和長連結

社交網絡基礎模型由三個基點構成，分別是「工具性」、「病毒性」和「長連結」（見圖 4-3）。

「工具性」是用戶加入社群和產生黏著度的基礎，人們為什麼要加入並留存在一個社群中？這是社群賴以建立的關鍵，也是構成社群模型的起點。只有在回答完「工具性」的問題之後，「病毒性」和「長連結」才會開始發揮作用。「病毒性」正是業界最為期待的病毒式擴散、海量爆發。「長連結」則是指用戶長期黏著、留

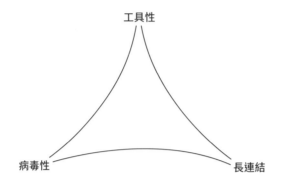

圖 4-3　社交網絡基礎模型

工具性

病毒性　　　　　　　　　長連結

存，乃至變現。業界所期望的一切美好，都包含在這三個基點中。

　　換句話說，許多速生速死的社群，連「工具性」的作用都無法讓用戶感知，遑論後續的病毒式擴散、長期活躍、黏著和變現了。

　　在這個模型之下，我整理出以下三個問題：

　　（1）你解決了什麼根本性問題，讓用戶看第一眼就願意加入？（工具性）

　　（2）如何不僅讓用戶加入，還能促使用戶將自己的親朋好友、同學同事都拉進來？（病毒性）

　　（3）如何吸引用戶及其好友今天用、明天用、後天用，甚至每天用？或者今天買、明天買、後天買，甚至每天買？（長連結）

　　社群對「工具性」問題的回答，左右並決定了「病毒性」的強弱（訊息擴散速度、潛在用戶覆蓋範圍、新用戶流入速度）和「長連結」

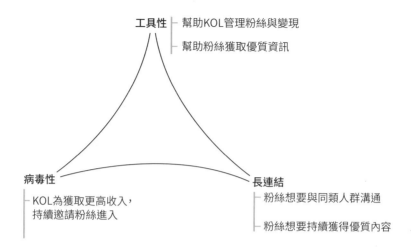

圖 4-4 用知識星球解讀社交模型

工具性 ─ 幫助KOL管理粉絲與變現
　　　 ─ 幫助粉絲獲取優質資訊

病毒性
─ KOL為獲取更高收入，
　持續邀請粉絲進入

長連結
─ 粉絲想要與同類人群溝通

─ 粉絲想要持續獲得優質內容

的效用（用戶轉化速度和轉化成本、持續活躍時間與次數、付費次數和級別等）。這解釋了為什麼社交圈總是強調「你解決了什麼根本性問題」，這也是今天風險投資及業界使用頻率最高的設問。

我們可以嘗試用知識星球來解讀這個模型（見圖4-4），其中，「工具性」用法是幫助 KOL 管理粉絲和獲得收入，幫助粉絲快速獲取沉澱下來的優質資訊，並在互動中得到答案（問答求助）。而 KOL 為了獲得更多粉絲和收入進行的推廣，構成了「病毒性」的主要來源；促成粉絲留存、活躍的「長連結」原因，則是因為粉絲渴望與相似的人群溝通、想要持續獲得更多優質內容和服務。

讓用戶瞥一眼就願意加入

從這個模型出發，「工具性」、「病毒性」和「長連結」之間任何兩個組合都足夠產生驚人的結果。如「工具性」和「病毒性」組合會引發巨大的引爆現象。我曾在《社交紅利2.0：即時引爆》中將這種病毒式擴散概括為兩個很小的問題：

（1）（用戶）為什麼要點擊這條訊息？（工具性）

（2）（用戶）為什麼要分享這條訊息？（病毒性）

前者代表用戶轉化，後者代表訊息快速擴散，這是社交網絡中一個非常清晰、簡潔的循環。答案也簡單明瞭，用戶大多會因為「共鳴、好奇、想學」而點擊一則訊息，會因為「想要塑造自己在他人面前的形象，想要維繫和某個社群之間的關係，想要表達某種訴求」而主動分享、擴散某則訊息。社交網絡病毒擴散循環見圖4-5。

「工具性」和「長連結」組合會提升訂單轉化率。每年「雙十一」前，自媒體都會全體動員起來，幫助許多電商企業宣傳。這些圍繞折扣、優惠的促銷資訊通常沒有病毒擴散性，卻能夠充分提升訂單轉化率。

本章將重點探討「工具性」這個話題，而「病毒性」和「長連結」將留待第5章討論。

「工具性」用法除了能讓用戶瞥一眼就願意加入社群，還能發揮其他三個作用，分別是：

圖 4-5 社交網絡病毒擴散循環

為什麼點擊 (工具性)
共鳴、好奇、想學

為什麼分享 (病毒性)
維繫關係
表達訴求
塑造自己想要塑造的形象

（1）**外部性。**「工具性」可以幫助社群建立巨大、潛在的用戶池，源源不斷地吸引新成員加入。

（2）**篩選器。**「工具性」可以將新加入的用戶迅速引導至屬於他／她的「三近一反」的小圈子中去，以提升活躍度。

（3）**望遠鏡。**「工具性」可以用來觀察社交網絡或大型社群的變遷，尋找新的獲取紅利的切入點。

工具性用法的作用❶：建立外部用戶池

在 PC 時代，許多論壇用戶的來源是搜尋引擎，百度和 Google 幾乎占據了這些網站八九成以上的流量來源，搜尋引擎成為絕對主宰。優質內容累積得愈多，被搜尋引擎所給予的權重愈高，因此獲得的流量就愈大。搜尋引擎為論壇建立了龐大的外部流量池（外部

性），論壇需要透過某種機制轉化潛在用戶，這其實也是「工具性」的由來。

今天，社群用戶來源變成了社交網絡，用戶將訊息分享出去後吸引了自己的好友前來瀏覽。社群的「外部性」依賴用戶分享才能實現。這時，「工具性」如何將用戶從陌生人變成社群成員？（尤其是以陌生人為主的社群）我們可以從自媒體社群化的過程中得到一些啟發。

如前所述，粉絲為社群帶來的收入愈來愈高，自 2016 年起，

✳ 劃分社群的第二種方式 ✳

根據成員的熟識程度，社群可以分為熟人型和陌生人型。
熟人型：由熟識的好友組成，彼此互動頻繁，如微信群。
陌生人型：成員互不相識，因相同的興趣、需求而聚集，如傳統的 BBS 社群。

便推動著自媒體社群化浪潮。2016 年，微播易團隊曾啟動一個內部研究項目，針對自媒體超級大號的粉絲增長情況進行分析，重點觀察不同帳號的粉絲從 10 萬上漲到 400 萬的過程。迄今為止，微播易和超過 80 萬個微博、微信、短視頻、直播等自媒體保持著合作，是一個絕佳的觀察自媒體發展和演進的平台。

截至 2015 年年底，微信公眾號數量超過千萬，自 2012 年 8 月微信公眾平台上線起，部分帳號經營時間已超過 3 年，如何獲得更多收入是這個領域的關鍵話題。由於大部分微信公眾號定位於某一領域或某一特定需求，社群化可被看作自媒體的升級而非轉型。針對不同階段微信帳號粉絲數量漲跌所做的分析，正好可以用來探索一個帳號社群化的可能性。

如微信公眾號「十點讀書」是積極嘗試社群化的自媒體之一。從 2016 年開始，這個已經擁有 1,500 萬粉絲的自媒體就藉由建立讀書群、線下讀書會的方式嘗試社群化，一度在 30 多個城市建立了線下讀書會。很快經營團隊便發現，這樣營運的成本過高：團隊只有 5 人，僅線下聚會、組織、日常管理等就已超出團隊的承受範圍。同時，已經成立的讀書群也在慢慢沉寂，不再活躍了。

2016 年下半年，「十點讀書」開始推出新服務號「十點課堂」，邀請 12 位專家開課。粉絲們可以購買這些課程進行線上學習──內容付費是 2016 年以來的一個新趨勢。截至 2017 年 3 月，「十點讀書」擁有超過 30 萬付費用戶。「每個課堂都是一個社群，粉絲在裡面互相討論，只要產品不斷更新，大家就能不斷討論。」按照規畫，課程將每個月更新一次。在這裡，內容將「有相

同需求的人」聚集到一起，構成新的社群。

部分頭部微信公眾號[1] 提供了粉絲漲跌的原始數據，微播易團隊在此基礎上進行了二度分析，計算出這些帳號不同階段的粉絲平均漲跌比例，即每新增多少個粉絲，就會有一個粉絲取消追蹤，並將其整理成一張表格（見表4-2），來觀察自媒體在不同發展階段所遭遇的問題。出於便利計算的考量，分析工作從 10 萬粉絲數開始。

從表中可以看出，一個帳號可以憑藉轉載輕鬆突破 10 萬粉絲量級這一門檻（在早期，新增 11.3 個粉絲才會有一人取消追蹤），業界習慣稱之為「草根帳號」。當微博和微信兩大平台陸續崛起時，率先進入的都是草根帳號。那時，海量的用戶投入大量時間和注意力。只要提供內容，帳號就能獲得很好的成長。不難發現，推動帳號快速成長的背後因素是「內容的稀缺性」，這時所要解決的根本性問題是，保證有內容可以提供給飢渴的用戶。

草根帳號愈發展，愈會遭遇增長停滯，甚至會出現提供了內容反而用戶取消追蹤增多的現象。這反映出內容和用戶真實需求之間脫節。這時，內容愈優質的帳號，愈容易率先突破 30 萬粉絲量級。2014 ～ 2015 年，許多媒體編輯創辦的原創類微信公眾號後來居上，成為業界關注的現象之一。微信公眾號「咪蒙」是其中的典型代表之一，截至 2016 年年底，這個帳號僅發布一則廣告訊息的報價就高達 68 萬元人民幣（據微播易平台報價）。

此後，自媒體成長又進入快車道，直達 60 ～ 70 萬粉絲這一門檻。由數據可知，這個量級每新增 2.5 個或 1.8 個粉絲，就會有

1　編注：指位在頭部世界中的微信公眾號。（「頭部世界」指社交平台上占比少，但交易量龐大的企業群，詳細介紹請見本書第 6 章）

表 4-2 部分微信帳號在不同粉絲量級時新增和取消追蹤用戶數之間的比例關係

粉絲量級(萬)	新增用戶與取消追蹤用戶比例	退訂率(%)
10	11.3：1	8.85
20	4.5：1	22.22
30	1.7：1	58.82
40	3.7：1	27.03
50	5.5：1	18.18
60	2.5：1	40.00
70	1.8：1	55.56
200	6.6：1	15.15
250	6.5：1	15.38
300	7：1	14.29
350	6：1	16.67
400	7.5：1	13.33

一人取消追蹤。超高取消追蹤率的背後，是對優質原創內容和穩定的粉絲經營能力的考驗。如果說在這兩個階段公眾號解決了什麼根本性問題，那就是「持續、穩定地供應優質內容」。用戶喜歡在短時間內獲取這些讓人愉悅、大受裨益的內容，如果還能提供其他增值服務則更好。

當微信帳號的粉絲達到 200 萬以上時，我們發現用戶退訂率這個關鍵數據形成了一條優秀的水平線（每新增 100 個用戶，就會有

15 個用戶取消追蹤，退訂率為 15% 左右），僅次於 10 萬粉絲量級 8.85% 的退訂率，這也是僅次於 10 萬粉絲量時的最佳表現。

以情感類公眾號「卡娃微卡」為例，它已經在微信公眾號上聚攏了超過 1,800 萬粉絲。這個帳號最早誕生時是為用戶提供微信的家庭相冊服務。2016 年下半年，這個自媒體再度分析自己的粉絲群時，發現七成粉絲為女性，分別集中在 20 歲和 40 歲兩個核心年齡層，就像是一個家庭中，兩個處在關鍵年齡層的女性（女兒和母親）都集中在此一樣。早期針對相冊設計的「工具性」用法，將這些女性用戶轉化為粉絲。而前述不同階段中，內容的擴散都幫助自媒體形成了巨大的外部性和潛在用戶池。

即使不是社群成員，也能享受社群輸出的價值，這就是社群的外部性。藉由這些工具用法，社群為自己建立了一個巨大、潛在的用戶池。

外部性背後是社群穩定的流量來源基礎，也是工具用法對社群產生的第一個貢獻。愈是新社群，「工具性」所建立起的「外部性」問題就愈關鍵。新用戶進入的數量和速度決定著一個社群是否能夠快速成長。

值得注意的是，PC 時代強調建立外部流量池，但這一做法正在被取代。流量時代依賴「精英編輯推薦制」（也就是平台推薦）、流量購買和獲取等方式，尤其是電子商務等行業，非常依賴這種市場策略。不過，隨著用戶迅速聚集到社交網絡中，並從大廣場進入小群，**「流量池」玩法的主導地位開始讓位給「用戶池」。**企業不再依賴廣告投放、平台推薦的方式來獲得用戶；相反，資金的對象

瞄準了用戶本身，如不同章節中我們分別提到的「滴滴紅包」、
「大 V 店」等增長模式都是如此。這就是「用戶池」。

　　「用戶池」的打法正在變成市場主流，小群效應讓每個用戶的
背後都有一個或多個「用戶池」。每個連結者都將一個更大的用戶
池帶到企業面前。每個用戶也都有可能變成「連結者」。因此，病
毒性和長連結，以及之後我們將深入討論的六大社交驅動力，都在
致力於推動這個目標的實現。用戶會幫助企業將訊息帶到一個個獨
立而緊密的小圈子中，並實現良好的轉化和持續黏著。

工具性用法的作用❷：用戶篩選器

　　一個大型社區或社群產品需要有足夠高的天花板，能夠容納足
夠多的活躍用戶，容納足夠多的活躍「小群」，且這些群組之間並
不互相打擾。耿新躍說：「北京這麼大，能容納這麼多人，是因為
在星巴克喝咖啡的人和在建築工地奔忙的人是不相互打擾的。」準
確做出人群區隔和篩選非常重要。「篩選器」的作用就是將用戶引
導到適合他的「三近一反」的小圈子中去。

百度旗下有一個孕育工具社群「寶寶知道」，主要族群是備孕、已孕媽媽，以及 0 ～ 6 歲幼兒的新手父母。這個社群的經營就充分發揮了「篩選器」的作用。在 2014 年正式推出前，「寶寶知道」先確定了用戶的幾個「工具性」核心需求：

（1）**獲取知識**。對於新手爸媽來說，獲取知識是第一剛性需求（Rigid Demand）。這些知識甚至還無法從老一輩父母那裡繼承而來，因為不同年代的人對育兒的理解和教育方式等完全不同。我做了爸爸之後，就充分理解了這一點。

（2）**尋找共鳴**。新手爸媽的焦慮感會促使他們在同齡父母中產生強烈的交流需求，除了向有經驗的新手爸媽求教，另一大訴求就是互相之間吐槽、傾訴一些只有這些人才苦惱的話題，比如，怎樣和長輩相處等。

依託百度，在「寶寶知道」上每月有超過 2.6 億人次主動搜尋母嬰知識，這些都是純陌生人用戶，要利用哪種設計將用戶分流到不同的服務中，並維繫用戶活躍度呢？答案是內容引導。

寶寶在剛出生那段時間裡，需要經常喝夜奶。統計數據顯示，媽媽們夜間在線時間特別長，整晚各時段都有用戶在「寶寶知道」發表主題貼文（這也說明餵夜奶這項工作大部分都由媽媽承擔了）。因此經營團隊順勢推出了「打夜卡」欄目，媽媽們在餵夜奶前後可以在一個貼文下打卡夜聊，圍繞共同話題進行更多討論。在經營策略上，經營團隊還準備了許多獎品用以激勵踴躍參與討論的媽媽們。截至 2016 年年底，這項活動已經開展了 154 期，平均每晚回應人數為 3,890 人。

第二個欄目是「主婦鏘鏘鏘」，方便用戶圍繞八卦熱點進行吐槽。如 2017 年 3 月的主題之一為「小學生性教育讀本引家長吐槽，尺度太大，你怎麼看」。這個主題吸引了 5.5 萬名爸爸媽媽參與，其中 94% 的人都毫不猶豫地把票投給了「尺度太大」。而在微博對此話題的大討論中，有更多主流人士認可並鼓勵繼續使用這本教材。

　　另一個主題是天津市某商場發生的因爸爸失誤而導致兩個孩子墜亡的悲劇，某位名人提出商場應該設置防護網，此舉引發了部分爭議，「主婦鏘鏘鏘」順勢發起調查「倆娃商場墜亡，×× 建議商場設置防護網被噴，你怎麼看」，參與話題的 3.6 萬名爸爸媽媽中，有 94% 都站到了名人一邊，支持她的建議。

　　截至 2016 年年底，這個欄目已連續展開 345 期，平均每期評論人數為 16,000 人，參與投票人數為 70,000 人。

　　這些欄目是專門為媽媽所設計的，話題圍繞著社會熱門議題及育兒相關事宜。經由搜尋關鍵字而進入這些欄目的陌生用戶，會在共同話題下發展出新的關係鏈。其他分類欄目還包括地域、寶寶年齡等，這些內容引導機制的目的，都在於發揮一種作用：**將用戶分流到一個合適的地方，鼓勵她／他開始互動**。這已經成為社群的基礎功能。

　　在垂直社群中，經營者會根據用戶行為習慣的不同，將社群分為閱讀型和互動型。我和社群從業者討論時（包括康盛前總裁陳亮、豆瓣副總裁耿新躍、閨蜜圈 CEO 張威等，在不同的章節中會談及他們分享的觀點），留意到他們在描述社區／社群時都會這樣表述：

社區／社群用戶最基礎的動作是閱讀（看）和發表（寫），以及互動（按讚、社交），這幾乎占了整個社區／社群功能的 90% 以上。其他的才是一些需要特別設計的個性化功能。

在當今的社交網絡中，建立新社群或者新人進入社群時都會面臨破冰難題，即如何讓用戶開始活躍、互動起來。在女性相關的社群中，情感類內容很容易讓人感同身受，代入感極強，並能刺激用戶開始發表意見等。因此，在陌生人之間（尤其是經由搜尋獲得的用戶）進行破冰，最好的方式就用運用情感關注點，如聲討負心男、討論婆媳那點事、與老公之間的感情，以及社會熱點等。這是「寶寶知道」的營運技巧所在。藉由一些產品來引導，讓用戶「動」起來，哪怕是最簡單的按讚、投票都可以，如果能夠「寫」內容，那就最好不過了。在社群產品中，用戶一旦開始「寫」點什麼、做點什麼，其長期留存和活躍度會更好。

✳ 劃分社群的第三種方式 ✳

根據成員互動頻率，社群可以分為瀏覽型和互動型。

瀏覽型：這類社群只有少部分人會貢獻優質內容，大部分用戶僅瀏覽，少評論、少互動。

互動型：這類社群不訴求優質內容，依靠用戶間的互動、交流來生存。而用戶間的討論內容，通常是在瀏覽型社群中被淘汰掉的劣質內容。

工具性用法的作用❸：望遠鏡

「工具性」還會幫助我們俯瞰整個社交網絡，將更長時間跨度內的發展濃縮並展現在我們面前，它就像一個抓手，能夠精準地發現當下社交網絡發展階段獲取社交紅利的最佳切入點。

2009 年，微博開啟新社交網絡浪潮。從這一年開始，微博為中國大陸，尤其是資訊類網站提供了大量用戶和流量，成為繼搜尋引擎之後又一大流量來源。這是社交網絡提供大量紅利的第一個階段。這個階段的典型現象是只需註冊帳號、提供內容和服務就會獲得迅速發展，堪稱「黃金窗口期」。類似窗口期經常出現在不同的新社交網絡發展早期，如微信公眾號、「今日頭條」頭條號、短視頻、直播等。

2012 ～ 2013 年的典型社交產品為「瘋狂猜圖」、「圍住神經貓」、「打飛機」、「微信紅包」、「魔漫」、「臉萌」、「足記」等一系列 APP，幾乎是一出現在用戶面前就迅速引爆，在數週乃至數天的時間內成為席捲海量用戶的現象級產品，許多團隊甚至只有數人規模，類似現象一直持續至今。即時引爆成為這個階段最典型的特點（這也是我第二本書《社交紅利 2.0：即時引爆》的主題）。

幾乎伴隨著 2015 年春節假期的結束，一個新的週期又悄然啟動，在這個週期中爆發了今天大家非常熟悉的網紅經濟、直播經濟、知識付費、社群經濟等一系列深度依賴社交網絡的市場熱點。社交網絡也因此進入了一個新的發展週期。

這些不同階段的間隔都在三年左右。我們因此將這個時間規律稱為「社交網絡三年發展大週期」。

每隔三年，社交網絡就會呈現出截然不同的用戶行為習慣和與之對應的新發展浪潮。

　　「工具性」的基礎設問「你能為我解決什麼根本性問題」，可以幫助我們理解身處的社交網絡階段。

　　第一個階段最簡單，社交網絡的快速崛起令湧入的海量用戶極度飢渴，這時的問題是：資訊、服務稀缺。率先開通帳號、發布內容、提供服務的企業就是贏家，不斷增長的新用戶會幫助企業奠定優勢（先發紅利）。

　　當社交網絡進入第二個階段時，大部分用戶、企業和服務已經被吸引過來，人們狂熱地在社交網絡中支付「時間貨幣」，典型的現象如「微博改變世界」、「圍觀中國」、「人們從一睜眼（早晨起來）到一閉眼（晚上睡覺休息）都在看微信」等被普遍認可。這時，「工具性」問題變成了：「當社交網絡進入豐饒世界，什麼都不缺乏時，需要幫助用戶解決的問題是什麼？」

　　在資訊、內容足夠充分的第二個大週期中，人們更加歡迎新玩法，如輕遊戲、輕應用、不一樣的圖片玩法、內容玩法等，來幫助用戶塑造他們想要塑造的形象、維繫與其他好友的關係，以及表達各種訴求等。出現最多引爆案例的三個領域分別是圖片類工具、社交遊戲和短視頻。一經推出就在數天內獲得數以百萬、千萬計用戶的創業團隊在這個週期內頻繁出現。

　　2015 年以後，人們顯然對快速且粗糙的應用和內容開始厭倦，對更加優質的服務和內容的需求更加強烈。同時，低廉的投入成本保持不變，這些成本包括時間成本、理解成本等；相反，費用

變得不那麼重要了。在這個階段,「工具性」問題變成了:「我馬上就要最好的服務,你能提供給我嗎?」其中蘊含了個性化、速度和優質的服務等需求。在這個大背景下,內容付費、社交電商、社群經濟、網紅經濟等才此起彼伏,成為 2016 年以後的市場亮點。

　　每隔三年,對於「工具性」的設問和回答都需要做出調整,都會有一輪或數輪波瀾壯闊的新創業機會湧現。從社交網絡平台的角度去觀察是如此,從社群發展的角度去觀察也是如此。

1. 結合社交基礎模型中的「工具性」和「長連結」，可以發展出以下
   延伸模型（見圖 4-6）。「破冰」和「建立外部用戶池」是從「工
   具性」衍生出來的，「進階機制」則會在第 5 章 p.155 提到。

圖 4-6 工具性和長連結的組合模型

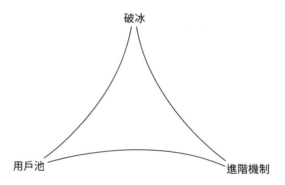

2. 結合現有內容及本書後續介紹，您會如何理解和運用上述模型？寫
   下您的看法並和朋友們一起討論吧。

05

小池塘裡的大魚
榮譽驅動的巨大威力

- 用「排名」激發用戶的「榮譽感」，他會為了衝高排序，今天用、明天用、後天用，一直用你的產品！
- 讓用戶感知到他一直在進步，但不要太快讓他感到滿足。

利用比較心態，
催生「超級付費用戶」！

2015 年 8 月，騰訊正式推出「微信讀書」。微信讀書是一款將好友（關係鏈）與讀書這件事情聯繫起來的閱讀產品。在微信讀書的 APP 歡迎頁和 PC 官方網站上，分別能看到這兩句話：「微信讀書，讓閱讀不再孤獨」，以及「和好友比拚讀書排行」。

這是騰訊社交產品語境下最為典型的宣傳文案之一。「微信讀書，讓閱讀不再孤獨」構成了吸引用戶的基礎，「和好友比賽讀書排行」則強力驅動用戶。有時，我會和朋友們開玩笑說，前一句是障眼法，後一句才是核心目的。我們可以將這兩句話改為：

將用戶和與他們相似的人聚在一起，讓他們互相比拚。

「相似的人」有助於增加閱讀時間，並協助黏著和留存新用戶；「比賽」則能協助用戶塑造自己想要呈現的形象，繼而在炫耀和擴散的過程中吸引更多用戶加入。

這種產品思維體現在許多曾在騰訊工作的創業者身上。如「隨遇」，這是一款社交類 APP，創辦人為騰訊產品經理出身。2015年 11 月，「隨遇」以華南區的幾所重點大學為基礎，發起了一場針對全國校園的「校花」評選活動，選手可以經由用戶自薦和他人推薦的方式參與評比，並設計了從報名參賽到前「100 強」、「64強」、「32 強」以及「10 進 3」終極賽等不同的晉級階段。就這

樣，這個活動在全國高校之間展開病毒性蔓延，學生們紛紛為自己的同學、同校「校花」投票。一個月內，「隨遇」的頁面瀏覽次數（page view，簡稱 PV）達到了 98 萬，公眾號新增粉絲 10 萬，同時，這個活動也遴選出 100 位優質「校花」，最終簽約合作。

「校花」評選活動總 PV 增長折線見圖 5-1。

「全民 K 歌」也使用了一模一樣的方式啟動市場，如：讓用戶和自己的好友競爭（好友擂台）、家族排位競爭等，穩固了它的首批優質用戶和優質內容。充分運用「比較／比拚」功能的還有「微信運動」（一款可以與好友 PK 運動量的 APP）、風靡一時的微信遊戲「打飛機」和 QQ 上無數的社交遊戲等。在業界，如果非要用一個字來概括和形容騰訊，「比」字最為恰當。

圖 5-1 **「校花」評選活動總 PV 增長折線圖**

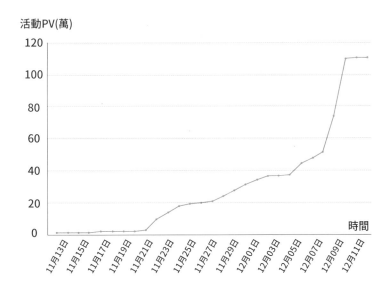

各個互聯網產品乃至現實生活中都大量充斥著「比」。「王者榮耀」會告訴你，你是「朝陽區[1]第一韓信」；「阿里巴巴餘額寶[2]」會告訴你，你的收益超過了全國 80% 的用戶；防毒軟體「360 安全衛士」會告訴你，你的開機速度戰勝了全國 90% 的用戶；在你高歌一曲後，「唱吧 APP」會告知你的演唱準確率超過了多少人。各行各業會舉辦年終評選，孩子所在的學校和班級會舉辦「優秀學生」評選等。每當有企業展開投票比拚時，參與者就會四處拉票，請求幫助，我們在日常生活中參與了許許多多這樣的小活動。

「比」除了帶來新用戶並黏住他們，還會催生出「大 R」，帶來收入。「R」代表人民幣，「大 R」就是「超級付費用戶」的意思。這一概念源於遊戲產業，最初用來形容高額付費的玩家，他們習慣透過付費來獲得更好的體驗和更優良的遊戲虛擬裝備。後來，許多行業也借用了這個概念。

鄒克是一家遊戲公司的創辦人，他開發的產品屬於重度策略類，通常這類遊戲都是大 R 的天下。不同的遊戲產品對於大 R 的定義各不相同。一些卡牌類（Collectible card game）遊戲將儲值 5,000 元人民幣以上的玩家歸類為「大 R」，但在鄒克的遊戲中，累計儲值 5 萬元人民幣以上的玩家才能被歸到大 R 的行列中。

從營運數據來看，大 R 人數只占全部玩家數量的千分之一，但儲值金額占比卻超過了 40%。他們大多加入了玩家群，非常熟悉和認可產品團隊。通常，鄒克會安排客服和大 R 用戶對接，聆聽他們對遊戲的期待、對新版本的需求和建議。對於儲值金額超過 50 萬元人民幣的玩家，客服還會主動詢問他們還需要什麼新功

1　編注：北京市的一個市轄區。
2　編注：中國第三方支付平台「支付寶」推出類存款的資金管理服務，既有利息，又可隨時支付網路消費。

能。

這些玩家之所以想成為大 R，和遊戲採用的設計思路有關。遊戲中的玩家通常會為了獲得更好的娛樂體驗而付費。特權滿足了玩家的虛榮心和炫耀心理，如大 R 上線時會在全區彈出告示，專屬虛擬裝備會刻上玩家的名字，許多免費玩家會因此在遊戲中追隨、擁戴享有特權的玩家。這些都是促使部分玩家轉變成大 R 用戶的策略。而和其他玩家之間的競爭，是推動大 R 付費的重要因素。

2016 年，直播 APP 開始在中國大陸市場迅速崛起。打賞、廣告、電商轉化，這三個部分構成了直播網紅的主要收入來源。在某家直播平台上，用戶平均每天打賞超過 2,000 萬元人民幣，月打賞 100 萬元人民幣以上的大 R 用戶超過 100 個。競爭經常會在兩位大 R 之間發生：當他們同時觀看某位網紅直播時，會透過打賞來比拚，看看誰最終能排到第一，光是一場打賞比拚，花費就能高達 200 萬～ 300 萬元人民幣。

另一家直播平台的數據顯示，如果一位網紅每天獲得的打賞費用在 1 萬元人民幣以上，其中一半以上是來自大 R。

以上這些都可以歸結為一個現象：「小池塘裡的大魚」。

所謂「小池塘裡的大魚」，就是指用戶在小圈子內互相競爭，以凸顯自己某種形象和地位的現象。「大魚」代表用戶想要塑造的形象和地位，而在一起互相比較的人群就是「小池塘」。

在社交網絡中，尤其是社群，這種現象十分常見。大 R 的出

現、平台收入的增加、用戶的自然增長,以及訊息的病毒式擴散,都可以看作「小池塘裡的大魚」所催生的無數個結果的一部分。

讓用戶知道有人在和他比

遊戲是社交網絡的諸多呈現形態之一,本書搜集了許多遊戲產業的案例和數據,隨處可見「比拚」帶來的影響和變化。

「KTplay」是一家為手機遊戲提供線上營運解決方案的創業公司,一直關注如何在遊戲營運中深度影響用戶。這家企業在產品設計中引入了「排行榜」和「玩家社區」兩個功能,以協助手機單機遊戲提升社交化程度。通常,單機類手機遊戲[3]發布之後,營運方和玩家無法直接溝通,用戶行為也不會受到營運方的直接影響。這兩個功能就是為了解決這些問題。排行榜用於展示客觀的遊戲結果,社區有助於營造比拚、挑戰的氛圍,從而進一步促進玩家之間的互動。

休閒類單機遊戲「歡樂泡泡貓」是 KTplay 的合作夥伴。在「歡樂泡泡貓」中有一個「無盡模式」,即玩家可以一直玩下去,遊戲永遠不會終止。當然,遊戲關卡難度會愈來愈大,玩家堅持的時間愈長,得分就愈高。這個模式的本質就是「比」,但缺點在於玩家感覺不到其他人的存在,缺乏競爭性。

為了將遊戲和社交融合起來,「歡樂泡泡貓」和「KTplay」這兩個團隊對遊戲進行了以下調整。

3　編注:單機遊戲有別於網絡遊戲,指遊戲玩家不用連線互聯網即可在自己的電腦或手機上玩的遊戲。

第一步，在遊戲中設置一個可以自動發放獎勵的排行榜。在遊戲既有分數的基礎上，讓上榜玩家自動獲得一些虛擬獎勵；第二步，藉由插屏廣告功能[4]，將全體用戶的排行榜告知玩家；第三步，創建一個活動期間每日登錄的獎勵，吸引玩家持續玩遊戲。

這相當於賦予一款單機遊戲以下三種功能：一是直接控制，讓單機遊戲經營者可以隨時影響玩家的行為；二是讓玩家意識到對手的存在，營造競爭氛圍；三是線上控制日常活動獎勵的發放，形成營運活動循環。

完成這些調整後，玩「歡樂泡泡貓」的用戶平均參與率由之前的 6.2% 上升至 12.5%，新用戶七日留存率從 18% 上升至 26%。新增排行榜可以讓用戶更加活躍（見圖5-2）。

當我們再度回顧這個過程時，會看到兩個團隊所做出的最大調整，是讓「小池塘」中的人們知道「比較」的結果，讓他們能在單獨遊戲的過程中，了解到還有其他玩家在和自己爭奪排名。

「KTplay」和「歡樂泡泡貓」間接回答了一個問題，即**為什**

圖 5-2 **玩家在活動期間和非活動期間的平均參與率**

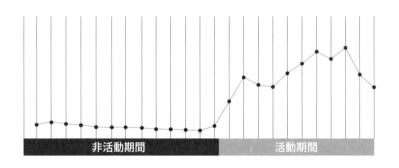

非活動期間　　　　　活動期間

4　編注：移動廣告的一種常見形式，會在遊戲開啟、暫停、退出時以半屏或全屏的形式彈出，廣告效果佳。

麼有些產品設置了排行榜卻還是不成功？因為重點不在於設置排行榜，而是要讓人們感知到有人在和自己「比較」。

如果單機遊戲能借助排行榜大幅提升用戶活躍程度，即時聯網的手機遊戲就沒有理由不這麼做了。比如我之前玩的一款塔防類手機遊戲「保衛蘿蔔 3」，這項遊戲在和騰訊遊戲合作後，排名賽就成了這款塔防類遊戲的功能標準配備，且排名每週會歸零。另一個標準配備就是「玩家社區」，營運方鼓勵用戶每天登錄玩家社區，和遊戲一樣，玩家社區也設置了一系列「每日任務」，以吸引用戶停留更長時間。至於時下最火熱的「王者榮耀」，有產品經理曾畫過產品心智圖（Mind Map）[5]，結果發現，「比較」是重要的元素之一。這張圖將在本書第 9 章中呈現。

面對社交網絡，社交化不僅僅意味著企業和用戶開通社交帳號、綁定並登錄社交帳號、分享至社交網絡等基礎行為，還包括用戶在社交網絡中的行為習慣，以及和企業產品的深度融合。同理，社群經營並不單純意指要運用、經營好社群，也包括分析用戶在社群中的行為習慣，並運用到其他產品和場景中。我們所看到的「比較」在遊戲中的運用就屬於這一類。

羅輯思維：
用戶想跟更強的人做朋友

2015 年 8 月末，「羅輯思維」遭遇了一次公關危機。一位網

5　編注：一種利用圖像來輔助思考、表達思維的工具，見本書 p.281。

名為「瘋子」的會員撰文回顧了自己加入羅輯思維一段時間以來的感受，並在文中對羅輯思維提出了嚴厲批評。其中有一段文字非常有意思，這位會員在描述自己參與社群成員聚會的情形時寫道：

「經過了大半年的時間，我開始深深反省。一個非常痛的領悟是——羅輯思維會員裡能和你聊得來的人，其實都是和你水準差不多的人。如果某人的觀點和你一致，你願意去聽，是因為產生了共鳴，但時間久了，你會發現其實你是在尋找一種惺惺相惜的感覺，而且愈是這樣，對自己的幫助愈小。」

在此後很長一段時間內，這篇文章被各類自媒體、公眾號廣為轉載，在業界引起廣泛討論。自羅振宇創辦「羅輯思維」以來，許多社交網絡和自媒體研究者都在關注，我也是其中之一。今天的羅輯思維既是一個自媒體，也是一個大型社群。（當然，今天已經不適合再說羅輯思維是一個社群了，現在這個團隊正在全力經營「得到」這款產品。）

在實際營運中，許多人對這段話感同身受。我曾採訪過諸多從社群出走的用戶，他們的想法多半與此類似：社群裡都是那些固定的人，待在裡面不好玩了，也無法帶來更多啟發和幫助。

社群該如何解決這類困境？

答案是用戶「進階機制」。**用戶希望不斷獲得進步，希望能和比自己能力更強或地位更高的人在一起。**

「希望不斷進步」的訴求很容易理解。如果用戶在抵達成就最

高點後找不到可前進的方向，就會喪失對這款產品的興趣。遇到類似情況，騰訊往往會採取一種做法，即：當發現一定比例的用戶抵達成就最高點時，就設置一個新的成就最高點，讓用戶繼續在前進的路上展開新的比較。而這個新成就點的門檻更高，需要付出更多努力才能抵達。例如，當騰訊留意到 QQ 會員體系中的「黃鑽」、「紅鑽」等已經被用戶收集得差不多時，就推出了更高級的「鑽皇」來吸引用戶。

「用戶希望不斷進步，希望能和比自己能力更強或地位更高的人在一起」反映出一個事實：當持續停留在某個特定群組（通常是弱關係）中時，「比較」帶來的快感無法永久延續，所以用戶難以持續活躍。這位羅輯思維會員的困惑就在於此。

因此，社群需要設計「用戶進階機制」，使能力相互匹配的用戶在一起，讓用戶隨時保持進步。

我們常見的進階機制藉由各種等級來體現，如 QQ 隨著使用時間的累積，會分為「星星」、「月亮」、「太陽」等級別；「貼吧」也採用等級制，用戶根據積分，按 1 ～ 18 級排序，第 18 級意味著用戶至少在 5 年時間內，每天都保持高度活躍；過去的論壇中，也常見「工兵」、「排長」、「團長」、「旅長」、「司令」等級別。這些等級表現出用戶的活躍程度。

用戶進入社群後，進階機制會有不同的變化和運用。這裡仍以遊戲為例，每天乃至每週，遊戲都會依據排名來發放獎勵，而隨時變動的排名，會刺激用戶想要提升自己的排名。每當用戶為了排名和其他玩家競爭時，不論用戶升到了什麼級別，也不論他投入了多

少錢，都會面對和他戰鬥力「相近」的人。為了繼續獲勝，用戶往往還會投入更多錢，進而湧現出更多大 R。

所謂戰鬥力「相近」，是說有時對手戰鬥力略強，有時戰鬥力略弱。用戶隨時可能將戰鬥力略強的對手拉下馬來，也有可能被戰鬥力略弱的對手擊敗。這意味著：

「小池塘」一直是動態的，用戶也許輕而易舉就能超越前面的競爭對手，也有可能隨時會被比自己略差的競爭對手超越。在這種動態進階機制中，用戶時時處在「伸伸手就能超越別人」（就像讓用戶前進的拉力）和「別人伸伸手就能超越自己」（就像讓用戶前進的推力）的狀態中。

不要太快讓用戶感到滿足

林思恩博士曾經比較過兩款第一人稱射擊類遊戲（First person shooting game，簡稱 FPS）的相關用戶體驗，其中一款是「穿越火線」（Crossfire，簡稱 CF）。在 FPS 這個遊戲類別中，CF 無論如何都是其中不容忽視的產品，2016 年 3 月，這款遊戲宣布同時上線的用戶人數超過 600 萬。在近幾年的全球遊戲收入排名中，CF 也一直處在數一數二的位置。

林思恩博士想了解的問題是，為什麼用戶在其他同類競爭遊戲中的停留時間不如在 CF 中的時間長？她現在是 TalkingBrain（探客柏瑞科技）公司的 CEO，之前曾在中國科學院心理研究所和香港中

文大學求學，鑽研認知神經科學，一直致力於將這門學科運用到實際產業中。在回答這個問題時，林博士選定了一款同類競爭遊戲，我們稱之為「A 遊戲」。

她邀請部分玩家配備穿戴式設備進行遊戲（這兩款遊戲都是 PC 版），以便觀察用戶在遊戲過程中獲得的成就感（業界通常使用「心流」〔flow〕這個專業術語來衡量成就感）。之所以選擇觀察「成就感」，不僅是因為遊戲設計相當注重玩家沉浸感和成就感，也與認知神經科學經常採用的研究方法有關。

初步數據顯示，CF 玩家在遊戲中平均停留時間長達 1.5 ～ 2 小時，而 A 遊戲玩家的平均停留時間不足 1 小時（儘管在遊戲產業中這個數據表現已經非常不錯）。導致用戶行為差異這麼大的原因是什麼呢？

林博士發現，停留時間與遊戲中的核心「爆頭」體驗有關（用戶可以認為自己槍法特別準，可以一槍斃敵）。在測試前期，林博士先對玩家社區和社交網絡中用戶發布的相關訊息做了初步分析，得出的結論是玩家們對 A 遊戲中的核心「爆頭」體驗很滿意。但透過實際比對，她發現情況並非如此。A 遊戲的「爆頭盒子」（爆頭率）有些大，也就是說，玩家在 A 遊戲中非常容易一槍擊斃對手，或者非常容易被擊斃。心流數據顯示，玩家在這個環節獲得的成就感明顯不如在 CF 遊戲中的成就感。

玩家究竟喜歡什麼樣的遊戲體驗？在比對、研究眾多玩家在這兩款遊戲中的行為後，林思恩博士發現：

如果個人能力和解決困難所需的能力旗鼓相當，用戶就會保持活躍。如果解決困難所需的能力略高於個人能力，用戶在完成遊戲挑戰後所獲得的成就感會更高，遊戲會更加吸引人。相比之下，成就感能讓用戶投入更多時間。

林思恩博士將這個研究結果提交給 A 遊戲的設計者，後者降低了「爆頭盒子」，提升了爆頭難度，同時配合將其他薄弱環節一併修改。林博士在經過一段時間的實際運作後發現，A 遊戲玩家上線平均時間延長至 1.5 小時，幾乎等同於 CF 玩家的上線時間。

與此同時，林思恩博士分析了一款賽車類手機遊戲。這款遊戲將所有地圖同時向所有玩家開放，不論對方是新人還是高手。林博士、遊戲設計者和玩家代表將這些地圖按照難易程度分成 1 ～ 5 級，其中 1 級難度最低，5 級難度最高，然後分別觀察玩家處在不同級別時的緊張感和愉悅度。

借助穿戴式設備，林博士發現玩家在 1 ～ 3 級地圖中的愉悅度是逐步上升的，表示玩家能力和遊戲難度旗鼓相當，尤其是在第 3 級地圖中遊戲時，玩家能力雖然略低於遊戲所需能力，但付出一定努力就能完成遊戲，因此愉悅度反而最高。當玩家面對第 4 級和第 5 級地圖時，愉悅度迅速降低，因為玩家能力無法應付地圖難度，導致緊張感持續上升，無法繼續獲得愉悅的體驗（見圖 5-3）。

此時，玩家自評的地圖難度也遠遠超越實際難度，因此進一步增強了緊張感。在評估 5 級地圖的難度時，玩家打出了最高分數 4.3，實際遊戲中的緊張感也最高，如圖 5-4 所示。

圖 5-3 玩家在 1 ～ 5 級地圖中的愉悅度和緊張感變化

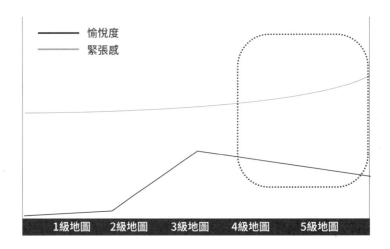

圖 5-4 玩家對 1 ～ 5 級地圖的難度評價和地圖實際難度係數

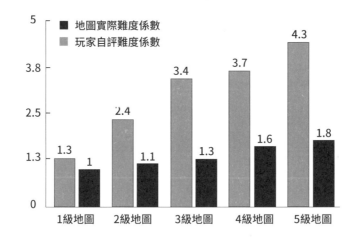

這一研究結果再次印證了林思恩博士的預想：

逐步向玩家開放略有挑戰的地圖或任務，會讓玩家在遊戲中獲得更多的愉悅感，使玩家停留更長時間。

根據這次研究結果，設計者將遊戲中完全開放的地圖模式，調整為根據玩家自身能力來設定地圖模式。

在這裡，我們所說的「伸伸手就能超越別人」的「動態進階機制」，不僅指與對手之間的競爭，還包括用戶自身所面臨的不同難度的任務和技能挑戰。**有挑戰，才會有愉悅感，用戶才會投入更多時間。**

「小池塘」中 5 種不同的競爭對象

用戶「進階機制」可以大致分為兩種操作層次（見圖 5-5）：一是廣度的進階，指激發用戶的好奇心，讓用戶進一步了解自己想進階的領域，比如學習 Word（文書處理軟體）、PPT（PowerPoint 簡報）技巧，或者探索音樂、文化、藝術等新領域；二是深度的進階，指鼓勵用戶發展能力上的進階（入門級─中級─高級）。但是，如果用戶製作 PPT 的能力已經達到大師級水平，對音樂的鑑賞能力已達到專家級別，這時他們很難和剛入門的用戶進行 PPT 技能和音樂鑑賞的交流，因此，社群經營者應該將這類用戶放入合適的群組

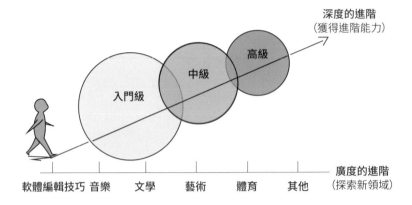

圖 5-5　用戶進階的兩種層次

（小池塘）中，和更高級別的人溝通，且保證隨時會有略低階層的人求教。

　　不同的進階層次可以統計出不同類型的排行榜：等級排行榜、財富排行榜、技能排行榜，乃至日榜、週榜、月榜等。

　　除了「比」的內容，還有一個關鍵點是「和什麼人比」，即「如何設計小池塘」。

　　和陌生人「比」所產生的愉悅感和成就感，遠遠不如和強關係、熟人或者特定人群「比」來的強烈。**用戶更關注和自己類似的群體，因此更容易受到這一群體的刺激，更容易在過程（如玩遊戲、使用產品的過程）中受到激勵。**

　　好友（關係鏈）就是天然的小池塘。「全民 K 歌」和「微信讀書」的小池塘（競爭對象）是用戶的強關係好友，朋友間的親近感會強化比拼的結果，更容易促進好友之間的模仿和追隨，讓人們產

生「他行，我也行」的信心。

「歡樂泡泡貓」的小池塘則是所有玩這款遊戲的用戶。2016年年末，「支付寶」用戶紛紛發出自己本年度透過支付寶所支出的費用盤點，引發了一場好友之間的熱烈分享。這個活動的小池塘是所有使用支付寶的用戶。第 3 章中提到了「狼人殺」遊戲及其排名機制，它的小池塘則是遊戲中所有的法官。

還有一種動態小池塘的設計方法：和過去的自己比較。比如，某次我和產品經理討論內容類產品時，我們發現產品本身沒有關係鏈，但是用戶特別在意被推薦為「精華」的次數。因此，這個小池塘就可以設計為「你第 n 次被推薦為精華啦」，用戶會因此獲得強烈的榮譽感。

倘若企業沒有獲得用戶的好友關係鏈，則可以將用戶安排在相似人群中，讓他產生榮譽感和自豪感。做法簡述如下：

（1）設定一個小池塘；

（2）讓用戶去比較，告訴他／她比較的結果；

（3）讓用戶知道誰在和他比較。

產品經理們往往會採用以下小技巧建構「動態小池塘」：在呈現給用戶的排名表上，永遠以用戶為中心，分別呈現排在他前後的五位用戶，無論他排在 100 名，還是 1 萬名之外。

意即，**讓用戶重點關注實力相當的競爭對手，而不是關注自己有多麼落後，他才會有持續的動力去超越對手**：大家實力相差不

大，如果你辦得到，那麼我也可以排在更高的位置上。此時，引導用戶去完成更複雜、具有挑戰性的任務就變得可行——如果其他人都能完成，那麼我也有自信我能完成。

動態的小池塘設計能幫助用戶避免陷入和某個群組進行持續比較的窘境，過多雷同且單一的炫耀不利於用戶塑造形象。（比如，每天在所有好友面前炫耀「歡樂泡泡貓」排名第一，顯然是其他用戶不願意看到的。這也是部分引爆應用迅速衰退的潛在原因。）

另一種需要避免的情況，則是讓用戶與能力過高或者過低的人進行比較。例如，讓一位微博新用戶和李開復、姚晨（中國大陸知名女演員）比拚粉絲數量，讓遊戲新手直接面對遊戲終極頭目，都會導致用戶直接放棄。在動態的小池塘中，用戶更願意和同級別或略高級別的用戶進行互動、溝通和比較，這樣他們才會持續活躍下去。

用戶樂意做小池塘裡的大魚，但並不樂意做大池塘裡的小魚。

如果用戶排名過低，儘管以他為核心呈現前後排名，用戶仍然會感到自己無力晉升到更高級別，從而放棄遊戲。因此，產品經理需要努力將大池塘變小，避免用戶排名過低（如 1 萬名之外）。

比較機制的設計可以多種多樣。例如，比較的人群可以是好友中喜歡讀書、喜歡跑步的人群，或是某一地區附近的人，使用同一款產品的用戶，看過某本書、某部電影的人，曾到過某地旅遊的人。比較的時間範圍可以從一天變成一小時或者一個月等。發展出各種維度來設計比較機制，才能讓用戶重新獲得「小池塘裡的大魚」的感受。

這裡仍以騰訊為例，2014 ～ 2015 年，騰訊推出多款產品，如「微信打飛機」、「天天連萌」、「天天酷跑」、「微信讀書」、「微信運動」等，這意味著用戶和好友可以在無數種產品中相互比較。如果產品經理人願意的話，好友中有多少種興趣，就可以推出多少種產品。在這種重新劃分「小池塘」的過程中，最巧妙的做法莫過於將劃分池塘的權力交給用戶，讓用戶自己來尋找值得比較的對手或對象。

我們可以將「小池塘」裡的競爭對象匯總如下：

◆ 競爭對象 1：全部用戶（適用於沒有好友關係鏈或以陌生人為主的產品）。

◆ 競爭對象 2：好友（關係鏈是天然的小池塘）。

◆ 競爭對象 3：「三近」用戶（等級相近、戰鬥力相近、能力相近）。

◆ 競爭對象 4：有相同興趣的小範圍好友（更小的池塘，如「微信讀書」、「微信運動」採取的策略）。

◆ 競爭對象 5：和用戶自己過往的表現比較（如王者榮耀中提示第幾次「超神」〔指連續殺死 7 位對手且中途未陣亡的人〕）。

榮譽驅動力：
用戶「渴望塑造理想自我形象」

為什麼「比」會有這麼大的魔力？

「比較/比拚」的目的在於塑造自己想要的形象，人們經常在各種場合乃至現實生活中相互比較。人們總是將自己在各個評選中獲得的優勝結果分享出來，樂此不疲地炫耀自己的新形象。

「想要塑造自己在他人面前的形象」這個簡單的需求，成為社交網絡中引爆一個又一個 APP、現象、活動的原始動力之一，也是吸引人們加入社群的關鍵因素之一，因為小圈子中的比較讓人更有成就感。大家甚至都不在意自己在「比」什麼，只享受「比」的過程和最終結果。

讓用戶互相比較、比拚會大幅提升用戶的活躍度和黏著度，也會提升付費轉化率。付費轉化率是遊戲類 APP 最關注的數據之一。如果用戶在遊戲中即將超越對手，遊戲突然中斷將會讓用戶難以忍受，此時，用戶會很樂意付費，也會很樂意購買高級裝備，從而獲得更快的晉級速度，在遊戲中超越和戰勝其他好友。

我們所討論的，正是在社交網絡和社群中最強勁的六大驅動力之一：**榮譽驅動，指用戶為了獲得虛擬的榮譽和地位、塑造某個自己想要的形象，會持續不斷地投入時間、資源和金錢。**

比較和比拚、炫耀最終的勝利等，都是用戶受榮譽驅動而做出的行為。僅僅是「比」這個機制，就自行完備了社交模型的三大基礎：工具性、病毒性和長連結。我們可以這樣理解：

（1）在「圍住神經貓」、「微信打飛機」、「微信讀書」、「微信運動」等應用中比拚的用戶，是為了「塑造自己想要在他人面前塑造的形象」。（工具性）

（2）當實現了這個目的時，用戶會迫不及待地分享到朋友圈

去炫耀。（病毒性，炫耀帶來了訊息擴散）

（3）當其他好友因此進行比拚並超越自己時，用戶會投入更多時間練習和升級，以求鞏固地位和形象。用戶甚至還會付費購買某些道具。（長連結，帶來了用戶轉化、持續活躍乃至變現等）

外部好友因為同樣的訴求（「塑造形象」和「炫耀」）被吸引進來，病毒循環和黏著轉化的過程就這樣形成了。當用戶付費進入更高級別（玩家擁有更強的戰鬥力和更高的等級）的圈子後，新的「比較」會吸引用戶再度提升付費額度，大 R 也就出現了。

上述概念可以透過示意圖（見圖 5-6）來呈現。

將「比較」、「動態進階機制」、「小池塘」這些元素組合在一起，我們將能勾勒出社群經營中一條清晰的行銷脈絡（見下頁）：

圖 5-6 應用在社交模型中的「比較機制」

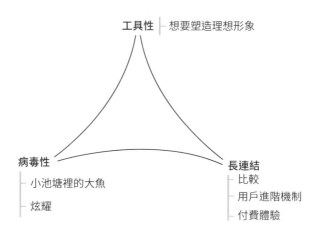

利用「用戶想要塑造理想形象」的心理

↓

規畫「小池塘裡」的競爭對象

↓

加入「比較機制」（形成動態的池塘）

↓

塑造「動態進階機制」（讓用戶輕易就能超越對方）

↓

吸引新的用戶，完成黏著和轉化

↓

確立商業模式

　　用戶想要「比較」並成為「小池塘裡的大魚」的心理，推動用戶將資訊病毒般地擴散到他所在的好友圈子和社群中，提升了用戶上線時間和留存，並塑造了不同的商業模式。

　　需要強調的是，只要啟動「動態進階機制」及其背後的榮譽驅動力，就能產生後續更多更實際的廣泛影響。

　　隨著愈來愈多的年輕人成為互聯網主流用戶，網遊、手遊、玄幻小說、日本熱血漫畫等模式持續影響著年輕人，比如在《星辰變》、《鬥破蒼穹》、《苗疆蠱事》等流行一時的網路小說中，主人公都遵循著不斷面臨更強大對手、不斷超越自我的成長軌跡。在這些作品的潛移默化之下，「動態進階機制」更容易被人們接受。這是不容忽視的用戶基礎。

如何驅動線下社群的比較心態？

現在，讓我們回到羅輯思維的案例中。顯然，大型社群需要配備好進階機制。在用戶能力、見識已經明顯超越現有群組的情況下，用戶應該自動升入更高階層中。這將是一個理想狀態。那麼，以線下聚會、會員制為基礎的社群，或以陌生人關係為主的社群，應該如何設計用戶進階機制呢？

一是借鑑前文提及的技巧。

1. 劃定一個「小池塘」

這時的小池塘，可以是正在討論某事的所有會員，或是對某個領域和行業、話題有研究的人。

2. 讓用戶去比，告訴他／她比較的結果

以對某行業和話題的討論、研究為例，可以對不同成員獲得的閱讀量、按讚數、打賞、收藏、評論等進行排名，並將排名公開。

3. 讓用戶知道有人在和他比

推動人們自發形成新的圈子，並舉辦線下聚會、沙龍等。

二是借鑑榮譽驅動的另一個用法：建構一個獨立的競賽項目。

以旅遊 APP「螞蜂窩」為例，這家定位為旅遊社交網絡的垂直服務平台非常注重社群打法，甚至推動用戶形成許多以地域和城市為樞紐的「分舵」（地域社群），聚攏喜歡旅遊的本地用戶一起討論、分享。不過，對於以瀏覽為主的社群來說，關鍵需求則是優

質資訊的不斷生產和湧入。遊記、攻略就是螞蜂窩的優質資訊。

遊記和攻略的差異在於：遊記內容更豐富，包含用戶旅遊的各個方面，事無巨細；而攻略著重解決實際問題，用戶能更高效率地獲取解決辦法，所以也就能更高效率地做出決策。在螞蜂窩網站上，用戶每瀏覽 2.5 篇攻略或 12.4 篇遊記就會做出購買決策。

不過，如何激勵用戶來生產更優質的內容？「螞蜂窩」月均活躍用戶數量為 8,000 萬，其中八成來自手機。鑑於手機用戶較多，團隊拿 APP 的首頁推薦（蜂首）來打造榮譽驅動力。每天，螞蜂窩 APP 首頁會推薦一篇遊記，遊記不論新舊，只論好壞。只有經過編輯部挑剔的審查後，文章才有資格登上首頁推薦。用戶平時寫遊記時，已經非常用心地整理和記錄珍貴的照片和感受，而登上蜂首則意味著獲得了編輯和用戶的一致認可。

就是這樣一個小小的營運策略，讓許多用戶興奮不已，並為此不惜用一週乃至更長時間寫遊記，細細修改和優化每一張配圖，以求達到最好。成功登上蜂首後的用戶們還組織了一個「蜂首俱樂部」。截至 2017 年 6 月，螞蜂窩共有 1,372 位蜂首用戶，

蜂首遊記的平均閱讀量是 125,798 次，平均獲頂是 9,781 次（和「讚」一樣，「頂」也是社交網絡中常見的用來表示肯定的用戶行為動作），平均留言數是 924 條。而在成為蜂首用戶後的一週內，用戶打開螞蜂窩自由行 APP 的次數平均增長 71%，停留時間平均增長 108%。

三是讓成員以團隊（小群）為單位進行比拚／競爭。這也是我們接下來要講述的內容。

人們會自豪於身在一個「勝利」的隊伍中

「比較」不只局限於用戶之間，還能在社群之間發生作用。在羅伯特・賴特（Robert Wright）的《非零年代 —— 人類命運的邏輯》（*Nonzero：The Logic of Human Destiny*）中記錄了這樣一個故事：

1939 年所羅門群島的一場宴席上，一位名叫索尼的「大人物」提供了堆積如山的布丁和 32 頭豬，招待了 1,100 位前來出席宴會的貴賓。索尼最親近的追隨者為這一天的到來辛苦工作了很長時間，他們和索尼一樣，在宴席上只是驕傲地看著其他人用餐，自己卻一口沒吃。他們都用同一句話來安慰自己：「我們只要能享受索尼的聲望，足矣。」

羅伯特・賴特隨後提到了自己的困惑：「他們分享到的索尼的聲望，以及索尼給予他們的其他保護，是否值得他們如此努力、如此賣命來提升索尼的地位，這是一個難以回答的問題。」如果將這個「大人物」抽象化為「社群」再去觀察，賴特則會得到肯定的答案。

史蒂芬・平克（Steven Pinker）在《人性中的善良天使：暴力如何從我們的世界中逐漸消失》（*The Better Angels of Our Nature：Why Violence Has Declined*）中曾提到：「在競爭中對團隊的忠誠 —— 比如對一支球隊或一個政黨的忠誠 —— 激勵我們竭盡全力爭取勝利。」

今天的球員在各個球隊之間流轉，球迷不再能夠擁戴一夥運動員，而是盯住球隊的隊長和球衣，並為了自己擁戴的球衣打敗了來自另一個城市的球衣而歡呼和吶喊。球迷的心情隨著球隊命運的起伏而漲落。

人們賣命不是為了提升索尼的地位，也不在意球員是否流轉在不同球隊之間，而是為自己處在一個「勝利」的團隊中感到自豪。為了獲得歸屬感，人們會心甘情願地扮演著各自的角色，心甘情願「為這一天的到來辛苦工作很長時間」。人們認為自己有責任、有義務為所在社群或團隊的勝利做出貢獻。

這些案例都指向「競爭」。並非只有索尼一個人在宴請，周圍部族的「大人物」們也輪流做東宴請，借機誇耀各自部族的富饒。球隊也經常處於競爭之中，一場球賽勝敗立現。在這些案例中，我們看到了熟悉的因素：

人們之所以如此投入，是希望自己心儀的球隊獲勝，或者追隨的領袖擁有更高的社會地位。這和個人透過比較來塑造形象並無不同。社群中的用戶為了推動團隊獲勝，會心甘情願地投入時間、收入。

現實工作中呢？「團建寶」CEO石永剛追蹤統計了190家公司舉辦的團訓活動，以團隊競爭為主題的活動占73%以上，以團隊合作為主題的活動占27%。他發現，通常贏得比賽的那個團隊在未來3～6週內，成員之間的互動更加頻繁，默契更好，相互之間的支持和信任會增加。同時，團隊成員自信心增強，生活熱情及工作熱情增高，團隊整體工作效率明顯上升。

有趣的是，贏的團隊會繼續贏，因為他們更有自信，團隊榮譽感和使命感更加強烈。希望取得「勝利」的渴望會推動團隊不斷「贏」下去。依此類推，第二名、第三名對榮譽感、使命感的感受逐漸減弱。

　　由「比較」機制引發的「小池塘裡的大魚」及「動態進階機制」不僅僅體現在社交網絡的個體中，也同樣展現在社群之間。「個人比較」和「團隊競爭」同為「榮譽驅動」的重要組成部分。

06

互惠接口

沒有人抵擋得了「利益」的誘惑

- 「有利可圖」是驅動人們使用新產品的最強動力。

- 利益必須是「可分享」的（即「互惠雙方」），這樣才能一個用戶拉另一個用戶，實現產品的病毒式擴散。

認識「頭部世界」和「長尾世界」

我曾經分析某一家社交網絡任意一天中用戶發布的所有原創訊息，發現一共包含了 56 萬個不同話題。排名第一的話題有超過 481 萬人參與（包含提及相關關鍵詞、相似話題的人），排名最後的話題只有一個人參與。其中，超過 10 萬人參與的話題有 949 個，超過 1 萬人參與的話題有 4,805 個，超過 1,000 人提及的話題有 18,728 個，分別占話題總量的 0.17%、0.85% 和 3.33%。

原創訊息是指由用戶撰寫、發布的資訊，包括用戶將外部網頁、APP、遊戲等分享到社交網絡所產生的資訊（經由分享套件所分享的資訊通常稱為第三方資訊），但不包括按讚、轉發、評論等行為。這意味著參與話題的原創訊息人群背後，還隱藏著更為龐大的互動和瀏覽人群。

把所有話題按照參與人數從高到低排列起來，會得到一條曲線。由於 56 萬個話題過於龐大，我只選擇了前面 400 個話題的數據用來生成曲線（見圖 6-1）。

這是一條典型的冪律分布（Power Laws）[1] 曲線，也是社交網絡中最為常見的曲線之一。頭部話題吸引了絕大部分用戶參與。按照話題實際參與人數，前 400 個話題的最低參與人數都在 10 萬以上，且都處於頭部世界。

從社交網絡獲得用戶、流量、訂單的數百萬企業同樣遵從這樣的分布規律。在和其他平台型企業溝通時，我們也經常看到類似曲線。如本書寫作期間，我曾和另一家以本地生活為主題的獨角獸企

1　編注：和常態分布一樣，冪律分布是日常生活中常見的分布型態，指節點具有的連線數，和該等級的節點數目乘積是一個定值。80／20 法則即為冪律分布。

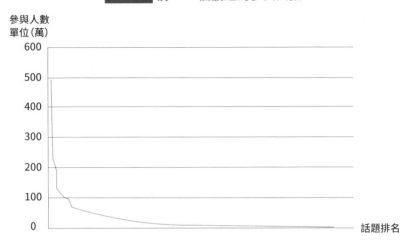

圖 6-1 前 400 個話題的參與人數

參與人數
單位（萬）

業進行交流，對方的後台數據也呈現出同樣的特點：

占比不到 3% 的頭部商家，貢獻了 80% 左右的交易量。

頭部區域吸走了絕大部分的用戶、關注、流量和訂單。只有幾個人、十幾人、幾十人參與的話題，則占到了全部話題總量的絕大多數。這條曲線釋放了一個殘酷訊息：

社交網絡中只有長尾和頭部兩個世界，腰部區域幾乎看不見。

長尾世界和頭部世界分別意味著什麼呢？
在安德森的《長尾理論》中，我們對長尾世界早有認知：**在**

「長尾世界」裡，無數小眾、最易被忽略的商品（或訊息）可以累積成巨大的訂單數量、用戶流量。

這句話是面向平台說的。如果讀者仔細研讀亞馬遜、阿里巴巴、Google、百度、臉書和騰訊，乃至京東商城[2]及美團的創業和成長史，會發現這些平台始終在做類似的工作：一方面不斷匯聚、豐富商品種類，從家電到生鮮，從書籍到旅遊，從虛擬物品到金融服務，幾乎無所不包；另一方面要求商家以最低的價格，為用戶提供最好的商品和服務。

布萊德・史東（Brad Stone）在他的《貝佐斯傳：從電商之王到物聯網中樞，亞馬遜成功的關鍵》（*The Everything Store：Jeff Bezos and the Age of Amazon*）中記錄的德國三叉牌刀具公司（WÜSTHOF）和亞馬遜之間爭吵的故事，就具體地說明了這一點。三叉牌曾在 2006 年和 2011 年兩次退出亞馬遜平台，因為用戶購買商品時，系統會推薦他們「迅速找到價格更低的賣家」。這種做法會讓商家時時處在和另一個更便宜的「自己」競爭的尷尬位置上，引發了三叉牌的抗議。但亞馬遜並不擔心商家的不滿，在三叉第一次離開時，亞馬遜員工認為「即使某些供應商或品牌離開亞馬遜，他們最終還是會回來的。因為顧客相信亞馬遜提供了大量資訊，而且可選的商品非常廣泛……」。事實果然如此，三叉在 2009 年再次回到亞馬遜（2011 年由於同樣原因再度離開）。

在《九敗一勝：美團創始人王興創業十年》一書中，作者兼著名商業記者李志剛描述美團創業時乾脆這樣總結：「消費者多，導致商家多；商家愈多，消費者就愈多。」

2　編注：中國大陸目前規模僅次於阿里巴巴的綜合型電商平台。

在長尾世界中，最大的獲益者正是平台和消費者。所有在長尾世界中的企業都在為平台貢獻價值。

但另一個構成部分，也就是頭部世界，不論是中國大陸的百度、阿里巴巴、騰訊，還是美國的 Google、臉書、亞馬遜等平台巨頭，都極少被提及。除去付費購買資源外，頭部世界中的合作夥伴幾乎占據了平台中最肥沃的區域。

如本章開頭的單日數據，該社交平台 1 萬人以上參與的話題數量為 4,805 個，占當日話題總量的 0.85%，吸引了當天 4.5% 發表訊息的用戶。**就是這區區 0.85% 的話題量，包含的連結數量卻占據了當日該社交平台用戶回流總數的 40% 以上。**（用戶透過點擊發布在社交網絡中附帶連結網址的訊息，來到外部 APP 或網站進行閱讀、購買、下載的行為，稱為回流。）其餘的 55 萬多個話題才瓜分了剩下不到 60% 的社交紅利。在這些數據中，我們彷彿看到：

平台用最好的用戶、流量、訂單資源，源源不斷地滋養著頭部區域的合作夥伴。就像平台俯下身來為身處頭部區域的合作夥伴打工一樣。

這個特性導致平台方對頭部世界又愛又恨：愛是因為頭部應用和話題意味著用戶投下了喜歡的選票，恨是因為平台俯身為之打工卻沒有多大利益。

2016 年，在對一些直播平台上直播網紅的打賞金額、觀看粉絲數據進行分析後，我們發現了類似的冪律分配曲線。而在隨後和

平台高層的交流中，我們留意到部分直播平台正迅速調整營運策略，傾力扶持更多豐富而垂直的網紅帳號，並悄悄抑制釋放給頭部大號的資源。經常斥鉅資挖角頭部帳號的平台，對此體會更加深刻。但另一方面，平台仍然在不惜重金搶奪頭部帳號，甚至投入重金自己來孵化頭部內容。用戶和粉絲已經表明自己喜愛這些內容，控制住頭部，就意味著獲得了大量用戶。

這些數據和現象告訴我們：

長尾世界有利於平台，頭部世界有利於合作夥伴。

這個結論也解釋了為什麼人們對病毒擴散、運用好社群如此在意。因為這些是進入社交網絡頭部世界的階梯。今天人們趨之若鶩的正是社交網絡中那個肥沃的頭部世界。

✳ 社群高手經營術 ✳

頭部世界：指社交平台上占比少，但交易量龐大的企業群。
長尾世界：指一群極小眾，但匯聚起來可以產生巨大流量和訂單的企業。
控制好「頭部世界」，就能獲得大量用戶；
拉攏到「長尾世界」，就能吸入潛在用戶。

如何闖進頭部世界？
方法一：海量試誤

第一條途徑：透過海量試誤，帶來病毒擴散。大群效應所考驗的訊息擴散方式，會幫助企業進入頭部世界。

頭部世界有許多與我們既有認知和想像截然不同的事實，比如大浪費。我曾在《社交紅利 2.0：即時引爆》中這樣描述：

浪費在社交世界裡無處不在。用戶海量消費，也海量浪費出現在自己面前的訊息。在充沛且氾濫的訊息面前，不再出現的訊息或 APP 意味著沒有價值。如果一條訊息偶爾出現在用戶面前，它可能有點價值，但還不足以推動用戶馬上做出決策。如果某條訊息或某個 APP 經常出現，意味著經過了諸多好友的選擇，可以馬上做出判斷。

今天利用社交網絡開放平台（基礎 API〔application programming interface，應用程式介面〕、組件、SDK〔Software Development Kit，軟體開發套件〕）等建構 APP、服務的合作夥伴數以百萬計，幾乎覆蓋了各行各業。每個 APP 和服務背後都有數以百計的同行在同時競跑，相當於數百種思路經由用戶快速驗證，最終經過用戶大量分享和無數次碰撞、篩選，自然浮現出用戶真正需要的結果。社交網絡提供了這種試探的機會，並協助將試誤經驗快速運用到新產品中。

可以說，**迅速爆發並進入頭部世界的 APP 是海量試誤的結**

果。而長尾世界為進入頭部世界的 APP 和合作夥伴提供了「創新池」。從豐富的長尾世界中學習和借鑑，是進入頭部世界的一種方式。

在社交界，「讓人們討論自己」是獲取社交紅利的一種方式，在這種方式之下，話題量（不可忽視的是話題所引發的巨大評論、轉發量）就相當於結果。「讓人們討論自己」正是大群效應所考驗的訊息擴散方式，毫無疑問會幫助企業進入頭部世界。這些方法有一個共同特點：

用戶所獲得的收益和愉悅體驗，最終會促進分享、擴散，繼而吸引更多新用戶，產生閱讀、下載或購買轉化等行為。這個循環一旦形成，企業持續獲得新用戶的成本、品牌擴散成本將非常低廉，趨向於零。這是非常理想的「零成本」狀態。換句話說，面對一款 APP 或服務，用戶的理解和使用的成本愈低，企業所需投入的成本就愈低；用戶收穫的愉悅感或價值感愈大，企業最終的收益也愈大。

我將這個特點稱為「用戶的成本收益帳」或「用戶的投入產出比」，「成本」指用戶獲取愉悅體驗的方式，而用戶獲得的愉悅體驗，就是他的「收益」。用戶收益愈大，方式愈簡單，企業就愈容易獲得爆發式增長，從而進入頭部世界。社交網絡一視同仁，對於由兩三個人組成的創業小團隊來說也是如此。本書很多章節都是以「用戶成本收益帳」或「投入產出比」所帶來的影響為前提展開探討。

在這裡，成本不只是金錢，還包括用戶投入的時間成本、理解

成本、思考成本、信任成本等。而收益則包含了貨幣收益、愉悅感、成就感、認同感等。甚至，我們可以將病毒式擴散等同於「用戶的成本收益帳」：

病毒式擴散指數＝用戶收益／用戶支出成本

社群的運用、用戶的長期黏著等，也受到用戶成本收益帳的影響。當用戶收益遠超過用戶支出的時間成本和信任成本時，社群的長期留存和收入將會非常可觀。我們知道，粉絲帶來的價值已經愈來愈高，因此，企業或創業團隊獲得的收益也將水漲船高。但當社群有價值的資訊愈來愈少，帶給用戶的幫助或愉悅感愈來愈少時，用戶會慢慢沉默，隨後逐漸離開一個社群。在 QQ 和微信群中，這一點尤其明顯，人們開始大量屏蔽群組的訊息提示，在社群中沉默。

☀ **社群高手經營術** ☀

Q：新成立的社群要如何闖進「頭部世界」？

A：提高用戶的「收益／支出」指數；即降低用戶成本支出（如時間成本、互動成本），提升用戶的收益（如獲得有價值的資訊、塑造理想形象）。

方法二：善用「利益驅動力」

第二條途徑：利用社交驅動力，帶來訊息擴散。這裡我們將著重討論利益驅動。

2016 年 2 月，一家互聯網金融公司展開了一項以獲得新用戶為目標的行銷活動。參與用戶可以隨機抽取一個紅包，當註冊並購買服務時，紅包中的金額可直接沖抵。活動進行了整整一個月，我們截取了其中 7 天的完整數據（見表6-1）進行分析。

「直接投放帶來 UV（unique visitor）」是指這次活動透過廣告投放形式吸引到的用戶參與，透過這些用戶的分享、擴散，又帶來了更多用戶。活動的分享轉發率平均在 26% 左右，即每 100 個用戶中會有 26 個用戶將結果分享出去，幫助遊戲帶來約 27% 的新用戶。

2 月 6 日正值春節期間，用戶有大量空閒時間，在社交網絡中表現得更加活躍，會不斷在手機上尋找值得花時間消費的 APP 和服務。在選取月底數據時，我們下意識地認為用戶在這個時間段已經結束假期，正常上班，活動將進入衰退期，因此各項數據表現應該不如月初的春節期間。但其實不然，綜觀整個月份，分享轉發率多在 21% ～ 26% 之間波動，因此帶來的新用戶比例也非常穩定。此外，80% 以上的參與用戶會再玩一次，沒有因為春節假期結束而受到影響。

在移動互聯網中，互聯網金融的平均獲客成本（每獲得一位註冊並使用產品的用戶所需投入的平均成本）持續上升，本書整理過程中，

表 6-1 某互聯網金融公司 2016 年春節期間紅包遊戲數據表

大類	日報	2月23日	2月24日	2月25日	2月26日	2月27日	2月28日	2月29日	合計
活動數據	頁面瀏覽次數 (PV)	7,315	4,504	10,108	13,822	5,286	4,218	2,989	48,242
	獨立訪客 (UV)	2,562	1,680	3,506	4,496	1,860	1,516	1,089	16,709
	遊戲情況 點擊抽獎用戶數	1,338	961	2,384	2,762	1,076	837	560	9,918
	占比 (%)	52.22	57.20	68.00	61.43	57.85	55.21	51.42	59.36
	再玩一次用戶數	1,163	838	1,908	2,273	927	735	484	8,328
	占比 (%)	86.92	87.20	80.03	82.30	86.15	87.81	86.43	83.97
	傳播情況 分享人數	645	447	998	1,156	506	376	238	4,366
	分享轉發率 (%)	25.2	26.6	28.5	25.7	27.2	24.8	21.9	26.13
廣告投放效果	直接投放帶來 UV	1,927	1,211	2,509	3,217	1,385	1,101	838	12,188
	占比 (%)	75.2	72.1	71.6	71.6	74.5	72.6	77.0	72.9
	二次傳播帶來 UV	635	469	997	1,279	475	415	251	4,521
	占比 (%)	24.8	27.9	28.4	28.4	25.5	27.4	23.0	27.1

部分騰訊系離職員工創辦了多家互聯網金融公司，據他們告知，這些公司平均獲客成本，低的在 200 元人民幣左右，高的已經達到 300 ～ 500 元人民幣。而舉辦紅包活動的這家公司以不到 10 元人民幣的成本就獲得了一批用戶。

這是諸多利用「利益」進行營銷的活動之一。更為大型的活動是，在 2016、2017 年，淘寶網的第三方支付平台「支付寶」連續兩年推出春節期間「集福」抽取紅包的行銷活動。2017 年春節期間，支付寶吸引了 1.68 億用戶參加，辛苦「集福」一個月的用戶平均每人才分得不到 1.2 元人民幣。

用戶希望獲得的收益包括各種愉悅體驗、想要塑造的形象，更包括實實在在的紅包等利益。當然也包括了接下來要提到的知識、幫助等。利益對於用戶行為的導向具有十分顯著的作用。

不過，同樣是利益，用戶的反饋卻不同。在社交網絡每三年一大變的週期中，2015 年年末正處在「新舊之交」，一個新的週期正在啟動，用戶行為習慣發生變化，導致社交網絡中一些數據呈現的方式方法等也發生許多變化。那段時間，我曾和一家大型企業的市場負責人面對面溝通，他對我講述了一個非常尷尬的故事。

這家公司在社交網絡中舉辦了一個抽獎活動，獎品是一些知名品牌的新款手機，活動本意是邀請粉絲參與、分享和互動，打造一個良好的社交媒體傳播案例。活動結果揭曉後，工作人員打電話祝賀中獎粉絲，並索要對方身分證字號、快遞地址、公司等資料，以便盡快安排獎品快遞。電話那頭的粉絲聽完後卻不假思索地質問道：「你是騙子吧？」

看到這個故事時，大家一定會覺得好笑。令人尷尬的不只是這個結果，其實起初在舉辦活動時，粉絲們就已對此興趣寥寥，以至於這些精英們困惑重重。猜想他們放下電話的那一刻，一定是尷尬萬分。在社交網絡中，有獎活動一直是和粉絲互動的主要方式之一。遙想當年，微博用一支手機或者 iPad 作為獎品進行抽獎活動，就能吸引數十萬粉絲加入。在直播和短視頻迅速崛起的 2016 年，抽獎給粉絲送禮等方式也是吸引粉絲的最佳方式之一。是什麼樣的變化使得用戶連大獎都不在意了（當然，猖獗的網絡詐騙因素除外）？

這兩個案例告訴我們：

用戶喜歡利益，更喜歡經由自己喜歡的方式來獲得利益。曾經適用的簡單方式，已逐漸被用戶移出了關注範圍。

如果我們回想前文討論過的一些細節，如「三近一反」中的相似地域和相似興趣，榮譽驅動中的「人人都想做小池塘裡的大魚」「希望自己所在的團隊能夠獲勝」等，都能得到類似結論：人們更加在意和自己相關的話題、興趣、利益、榮譽，並希望用自己的方式來決定這些話題、興趣、利益、榮譽等。這將對實際營運結果、用戶參與深度等方面產生直接影響。

「互惠」是社群行銷的制高點

　　哈佛大學心理學系教授史蒂芬・平克在 2015 年出版的著作《人性中的善良天使》中，引用並重新解讀了人類學家艾倫・菲斯克（Alan Fiske）於 20 世紀 90 年代初提出的人類關係的四個互動模型。模型本意是解釋當人們處於某一特定關係中時，會怎麼做或怎麼評價他人。在平克的新書中，模型被賦予了更大的意義，用來思考和回答道德是如何有效減少人類發展過程中的暴力行為。四個模型分別是「社群共享」、「權威序列」、「平等互惠」和「市場定價」。當下的社群同樣契合這四個互動模型，就像社群的四種不同模式和階段。

　　「社群共享」模式即人們「在群體內無償地分享資源，不介意誰付出多少，誰又得到多少」。只有由親密關係、強關係構成的「小群」才可以做到無償。每個用戶身處無數個「小群」中，成員們互相熟悉、互相信任，共享自己的訊息與資源，這類社群至少數以「億」計。

　　「權威序列」強調下級對上級的順從，也強調上級對下級的保護。通常在公司、社會中，我們都遵守著權威序列。例如，公司員工要遵守上午 9 點上班、下午 6 點下班的公司規定，CEO 下達的指令要迅速完成，喜歡的某個明星推薦的商品會毫不猶豫去購買等。社群規則的建立和執行等多在這個範疇中，是最典型的關係不平等型例證。依賴權威領袖的社群數量至少數以百萬計。

　　「平等互惠」是典型的「我幫助你，你也幫助我，大家互相幫

助」，這不只是小群中最常見的相處方式，也常見於企業、團隊之
間的互惠合作。人們在進入一個社群時，更多是為了「利益」。因
此，社群中的互惠是指平台如何運用好「利益」的力量，讓用戶、
企業以及更多社群積極參與，可以說「互惠」是運用社群的開始。
目前能夠運用好「平等互惠」的社群可能只有幾萬個。

最後一個模型是「市場定價」，但這反而對組織方式提出了要
求。這個模型以社會組織為主，包括大學、公司或者非營利組織
等，這些組織「已然經歷了幾個世紀的磨礪，即使在今天技術高度
發達的社會中，仍然是千百萬人管理自己事務的有效方式」。在社
群中，能夠達到這個量級的社群多半可稱為平台了，如微信、百度
貼吧、豆瓣等。算下來可能只有幾千或幾萬個這樣的社群。

將不同階段的社群按照數量和價值分別對應，會看到一張如圖
6-2 的圖。

從「平等互惠」這個階段開始，對於社群的理解和運用可以一

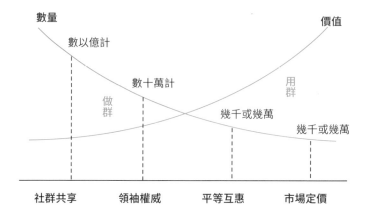

圖 6-2 不同階段的社群數量和價值

分為二：

　　「社群共享」是無為而治，用戶自發聚集在一起；「權威序列」背後是針對社群和粉絲的強力經營，強調的是「行銷」、「社群規則」、「意見領袖」等。愈是數量龐大的小群，價值愈小。到「權威序列」時，也就是 KOL 主導社群，商業價值才開始顯現。這兩個階段都可以看成是「建設一個社群」、「經營一個社群」。它們共同呈現出的社群邊界在於：KOL 或核心人群能實際影響的人群大小。

　　「平等互惠」之後是「用好社群」的階段，尤其是對於企業來說，要運用好數以億計的社群，互惠成為最簡單、最重要的制高點，透過居高臨下的位能（potential energy），利益挾帶著企業的需求，順勢穿透諸多社群，或者吸引諸多社群主動謀求合作。

滴滴紅包：
騰訊如何大勝阿里巴巴？

「滴滴紅包」是一個非常好的互惠用法範例。

這個產品緊隨著「滴滴」和「快的」兩大叫車 APP 的補貼大戰後推出（現在這兩家公司已經合併為一家，「滴滴」也更名為「滴滴出行」）。從 2014 年 1 月開始，發生在這兩家公司之間的補貼大戰備受市場矚目，其中「滴滴」一天最高補貼超過 7,000 萬元人民幣。在歷時近半年的補貼活動中，「滴滴」補貼乘客的金額超過 14 億元人民幣，「快的」也補貼近 10 億元人民幣。直到馬雲（騰訊投資滴滴，阿里巴巴投資快的，兩大叫車 APP 的補貼大戰實際上是騰訊和阿里巴巴之間進行的市場戰役）在一款社交產品上發文，稱家中長輩在街邊叫不到計程車，這場戰役才停止。緊接著，「滴滴紅包」開始上線（當年 5 月），直至現在。

時任「滴滴」市場總監的卓然，親歷了當時的補貼和紅包大戰。在補貼大戰中，「滴滴」和「快的」都已經確定了一件事情，**「觸動市場最快的方式就是利益，利益是速度最快的傳播方式」。**補貼大戰讓用戶快速接受了叫車 APP，不過用戶習慣顯然還沒有完全形成。據當時媒體報導，叫車補貼達到最高峰時，滴滴叫車的訂單量曾達到 530 萬筆，補貼停止後，日訂單量回落到 300 萬筆左右。「快的」在補貼期間的日單數甚至超過 600 萬，補貼結束後訂單數減少了六成。

「滴滴」據此判斷，用戶習慣還沒有完全形成，用戶仍處在有

補貼就叫車，沒有補貼就不叫車的狀態中，需要繼續穩固。同期，微信紅包已經受到關注，成為那段時間鋒頭最健的新產品。滴滴叫車充分結合了「紅包」這一功能，用戶完成一次叫車服務後，可以對朋友發放紅包，領取一定金額的優惠券。再次叫車時，優惠券就可以抵扣部分現金。

其中，動態金額的設置來自騰訊創辦人馬化騰在補貼大戰期間提出的建議。當時固定金額的補貼導致「滴滴」和「快的」兩家公司互相競爭，都提出要比對方多補貼一元。不斷攀升的補貼金額讓騰訊、阿里巴巴這兩大在背後支撐的帝國不堪重負。在這樣的背景下，馬化騰建議借鑑遊戲玩法，每次補貼在 12～20 元人民幣之間隨機分配，反而使補貼大戰迎來了效果最好的階段。

在採用動態金額補貼的第一個月，用戶領取多個「滴滴紅包」後，可以累積到叫車時一次性使用。為此，許多用戶興奮不已，紛紛大量分享並收集紅包，產生了意想不到的擴散效果。不過，這只是滴滴叫車追求速度的不完備之舉，實際上違背了紅包推出者的初衷。很快，滴滴就調整為一次只能使用一張優惠券的方式，不斷調整的還有紅包的使用時效、使用金額、每次可以使用的紅包個數等。

「滴滴紅包」的設計分為兩種。一是利用關係鏈傳播，設定用戶可分享的紅包數量為 20 個，也就是允許 20 位好友領取紅包。到 2015 年年初，滴滴紅包每天被打開的次數最高時達到 3,000 多萬次。

有意思的是，如果持續觀察「滴滴紅包」的分享去向，會看到

一個有意思的變化。一開始，朋友圈和微信群中可以看到大量的紅包分享，一段時間後，紅包在朋友圈中消失，轉而更常出現在微信群中。而現在，除了我妻子分享給我之外，微信群和朋友圈極少見到紅包分享。

分享去向的變化反映了用戶在社交網絡中的狀態變化。開始時大家對新鮮事物好奇，隨後是依靠群內關係維繫，認為自己能幫助更多好友。當紅包開始普及時，再分享到微信群和朋友圈反而會對好友造成困擾，影響自己的形象，這時就變成了家人之間的強關係分享。我曾開玩笑地說，這頗有彙報的意思：老婆，我回來了！老婆，你看我多省錢。

卓然也肯定了這一變化，最開始紅包被分享到朋友圈，其次是微信群，之後是好友。這是一個不斷轉移的過程，只是沒有明顯的時間界限。

「滴滴紅包」的第二種設計則是引入外部合作，即外部合作夥伴也可以發放「滴滴紅包」，用戶只需輸入手機號碼就可以獲取。這類紅包支持再次分享，數量設定為可被無限用戶獲取。滴滴在監控該類紅包時發現，傳播層級最多可達到 17 層。

外部發紅包的企業合作夥伴達到了 7,000 多家，包括 APP、網路商家、自媒體，甚至連一些大型產業會議都在發滴滴紅包。我求教卓然時所在的一家連鎖餐廳，先前也在合作名單中，卓然記得這家餐廳每張桌子上都貼有「滴滴紅包」二維碼，顧客在用餐的同時還可以掃碼獲得紅包。

這 7,000 多家合作夥伴幾乎都是主動找上門的，卓然所在的部

門每天電話都被打爆。合作的審核條件比較簡單，基本上可以視為找上門的合作夥伴都滿足條件。

對滴滴來說，合作是非常適宜的。虛擬紅包只有使用了才會變現，而合作夥伴則會釋放大量資源幫助滴滴獲得新用戶。

「滴滴紅包」推出後，「滴滴打車」APP每天下載註冊數量達到了30萬。滴滴紅包幫助滴滴打車找到除了下載市場之外的新獲客方式。當時，滴滴獲得一個活躍用戶（活躍用戶是指下載APP後註冊並成功叫車）下載的成本為10～20元人民幣，但紅包的推出令成本大幅下降。因為哪怕只領了3毛錢的紅包，用戶也會下載註冊，因為他很清楚還可以領取和發放更多紅包。這幫助滴滴實現了兩個目的：拉新和複購，「拉新」指獲得新用戶，「複購」指推動用戶多次叫車。對於叫車APP來說，沒有多次使用，用戶很難養成習慣。雖然補貼大戰讓兩家叫車APP的用戶數量快速上升，不過彼此之間並沒有拉開市場差距，用戶數在大戰前是2：1（滴滴：快的），大戰結束後仍然是2：1，兩家企業幾乎等比增長。紅包改變了現狀。在紅包推出後，「滴滴」和「快的」的下載比例變成了3：1，即「滴滴」每增加3個用戶，「快的」增加1個用戶。可以說，競爭在這一刻宣告結束。2015年2月14日，兩家公司正式宣布合併。

到2015年年末，滴滴叫車再度調整了紅包策略，用戶在享受完快車、專車服務後，必須要完成對司機的評價才可以獲取一個紅包（過去無須評價）。這直接導致用戶的紅包發布數量銳減。

設置「互惠接口」的 6 大原則

實際上，我們在討論的是社交網絡和社群中六大驅動力中的第四個，也是最強勁的一個：利益驅動。

所謂利益驅動，指的是企業或社群經營者給予用戶充分利益，或者引導用戶主動獲取想要的利益，以此確保用戶活躍、黏著，實現營運目標。

在第 3 章「連結者」中，我們看到了大 V 店透過給予用戶利益，挖掘、激發出更多連結者的案例，互惠則是運用利益驅動的另一個角度。相比其他方式，互惠所觸及人群廣度和深度都更勝一籌。

中國作家李磊的《社會心理學視角下的心理契約》一書中是這樣說的：「對於人們採取的所有行動來說，某人特定的行為愈是經常得到報酬，則該人愈可能採取該行動。」

互惠式的利他行為，是讓雙方都能從中受惠，也是社交生活的核心、人際關係賴以建立的基礎。在社交網絡中，互惠是最常見，也最基礎的現象和行為之一。在社交生活中，用戶行為有一個非常獨特的特點，即人們通常會「自然而然親近於幫助自己的人」，互惠行為背後是利益交換，互惠的雙方關係會因此而更加親密。為此，大衛‧巴斯（David M. Buss）在《進化心理學》（*Evolutionary Psychology：The New Science of the Mind*）一書中，針對互惠所推進的合作聯盟，提出了幾種提升合作緊密程度的實用規則：

（1）增強將來交往的跡象；

（2）引導他人的互惠行為；

（3）堅持公平原則；

（4）迅速對挑釁做出反應；

（5）建立一種誠信互惠者的個人聲譽。

從表面來看，「滴滴紅包」是一項功能，為產品增加了流動性，類似我們熟悉的社交網絡「分享組件」。

在大部分網頁和 APP 頁面末端都有一些按鈕，讓用戶可以藉由這個按鈕將資訊一鍵分享到自己的某個社交網絡帳號中去。從微博、微信、QQ 空間，到臉書、推特等社交網絡都致力於推動這些小小的按鈕，將之部署到更多網頁和 APP 中去，方便用戶分享，讓合作夥伴獲得更多社交紅利，也方便社交網絡匯聚更多用戶和訊息。所有人都藉由一個小產品獲益。

借鑑這些「接口」形式，**我們將利用互惠特點來運用社群的方式稱為「互惠接口」。**

「滴滴紅包」的功能設計展現出互惠接口的 6 個原則：

1. 個性化：想要或者不要、發送給誰、動態金額等，都由用戶自行決定。

2. 參與簡單：就像是自動給予，任何人都可在享受服務後直接發起、分享新的利益。

3. 零成本：這是免費獲取的，企業無須配備大量人力來進行日常維護和對接。

4. 對社群和企業都利多：設置的接口一直圍繞企業核心訴求，

也讓參與的每個社群、合作夥伴都可以接入並從中受益。

5.利益可分享：利益都可以被用戶分享出去，以幫助好友也獲得這些利益。這是在社交網絡中實現病毒式擴散的基礎。

6.可累積：可累積的利益會吸引用戶持續投入時間，以求獲取更大利益。

　　換句話說，一個成功的互惠接口，不僅能讓各方都獲益，還可以讓用戶以簡單、免費的方式獲取利益。只有這樣，才會讓用戶願意擴散和分享，從而突破不同小群的邊界，並吸引其他社群自動前來尋求合作。也只有這樣，才會讓社群和企業願意投入其中。類似的案例還有「微信讀書」，這款產品的「贈一得一」（贈送給好友一本好書，自己也可以免費獲得一本同樣的書）和「買一贈一」（用戶購買一本書後，可以免費贈送好友一本同樣的書）活動就是互惠接口運用的典型。

　　不過，從滴滴紅包的分享去向變化中可以看出，雖然用戶想要利益，但利益不代表全部。**如果利益能和用戶希望塑造的形象、想要維繫的關係和想表達的訴求結合起來，將會產生更大的能量。**這是用戶透過行為變化提出的訴求。

用戶想要獲取利益

↓

設置互惠接口

↓

用戶分享給好友，協助好友獲益（維繫和某個人群之間的關係）

↓

持續投入，獲得持續利益

利益驅動力帶來的「利益、互惠接口、分享、持續獲利」等連環過程，可以套用社交模型繪製出圖 6-3。

在第 5 章「小池塘裡的大魚」中，我們提及了兩種不同的用戶進階機制，分別是：

（1）榮譽驅動下的「進階機制」。這種進階機制充分運用動態的「小池塘」特點，讓用戶始終處在和自己實力相當的人進行比較的狀態中，激發用戶持續活躍。

（2）「小池塘裡的大魚」章節中附帶提及的「等級制」。在社群中，用戶會對應、匹配不同等級，如 QQ 採用的「星星」、

圖 6-3 利用利益驅動力經營社群的社交模型

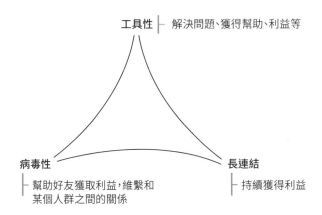

工具性 ─ 解決問題、獲得幫助、利益等

病毒性
─ 幫助好友獲取利益，維繫和某個人群之間的關係

長連結
─ 持續獲得利益

「月亮」、「太陽」的等級制，貼吧採用的「18 級等級制」等。這種機制根據用戶活躍程度來劃分等級，用戶很清楚了解自己完成哪些規定動作就可以獲得多少積分，從而對應獲得哪個等級。

實際上，利益驅動也有相對應的用戶進階機制，如我們在大 V 店案例中看到的那樣，這也是第三種用戶進階機制：用戶根據自己邀請好友的數量，獲取不同稱號的等級。不同等級代表不同利益，想要獲取更多利益，就需要進入更高等級。企業因此可以引導用戶做出他們想要的、更大的貢獻。

易寶支付：人脈網的互惠新模式

像「滴滴紅包」那樣，讓技術和產品實現互惠接口固然是一種方式，許多企業的商務和市場部門也可以充分運用這一點，例如互聯網金融企業「易寶支付」。

「易寶支付」地處中國國際貿易中心附近，公司有一個大型會議室，最多能容納 150 人左右。業界經常會有各種協會、大學、培訓機構甚至是企業家自行組團前往北京一些處於領先地位的互聯網公司遊學。

2015 年 3 月中國大陸提出「互聯網＋」戰略之後，類似的遊學更為盛行。「易寶」乾脆將這個會議室開放，任何外部機構和組織舉辦沙龍、會議等都可以免費申請。通常，來到公司的業界朋友多會要求參觀公司，並聆聽公司高管深度分享，無形中讓大家加深

了對企業的認知和認同。

「易寶支付」的高管們在矽谷擁有深厚的人脈，經常會留意走在前端的同行在討論什麼新話題，閱讀什麼新書籍等。這些基於專業的嗅覺甚至比出版社還要敏銳，因此他們經常向出版社推薦新書。從 2014 年到 2016 年，「易寶」兩位共同創辦人以撰寫中文版推薦序、書腰掛名推薦、深度參與行銷宣傳等形式，為中信、華章等中國大陸出版社推薦了 50 多本互聯網類書籍，包括《從 0 到 1》（*Zero to One*）、《鋼鐵人馬斯克》（*Elon Musk: Tesla, SpaceX, and the Quest for a Fantastic Future*）等暢銷書籍。投之以桃，報之以李，出版社在各類新書宣傳活動和文章中也會深度提及「易寶」。

這兩個策略都是典型的「互惠」行為，讓企業家們在遊學道路上更加便利，也讓出版社在第一時間獲得優質新書的資訊，「易寶」則獲得了更多向企業高管分享公司業務和理念，以及行銷企業的機會。

我曾和易寶支付 CEO 助理唐文討論過這個話題。他告訴我，僅 2016 年一年，易寶支付就接待了近百場遊學、沙龍等活動，直接觸及人數超過 2,000 人，並間接影響了超過 20 萬人。不過，這是一個非常籠統的數據，唐文沒有精確計算過人數，雖然場地最多能容納 150 人，但大部分遊學多是幾十人或十幾人的規模，因此取了一個低均值來估算。

唐文發現，平均每進入一群遊學者，公司只需付出 0.62 元人民幣的人均成本外加高管分享時間。受到影響的企業家透過他們的人脈網絡影響到了更多相關企業。這些企業圈子往往是媒體難以滲

透的。有時，來訪的企業家會直接變成合作夥伴，「有些客戶聊起來才知道，是對方朋友走進易寶支付後推薦他前來合作的」。

長板效應：
如何吸引社群主動合作？

設置「互惠接口」的根本，不是去尋找，而是吸引無數社群主動來合作。這又回到了一個最基本的問題：你為我提供了什麼樣的獨特利益？

《進化心理學》中討論了「銀行家困境」，可供我們參考。「最需要貸款的人往往是信貸風險最高的人，而不需要貸款的人所擁有的信貸風險很低。為了避險，銀行家更想把貸款發放給最不需要用錢的人，而不是急需用錢的人。那麼，需要幫助的人如何能夠獲得銀行家貸款呢？」答案是：**獨一無二、不可替代。**

「如果我們能夠為朋友提供某些獨一無二的利益，那麼我們的朋友就會對我們的幸福投入很大資本，在我們最需要幫助的時候提供援助。」巴斯這樣總結道，「人們藉由許多途徑來發展自己獨特的才能，以此提高他們的不可替代性，從而吸引其他人為自己提供幫助。」

人是這樣，社群也是這樣。事實上，自媒體的社群化與其在特定領域的不斷強化有著很大關係，如服飾導購、八卦娛樂、母嬰育兒等。由小團隊組成的社群無法面面俱到，只能突出內容的專業性

及流動性。這反而不斷強化了社群在特定領域的專長,從而吸引更多合作。

這會帶來一個很有意思的結果:

社群只需要不斷強化自己最擅長的領域,自然會吸引其他領域的強者前來謀求合作。我將這個現象稱為「長板效應」。

社群成員會對服務提出更高要求,且這個要求會不斷升級。一旦社群沒有滿足要求,成員就會直接棄之而去。在粉絲價值愈來愈大的今天,這無疑是巨大的損失。許多由「小團隊」組成的經營團隊根本無法滿足諸多高要求,只能將全部能力和資源都投入最擅長的部分,而後求助在其他領域同樣優秀的合作夥伴。

以「社交電商」為例,當社群將關注點放在訊息擴散和聚攏粉絲上時,商品選品、物流管理等就成了短處。這時,和優秀的選品團隊、物流團隊合作便能彌補短處。合力提供優質服務,就是典型的長板合作。優秀的團隊之間也會互相尋找、互相嘗試更多的合作形態。它不僅能讓所有參與的長板方受益,還能不斷提升整體收益,最終催生更多超級大玩家。

這和傳統企業管理所顧慮的「短板理論」截然不同,人們不用再擔心自己的短板領域,擅長該領域的人們會自動匯聚過來幫助自己。

對接他人的能力,或者讓他人不斷使用自己的某種能力,會協助企業、個體、某個社群將時間和精力聚焦,不斷強化自身能力,形成愈來愈長的長板,並吸引更多的長板方自動匯聚過來,讓自己的定價更高。簡單來說:

被人使用得愈多，價值就愈大。

在尋求外部合作的探索中，關於一個社群接下來要怎麼做、如何實現商業化的問題，都可以得到解決——外界已經告知了需求的方向。同時，在大浪費的社交環境中，只有這樣被大量使用，被真正有價值地擴散、轉化，有價值的核心使用人群才會不斷「湧現」出來。

實戰練習

1. 我們分別用了兩個章節深度探討榮譽驅動和利益驅動，您身邊是否有一些成功運用這兩大驅動的案例？

2. 如果有的話，嘗試思考一下，兩種驅動力各自有何局限？

07

三人成虎

如何影響用戶的決策

- 影響一個人不需要直接面對他,只要影響他圈子裡2~3位好友即可。

- 關係驅動構成了小群效應的基礎,也構成了轉化用戶、影響決策的基礎,密集度會讓小圈子事件發酵成大事件。

2016 年春節結束後，「PMCAFF」這個以互聯網產品經理為核心的垂直社群，湧入了許多新用戶，尤其是一些大學生。也許是對產品經理這項職務感興趣，這些人提出了許多問題，其中大學生群組的帳號雖然僅有 484 個，卻創造了非常高的活躍量。

不過，PMCAFF 創辦人阿德發現，儘管這個群組看起來非常活躍，卻反而為整體社群帶來了許多負面因素。產品經理們聚在一起時多半會交流實際問題和產品場景[1]，而不是回答基礎問題。湧入的新用戶提出的卻恰恰多是「什麼是產品經理」這類基礎問題，有的問題甚至和產品無關，因此抑制了更多成熟用戶的活躍度。

這其實是典型的「社交蒸發冷卻」現象，在垂直社群中，大量新用戶湧入帶來了許多基礎而重複的問題，導致高階用戶最終離去，因為高階用戶希望能在專業圈子中進行更深入的討論。新用戶也會因為沒人回答問題而離開，結果導致整個社群衰退。

我在前面的章節中探討過，雖然社群的迅速壯大取決於新用戶的增長速度，但能否將他們篩選到合適的小圈子中去，會成為社群掉入「蒸發」陷阱還是駛入成長快車道的分水嶺。

PMCAFF 註冊改成邀請制的實驗

於是，PMCAFF 在 2016 年 6 月 14 日，決定將開放註冊制改為邀請制，新用戶必須獲得邀請碼才可以註冊成為網站用戶。

1　編注：根據目標對象的樣貌，勾勒出促使消費者產生購買行為的情境。

邀請碼的發放則依據現有用戶的貢獻，簡單來說，就是用戶發布的文章和問答每獲得 100 個讚，系統就會自動發放一個邀請碼。貢獻愈大，可以邀請的好友就愈多。與此同時，PMCAFF 將那些非目標用戶的帳號全部注銷，只允許他們以訪客身分瀏覽，無權發言和提問。

2016 年年末，阿德再度回顧這一策略調整後帶來的數據變化。結果發現，註冊方式的調整促使社群呈現出更積極、健康的增長態勢。

表 7-1 是 PMCAFF 在 2016 年以月為單位的關鍵營運數據，可以看出 6 月份在調整新用戶註冊方式後，只有「有回答的用戶數」這個數據維度受到了影響，且至年底都沒有達到 5 月份時參與回答的高峰值。與此同時，包括用戶文章數、回答數和提問數等在內的關鍵指標都不斷走高。這意味著現有用戶更加活躍，貢獻了更多優質內容。

阿德觀察到，透過邀請碼註冊的新用戶，登錄次數和發文數量都比先前要高。為了獲得邀請碼而付出的時間成本與尋找成本，讓新用戶的認同感和親密度明顯有別於過往直接註冊進來的用戶。此外，新用戶也更樂於回答其他用戶提出的問題，甚至會主動幫助 PMCAFF 設計產品、提出建議等。

問答數的上升顯示群組互動更為密切和頻繁。在 PMCAFF，文章數和提問、回答數是最為核心的關鍵指標，代表著群組的貢獻和訊息擴散、觸及潛在用戶的機會。「空問答」（沒有回答的提問）的減少，讓用戶瀏覽及停留的時間更長。這表明透過邀請碼註冊的

表 7-1　PMCAFF 社區 2016 年度數據統計

月份	用戶登錄數(次)	用戶提問數(個)	用戶回答數(個)	用戶文章數(篇)	有回答的用戶數(個)
11月	749,338	55,298	139,509	9,458	16,656
10月	608,387	50,732	132,990	8,100	14,052
9月	711,143	64,235	85,774	6,352	13,597
8月	926,150	63,017	113,330	8,444	16,452
7月	939,058	51,466	96,701	8,045	16,457
6月	743,470	43,970	76,651	7,226	14,648
5月	497,448	33,145	71,517	6,268	17,261
4月	398,831	33,564	70,001	6,780	18,098
3月	412,548	28,356	64,356	6,952	14,099
2月	213,128	12,509	38,363	3,739	9,384
1月	302,241	14,294	55,140	6,036	10,695

新用戶群是同一類人，不用再擔心掉入「蒸發」陷阱。

邀請制帶來的另一個附加價值是 PMCAFF 搜尋排名上升。

100 個讚產生一個邀請碼的方式導致邀請碼十分稀少，以我為例，雖然 2016 年我被 PMCAFF 評為「年度優秀作者」，貢獻了 10 多篇優質深度文章，但最終只能夠兌換 4 個邀請碼，邀請新人時會更加謹慎。新人四處尋找或向身邊產品經理好友尋求邀請碼的過程，無形中幫助 PMCAFF 提升了品牌價值和搜尋排名，也幫助

現有用戶獲得了更大的成就感和自豪感。

PMCAFF 之所以重視用戶貢獻的文章數、回答數和提問數等關鍵指標，是因為這類資訊不僅生命週期漫長、長尾效應好，而且可以自然而然擴散在相應的小群中。我們在對社群「工具性」進行探討的過程中已經知道，「分享資訊和知識、尋找共鳴、問答求助」是人們加入一個社群的關鍵因素，深度文章自然而然具備被分享的優勢。

2015 年，微播易在監測微信公眾帳號文章的傳播時就發現，深度文章的擴散路徑經常表現為：用戶閱讀後會將文章分享給自己所在部門或者同行的小群中。這樣的擴散和轉化都十分有力。從 2014 年開始，在微信公眾帳號領域裡，深度專業文章表現更優異，擅長敘述的垂直、專業類帳號崛起的速度更快。

PMCAFF 針對新用戶策略的調整為我們提供了一個珍貴樣本，讓我們看到了不同註冊方式帶來的變化。在這裡，**我們不僅能看到熟人邀約對新用戶的影響**（這其實是社交網絡的基礎效用），**還能看到深度影響用戶行為的是什麼樣的人。**

2017 年年初，在內容和用戶穩固後，阿德才逐步開放更多邀請碼。在這之前的一年中，嚴苛的邀請碼發放固然屏蔽了部分基礎用戶，但同時也阻礙了其他優質產品經理加入。現在，現有社群已經準備好，是時候降低限制、吸引更多新人加入了。

撈月狗的魔法數字：
用戶新增 3 個好友就能堅持下來

如果推動新用戶進入社群結識更多好友，會不會增加他們的黏著度和轉化的機率？答案是肯定的。

「撈月狗」是一個遊戲玩家雲集的垂直社群，截至 2017 年 1 月，已擁有 3,300 多萬、年齡為 18 ～ 25 歲的年輕用戶。「撈月狗」創辦人痞子狼（黎博精）在對這個群組進行觀察時看到，年輕用戶對「朋友」的看法和更高年齡層的用戶不同，他們認為和誰都可以隨時成為朋友，也都可以隨時不是朋友，且更加喜歡在「群聊」環境聊天。

這 3,300 多萬用戶分散在 80 萬個群組中，大部分群組成員在 50 人左右。幾個月之前我和痞子狼交流時，群組人數規模多為 50 ～ 100 人。這些細微的數字變化顯示垂直社群的小群化趨勢同樣非常明顯。

2016 年年末，我曾和一家大型企業一起梳理用戶輪廓（persona），1980 年、1990 年後出生的用戶正是現在互聯網最核心且主流的群組，其中 1980 年後出生用戶的平均好友和社會人脈更多，在各個小圈子中基本上屬於關鍵節點，同時也是意見領袖。相比之下，90 後群組的人脈略弱。這是年齡帶來的差距，也賦予了 90 後群組許多獨特性，如習慣和擅長在不同獨立社群、遊戲內虛擬社交場景等地方發展自己的社交關係，溝通欲望更強等。在「撈月狗」社區中，70% 以上的新用戶在加入第一天就會發言。

新用戶在「撈月狗」APP 上註冊時，需要先輸入自己的遊戲 ID（暱稱）和角色，系統會將用戶推薦到 4 個擁有同樣愛好、相同戰績（三近一反原則）的遊戲圈子裡，相似的人聚在一起，話題互動率會更高。如果系統監測到用戶一週之內沒有在圈子裡發言，就會再度推薦新圈子，始終保持用戶介面活躍。年輕用戶的行為習慣是「先找到有共同話題的人，然後加好友」。在這裡，共同話題成為社群中的「篩選器」。

來自陌生人的搭訕最有意思。QQ 用戶大多記得早期添加陌生人為好友時的搭訕場景，這種搭訕通常被概括為「查戶口」式的經典三問：「你是男的還是女的？」、「你在什麼地方？」、「你多大了？」痞子狼在「撈月狗」中觀察到了類似現象，只是問題更具群組特點：「妹子，約嗎？」、「兄弟，玩不？」這兩個問題佔了「撈月狗」中用戶搭訕第一句話的 28%，排名第三的是「老哥，這波很穩」。

這幾個搭訕用語反映出陌生用戶成為好友的基礎，這些話題的分布情況分別是：25% 和女性、約會相關，20% 和遊戲組隊／約會相關，25% 為遊戲內容交流，剩下的 30% 和用戶生活狀態有關，如升學、被當、上班等。用戶在這些話題下每天貢獻了超過 4,000 萬條訊息。

痞子狼進一步發現，如果用戶能新增 3 個以上的好友，就可以維持 6 ～ 9 個月活躍。這些發布朋友圈（「撈月狗」產品中供用戶發布個人訊息的版位，和微信朋友圈同名）的用戶佔全部數量的 80% 以上。如果好友數量增至 7 個，這些人就會變成鐵桿用戶。而好友數量沒

有達到 3 個的用戶則很快就會流失。

擁有 3 個好友，是「撈月狗」社區中一個非常關鍵的數據指標。

好友的加入首先還是來自熟人的邀請。當用戶被推薦加入「撈月狗」圈子並希望留下來時，會從自己熟悉的好友圈子中邀請好友加入。因此，從外部用戶來源看，來自 QQ 的用戶占 67%，這和遊戲玩家多用 QQ 群切磋、討論的習慣不無關係；來自微信的用戶占 27%，剩下的來自百度貼吧。

新用戶在社群中結識好友數量的多少，決定了他在社群中的活躍程度。社群成員的熟悉程度決定了社群的生命週期。在社群中，好友數量愈多，人們留存、黏著和活躍的時間就愈長。

這幾乎是對小群效應中「人人認識人人」和豆瓣小組中「高互動帶來強凝聚土流群組」的又一種解釋。

與此相對應的是，平均數對社群來說毫無意義。如果 1,000 位新用戶並不認識任何一位老用戶，就算平均數再高，也不過是意味著某些用戶占據了過多資源。部分圈子因為新用戶湧入過快，導致成員之間沒有足夠的時間來互相認識，反而沖淡了關係鏈的緊密程度，導致社群蒸發冷卻。

另一方面，如果大部分社群人員相識（成員會有足夠的時間和精力，來添加新加入的人為好友，從而使圈子保持活躍），且已經有部分產

生共鳴的內容累積（或者可以迅速產生合適的內容），同一時間進入的新人愈多，這個社群就愈容易到達密集轉折點，迅速成長為具有影響力且高活躍的大社群。

2～3 位好友即可影響用戶

只需要鼓勵用戶新增 3 個好友，就會獲得完全不一樣的營運結果。類似數字我們隨處可見。如「朋友印象」，在觀察好友數量與用戶按讚數、發表主頁印象數（類似用戶發表在微信朋友圈中的訊息）和閱讀時間長短的關係時，**經營團隊發現，用戶好友數一旦超過 10 人，用戶給好友的按讚次數就會增加，主動發表的訊息也會更多，閱讀好友內容的時間更長。「10 位好友」成為營運數據表上非常明顯的躍升節點**（見圖 7-1 和表 7-1）。

張溪夢也曾對外分享過類似數據：LinkedIn 發現，如果用戶在註冊帳號後的第一週新增 5 個好友，留存比例會更高，於是將經營策略調整為鼓勵用戶在第一週新增更多好友。張溪夢將類似「3 個好友」、「5 個好友」等關鍵數據稱為「魔法數字」。

張溪夢是 LinkedIn 美國商業分析部前任高級總監，曾組建了 LinkedIn 負責營收的整個數據分析團隊，2015 年回到中國大陸創辦一家幫助企業快速實現用戶增長的公司 GrowingIO（北京易數科技有限公司）。2013 年張溪夢曾獲美國 Data Science Central（數據科學中心）評選為「世界十大數據科學家」。

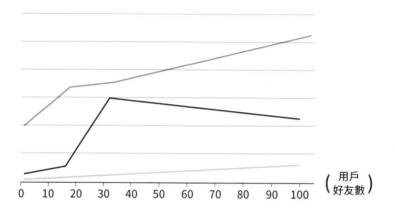

圖 7-1 「朋友印象」用戶好友數量對按讚數、發表主頁印象數及閱讀時間的影響

—— 平均按讚數
—— 人均主頁印象數
—— 閱讀時間(分鐘)

表 7-2 與用戶好友數對應的平均按讚數、人均主頁印象數和閱讀時間

用戶好友數	平均按讚數	人均主頁 印象數	閱讀時間(分鐘)
1~10	37.07	3.71	7.89
11~20	67.32	5.21	20.15
21~40	79.86	6	62.34
41~100	105.1	7.14	43.79

具體數據見表 7-2。

「魔法數字」是用戶關鍵行為的指標性數據，超越這個指標就意味著達到了更快的成長速度。大部分企業和社群都根據自己的「魔法數字」來設定一定時期內的營運目標。

兩點之間，直線是最短距離，但兩個人之間不是這樣。要想影響某個人的購買決策，企業需要怎麼做？張溪夢查閱社交行為數據後發現，**最好的方式不是直接衝上去向對方推銷，而是透過他的2～3位好友去影響他。**

他看到，職場中人與人之間的聯繫，是由兩人共屬圈子的相似性決定的。影響一個人周圍的好友，會產生許多企業想要的轉化結果。

物理世界中，兩點間理想的距離是直線距離。社交世界中，兩個人之間最理想的距離是折線距離。如果在一個圈子中找到好友，透過他們向目標客戶推薦，這個轉化效率會提升幾倍甚至幾十倍。相比直接找對方洽談，好友推薦所能達到的效果幾乎呈指數上升。直接找對方反而是效果最差的方式。這種經營策略為 LinkedIn 業績增長帶來了很大幫助。

通常，在社交網絡中，影響不是由一個人產生的，而是由周圍所有人共同施加的結果。因此，要想影響一個人的決策，需要先影響他身邊的一群人，才能對這個人產生最強的影響。

張溪夢認為，社群中人們受到的影響可用「三人成虎」來概括。「三人成虎」（來自《戰國策‧魏策二》）是大家最常使用的成語之一，與之類似的還有「曾參殺人」（來自《戰國策‧秦策二》），大

意都是說當有三個人來反覆確認某件事情時，就連言之在先的國王和慈愛的母親都會產生懷疑。張溪夢在這裡引申說明身邊好友對用戶的影響，背後是小群效應中「人人信賴人人」的信任背書持續發揮作用。

「三人成虎」其實提出了兩個問題：

一是如何影響其他人。影響他人決策的前提是影響他周圍的人。依此類推，又如何去影響周圍乃至更大範圍內的人呢？

二是如果成功讓某個領域內的用戶密集發聲，能夠產生多大的影響？

借貸寶：告訴用戶他的好友在這裡

第一個問題看上去像「老鼠給貓掛鈴鐺」的故事，故事大意是一群老鼠在討論如何掌握一隻凶悍的貓的行蹤時，有老鼠提議在貓身上掛上鈴鐺，這樣當貓靠近時，老鼠們就能根據鈴鐺聲預先做好逃跑準備。在這則故事的最後，有一隻老鼠提出了一個問題：「那麼，誰來掛鈴鐺？」這個故事的寓意為不可執行。社交網絡顯然不是這樣。

「借貸寶」是一家引導用戶在熟人之間進行匿名借款的互聯網金融公司。2017 年春節後，我和借貸寶高級副總裁翁曉奇在一起討論用戶的好友關係對借錢這件事情的影響。他試讀了本書的幾章樣稿，發現自己掌握的數據正好可以回答這個問題。

翁曉奇告訴我，在借貸寶上，活躍交易用戶的人均好友數為 400 人左右，活躍無交易用戶的人均好友數為 100 人左右。交易就是指借錢或者出借。換句話說，好友愈多，借到錢或者借出錢的機率就愈大。

　　為了驗證這個觀點是否正確，翁曉奇將 2016 年 5 月 3 日註冊用戶的來源，以及一些關鍵行為數據列出來，放在一張表格中進行比對（見表 7-3）。結果是，透過好友邀請註冊的用戶，在交易轉化和質量方面，均明顯優於來自其他管道的用戶。

　　數據顯示，透過好友邀請註冊的用戶比自主註冊用戶的各項行為數據都要高。其中，銀行卡綁定比例高出 70%，首頁有標（指用戶想借錢這件事情）比例高 67%，發布借款並借到錢的比例高 93%，

表 7-3　2016 年 5 月 3 日借貸寶用戶的關鍵行為數據

註冊當天發生的行為	自主註冊(%)	地推拉新(%)	好友邀請(%)
實名認證	44.228	82.558	73.639
肖像認證	28.024	71.329	47.835
銀行卡綁定	9.493	3.165	16.275
刷新借貸	99.520	99.556	99.809
首頁有標（好友是否有標）	9.713	7.916	16.223
上傳通訊錄	76.312	82.207	75.882
成功加了好友（非通訊錄上傳）	60.099	64.210	96.314

成功借出錢的比例高 341%。

透過手機號碼搜尋、通訊錄匹配、好友引薦三種方式建立的關係，發生借貸的可能性也比其他方式要大，分別占到所有交易的60%、15%、10% 左右。從這些數據來看，借貸寶似乎恰巧提供了一個平台，方便好友之間假裝「匿名」借進錢或借出錢，以解決不好催債、不好意思說自己有錢這個問題。

另一個數據顯示的是互聯網金融非常關心的「有借不還」現象，在好友關係面前，這一不良數字也已大幅降低。

在對數據進行比對分析時，「地推拉新」[2] 的各項數據有時會更高，這是因為地推人員為了拿到獎勵，會引導他所開發的用戶去做實名認證等動作。在比對數據時，通常會將地推的人工引導當作干擾因素，用另外的數據指標來衡量。在這裡，我仍然保留這些數據，用以觀察一些實際營運所反映出的真實情況和差異。

在日常營運中，翁曉奇就好友關係對喚醒沉默用戶的影響做過類似比對。根據平台已有用戶，借貸寶設立了兩個測試組，分別推送相對應的召回短信。第一組是用簡訊告知用戶獲得 ×× 元借款額度；第二組是告訴用戶他的某位好友正在借款，以及多少位好友也在使用借貸寶。結果是第二組的用戶喚醒效果更好，是第一組的5 倍。

告訴用戶有多少好友在用，比告訴用戶有多少額度，更加有吸引力。

2　編注：「地推拉新」是指利用面對面溝通方式的實地推廣行銷手法來增加新客戶。

在回看這些數據時，翁曉奇認為，就借錢這個心理決策門檻較高的需求來說，好友口碑所形成的社會壓力和「好友都在用」的從眾心理，顯然是促成高轉化、低呆帳的最有效方式。好友經常見面也成了互聯網金融業務最好、最天然的風險控制措施。

實際上，我們是在討論社交網絡中另一大核心驅動力：關係驅動。

過去為了獲得新用戶，社群要告訴用戶這裡有多少大神，有多少好內容。今天我們只需要告訴用戶這裡有多少興趣相似的好友。

「你的好友在這裡」既是吸引用戶加入的理由之一（工具性、篩選器），也是吸引用戶長期留存和轉化的利器（深度連結）。「你的好友在這裡」所激發的種種效應，會在實際營運中徐徐展開。

雷神筆記型電腦大爆發：
愈密集威力愈大

第二個問題可以理解為密集度。可以肯定的是，如果能成功影響某一個領域內的用戶密集發聲，就會帶來病毒式的擴散。

其實，社交類產品大多受益於密集覆蓋和社群轉化。比如，在新浪微博崛起前，「開心網」一度成為社交網絡新寵，受益於新浪系員工（包括離職員工）大量入駐並邀請業內好友加入；「脈脈」啟動 B 輪融資時，來自百度、騰訊、阿里系的員工占其活躍用戶總數的 30%；騰訊也曾啟動過「朋友網」這樣的產品，強調實名和

真實好友關係鏈，在業內，這個產品的數據一度非常驚人，就是因為啟動小群是來自 500 強企業的用戶，後來因為其他原因才導致這款產品慢慢淡出用戶視線。

2015 年，我離開工作 8 年之久的騰訊，加入了專注社會化傳播的創業公司微播易，出任副總裁一職。有一次在整理案例資料庫時，我和同事們討論起「社交傳播的核心指標」這個話題。同事力主將核心指標定在「密集度」上。過去積累的案例和數據顯示：

在特定時間內邀約符合需求的社交帳號密集發聲，對大多數企業來說是決定社群媒體投放效果的關鍵因素。

用戶的密集發聲具有類似的效果。2013 年年末，雷神筆記型電腦在京東上架銷售時，第一批僅出貨 500 台。當時團隊在海爾智能互聯平台上孵化，不想過早讓業界知道這個團隊和海爾的關係，因此在售後消息中放了一個 QQ 群號，陸續吸引了 300 多位用戶進入。

不過，用戶一開始就製造了一個小麻煩。筆記型電腦產品會有螢幕亮點的問題，即因現有螢幕製造技術所限，筆電螢幕都會有一定程度的亮點率。雖是正常現象，但用戶卻不希望自己購買的筆電螢幕有亮點。雷神筆電的用戶群製造的第一個麻煩就是關於螢幕亮點的問題。

經營團隊不得已展開了一個以「亮點的救贖」為主題的活動，用戶可以免費更換有螢幕亮點的筆記型電腦。這個臨時舉措穩住了當時的 QQ 群。同時，團隊還為每台筆記型電腦增加了 5,000 元的成本，以確保液晶螢幕廠商後續不會再供應有亮點的螢幕。

這個小舉措帶來的結果是，兩個月後第二款筆記型電腦上市時，僅依靠群內用戶推薦，就成功將 3,000 台筆記型電腦在 21 分鐘內全數售出。QQ 群內推薦最多的一位用戶吸引了 43 位好友購買。

2014 年 6 月，在錯過「京東 6‧18 購物狂歡節」大型促銷活動後，QQ 群再次協助雷神的另一款新品達成了眾籌 5,000 台的新紀錄。

還有一個有關三個爸爸在京東創下 1,000 萬元眾籌的案例，也和黑馬社群中諸多創業 CEO 集體協助發聲有很大關係。同一階層、同一地域的人群密集分享一個訊息，更容易產生巨大影響力。

對於運用社群、投放社交廣告的企業來說，這是很好的參考案例。在實際運用中，「密集度」和行動指引一樣可執行、可觸摸、可調整，並漸漸被業界所接受。這恰恰是由社群的特點所決定的。

「相似人群」所形成的社會壓力和從眾心理，導致人們在一個小社群中間接受到影響。當達到一定密度時，密集發聲的價值才會凸顯。前文章節中透過「尋找連結者」和「工具性」等也分別提供了部分參考。當尋找到部分「連結者」時，就能夠擴散到更廣泛的人群中。「連結者」愈多，覆蓋的人群愈大。這意味著，只需要吸引到足夠密集、足夠有影響力的小部分人群，即可影響到更廣泛的人群。

我嘗試詢問了諸多社群經營、社交網絡的從業者，他們對「小部分」人群的看法各不相同。比如「阿姨幫」——一款定位在有家政服務需求的阿姨群產品——其經營團隊觀察到的數據是，只

需要影響到 1,000 位阿姨，就足以影響整個圈子。「網易支付」跨境電商業務部門則觀察到，如果能夠影響 15% 的人群，一個大型社群就受到影響了。密集度和「小池塘裡的大魚」幾乎是絕配。我們可以這樣理解：

人們更希望在和自己「相似」的人群面前炫耀和分享，也會因為自己的好友而受影響。當有許多用戶在一個社群中「炫耀」或「分享」、維繫關係或表達訴求時，這個社群就受到影響了。

例如，小米手機早期一直宣揚自己是為「發燒友」推出的產品，2017 年 5 月 9 日，羅永浩在「錘子科技」手機新品發布會上哽咽提醒現場用戶，當未來有更多小菜鳥用戶也使用錘子手機時，「你們要知道這是為你們做的」。這多少是在暗示用戶，你就是那個特殊的「發燒友」，或者是那個特殊的「你們」，從而令用戶產生更大的認同感與成就感。這些用戶在分享和背書之際，主動扮演了「連結者」，也主動形成了品牌背後的那個啟動小群。

關心密集度，關心啟動小群，最終都是為了擴散影響力，以求持續影響更多用戶決策。在實際工作中，電商領域正在不斷思考如何利用「相似人群」所形成的社會壓力和從眾心理來影響用戶。「路口網」是一家社交電商領域的創業公司，核心創業團隊來自淘寶和豆瓣。創辦人周健發現：

◆ 在微博、豆瓣等社交網絡中很活躍的用戶，遷移到社交電商類社區後，購買意願會大幅上升。

◆ 「follow」（追蹤）愈多帳號的用戶愈活躍，追蹤 100 個帳號

是一條明顯的分界線（社交電商的「魔法數字」）。

◆ 在社交電商類社群中，每 100 個瀏覽行為可以轉化成 7 次訂單。

這意味著在「信任」的基礎上，提供給用戶的資訊愈多，帶來的轉化愈多。為了建立起「經營」手感，周健要求員工（尤其是新人）每天都要和用戶聊天，以明確了解用戶希望獲得什麼樣的「關係」和哪些資訊。結論是，每天推薦的訊息可被歸納為幾個特定參數：好友在看、大家都在看、此刻最熱、與你一樣感興趣的用戶也在看、編輯推薦、猜你喜歡等（視頻網站的推薦也多採用類似邏輯）。

這會導致一個結果，即多個活躍用戶推薦，就能夠帶來 100 萬以上的銷售額。也就是說，多個活躍用戶的推薦持續影響了更多相似人群的最終決策。

用戶用「買買買」來定義自己的粉絲身分

從 2016 年開始，直播、短視頻內容消耗的用戶時間迅速上升，這一年也因此被稱為「直播元年」和短視頻爆發式增長年。

凡曉芝帶領百度的一支行銷團隊，她曾監測比對過直播對 APP 下載轉化率的影響。2016 年 5 月，她連續 5 天每天分別邀請 1 位粉絲活躍的網紅在直播中公開推薦不同的 APP（最後一共推薦了 19 款）。透過對「百度手機助手」[3] 的下載數據進行監測，凡曉芝

3　編注：「百度手機助手」是一個免費資源下載平台，匯集許多好玩的安卓遊戲、安卓軟件以及流行 APP。

看到（見表 7-4）：

◆ 直播期間，百度手機助手日均下載量新增 151,532 次（約 15 萬次），活動 5 天共增長 757,660 次（75 萬次）下載量。

◆ 直接拉動 6 款主要 APP 下載超過 14 萬次。

◆ 5 位網紅共推薦 19 款 APP，其中 11 款 APP 百度指數明顯上漲，上漲比例為 57%；15 款 APP 下載量明顯上升，上漲比例為 78.9%。美食、女性電商、社交類 APP 下載大多有 2～3 倍增長。

從 2016 年開始，微播易也開始深入研究並推動社交視頻營銷。從日常工作中我們觀察到，當主播推薦某個商品後，許多粉絲會立刻開始下單購買。甚至當主播推薦的商品沒有公開品牌或者購買地址時，粉絲還會表示不滿。

在比對觀察諸多案例後，我們發現背後的動力正是「時間」。在社交網絡中，時間被稱為「時間貨幣」，「信任」則是支撐社群運行的底層機制。粉絲透過微博、微信建立信任後，在直播中投入更多的時間給他們所信賴的自媒體，「選擇成本」變得更低，因而

表 7-4　**「百度手機助手」下載數據變化**

	無活動5天總數	活動5天總數	無活動同期平均數	有活動日均	增幅(%)
百度指數	690,791	1,079,805	138,158	215,961	156
下載量	13,584,900	14,342,560	2,716,980	2,868,512	106

直接導致了用戶行為的悄然變化：

　　過去，當粉絲定義自己的身分時，會採用追蹤、按讚、轉發、分享等方式。現在，粉絲定義自己身分的方式直接變成了「買買買」。

　　「買買買」就像是一個化學反應，不僅呼應了本書第 2 章中所描述的粉絲讓自媒體收入愈來愈高的現象（我們看到，粉絲協助自媒體帶來的收入，從每年的 0.5 元人民幣躍升至每年 200 元人民幣，且這一數字還在繼續上升），還推動了一系列就業機會的出現。網紅經濟、直播經濟、社群經濟、內容付費等新名詞和新現象紛紛出現，究其根本，都是粉絲在「信任」和「時間貨幣」背景下做出的「買買買」行為所致。

　　2017 年 3 月，《GQ》雜誌發表了一篇深度報導，描寫的是 YY（視頻網站）上的主播「MC 天佑」的故事，文章標題為〈追蹤三個月，看 MC 天佑如何統治直播江湖〉，文中提及了一位粉絲的故事：

　　18 歲的豪豪在河南鄭州的一家餐廳當服務員，他「最喜歡天佑逮誰滅誰的勁兒」。在他眼中，這是一種在 YY 上的主播稀缺的特質：太多的主播被人情世故壓彎了脊梁，唯有天佑「勇敢面對一切挑戰」。「白天端盤子總得裝孫子，晚上看直播跟著老大出去埋汰（嘲諷）人，有一種揚眉吐氣的感覺。」他覺得天佑早已不是一個主播，而是一個精神領袖、一個教主，「教會我許多做人的道理」……

　　每當月底收到 9,000 多元工資時，豪豪就在 YY 裡儲值 2,500 元

給天佑刷禮物。「老大照顧我們太辛苦了，必須支持他。他在主播圈子裡有面子了，我們做粉絲的就都有面子。」

我們在這篇長文中看到了競爭為一個網紅主播的崛起所帶來的幫助：「他在主播圈子裡有面子了，我們做粉絲的就都有面子。」更重要的是，粉絲直接用「打賞」來表明自己的身分認同：「我們都是天佑的粉絲」，以致拿出收入的 1/4 來打賞。

這個變化對於網絡社群來說太重要了，甚至有可能推動一個遲遲沒有爆發的「社交電商」快速實現爆發。

及時逃離電商投資陷阱 ——
刪除、摒棄錯誤的關係鏈

在討論社交網絡時，我們很少提到一些陰暗面。事實上，社交網絡乃至社群都有著不容忽視的負面影響。2016 年 10 月，英國電視四台（Channel 4）及美國 Netflix（網飛公司）聯合出品的迷你電視劇《黑鏡》（Black Mirror），其中第三季第一集《急轉直下》（Nosedive）就探討了一個由社會評價所導致的悲劇。這集的背景是一個互相評價的世界，生活在裡面的人對其他人的任何事都會給出 1 ～ 5 分，分數決定了一個人可以過什麼樣的生活。

1 分舉步維艱，2 分備受鄙視，3 分普普通通，4 分受人尊重，4.5 分以上則幾乎是榮耀的標誌，可以享受很多便利，如租住高級

社區可以打八折。這簡直就是今天產品的真實寫照，包括電影評分、圖書評分、網路金融服務公司「螞蟻金服」的「芝麻信用」積分制度等。女主角蕾茜想搬到更好的房子中去，但她只有 4.2 分，要想提升到 4.5 分，就必須得到更多高分人士給的 5 分評價。

蕾茜的老同學恰巧是一位高分人士，她的婚禮邀請了許多高分人士參與，可以幫助蕾茜完成這個任務。但不幸就此開始，在前往婚禮的路上，蕾茜遇見了一系列事故，也因此不斷被打低分。最後，評分甚至直接降為零，蕾茜被請進了警局。

雖然現實中並沒有這樣的事情發生，但人們受到他人對某些事物的評價所困擾卻是不爭的事實。這是社交網絡發展所帶來的問題之一。

我曾和一些深陷傳銷圈的人士有過無意的接觸。在中國，不管是移動互聯網、雲端運算，還是比特幣、區塊鏈、互聯網金融、共享經濟等，只要有新名詞、新產業崛起，就一定會有「新公司」應運而生。這些公司的業務並不是研發、創新，而是瞄準縣市鄉鎮乃至更小的村里，誘騙民眾「投資」一些虛假的業務。他們大力鼓吹的「業務」就是未來，將回報描述得好像天上掉下的餡餅一樣。結果當然是沒有未來，而且將用戶的錢席捲一空。

曾有一次，我力勸捲入其中的幾個人迅速撤回資金，遠離這些灰色產業。過去他們在所謂的大好投資機會中連續被騙，我也詳細和他們說明了騙局的漏洞。其中一家「雲計算」公司的老闆甚至只是跑到一個產業大會的簽到板前拍了一張照片，就宣稱自己受邀參加這個產業大會並發表主題演講等。而恰巧我也參加了那次大會。

看到這幕鬧劇，我將詳細情況告訴了他們。其實只要稍微了解一下互聯網，了解一下那些新名詞，就會發現所謂的機會都是無稽之談。

幾位朋友聽了我的勸誡，認真回覆我，說一定會撤資。又過了一段時間，當我再度詢問他們是否已經退出時，卻被告知他們不僅沒有退出，反而追加了投資。結果毫不令人意外：血本無歸。在這之前，他們已有多次「投資」都是這樣的結局，從無例外。

這讓我很意外，究竟是什麼原因讓他們執迷不悟？有一天，我特意要求他們在我面前登錄 QQ（那時微信還沒有問世），看到他們的好友多是和他們相似的人，他們加入的群裡發出的大部分訊息也都是關於如何發大財、某某事業將會多麼輝煌、沒有學歷也能賺大錢、在家就能賺大錢等話題。不同公司的「發財」文案如出一轍。

至此，我有些明白了自己勸誡失敗的原因。在社交網絡中，關係鏈建構了壁壘，好友具備整個世界的特性，可以保護人們免受不相干資訊的騷擾，但當人們進入幾乎全部錯誤的關係鏈時，這個壁壘也會牢牢地將人們扯入「泥潭」。因此，偶爾的勸誡根本產生不了作用，人們會再次被相似的人同化。從眾心理可以幫助決策，既可以帶來好的影響，也可以帶來壞的影響。因此，我在「知乎」上回答關係鏈相關問題時，總是會勸誡其他人毫不猶豫地刪除自己不喜歡的「好友」。

但對於身處「泥潭」中的人們來說，僅僅刪除好友還不夠，可能還要再摒棄整個圈子。這需要太多勇氣，但只有這樣，正確的資訊才會出現在他們面前。

08

七種社群

真實的社群是什麼模樣？

- 豆瓣將社群分成七種類型，各類社群之間
  的演化和升級分別遵循明、暗兩種邏輯。
- 對照不同的社群種類，業界大部分社群的
  發展都將清晰明瞭。

是「關係」還是「噪音」？
豆瓣社群掀翻自家家底的研究

2010 年，豆瓣曾經對自己平台上無數小組如何成長、進化乃至衰亡做過一次深入分析，由數據分析師 Null Pointer（我們同事多半稱呼他為 NP，下文也將這麼稱呼他）負責這項工作。

在中國大陸，騰訊、百度（貼吧）、豆瓣是不可忽視的幾座社群大山，其中，豆瓣擁有超過 30 萬個小組，部分小組也一度成長為創業公司，如旅遊攻略分享社群「窮遊網」、互聯網招聘平台「周伯通」等。盤點家底對於產品和營運都有極大幫助，也有利於業界對社群和社交網絡的理解。

首先，NP 確立自己要分析的是「真實的社交網絡」。他認為，並不是人們在社交網絡中互相加為好友，就可以確定他們有「關係」，這很可能僅僅是「噪音」。在社交網絡快速發展的今天，技術和營運策略都在促使人們添加更多「好友」，很可能許多好友自從添加後就再也沒有說過話（甚至忘了還有這麼一位「好友」）。隨著時間的推移，這種不認識的好友數量愈來愈多，為用戶帶來的困擾也就愈來愈多，直至超過上限。好友數到達一定程度時，很多用戶會乾脆直接廢棄這個社交帳號。因此，雖然這些「好友」關係是可見的，但分析這些關係所得到的結論卻往往淪為「表面」，並不真實。

什麼是真實的社交網絡？在社交網絡中，用戶和誰互動（對話、轉發分享和評論等）是一個非常重要的指標，NP 正是將用戶之間

的互動行為當作分析切入點。他分析豆瓣的後台數據，發現用戶在一段時間內互動的好友數量其實很有限。透過這些有限的互動，可以還原隱匿卻真實的社交網絡。好吧，前面的篇章引用了大量數據和分析來幫助理解社交網絡，誰能想到，我們可能是在討論「假的社交網絡」。開個玩笑。其實殊途同歸，我們在許多案例和數據中都反覆強調互動行為的重要性。

NP 挑選了豆瓣當時最活躍的 5,024 個小組作為樣本，觀察這些小組內話題和互動的發生過程。小組用戶可能會在某段時間內緊密互動，之後又不再說話；他們之間的聯繫會隨著時間的推移而變化，一段時間後不再對話，就消失了。每個小組每天的話題和互動數據都可以生成一個像麵包片那樣的「切片」，NP 將這些小組從 2005 年 3 月到 2010 年 7 月共 2,000 天的數據抽取出來，一共產生 232 萬多個切片（有些小組誕生的時間比較短，有些小組則在某些時間段內並沒有新話題和互動產生）。

通過分析切片，可以將這 5,024 個小組歸納成不同種類，繼而再觀察這些小組隨著時間的推移是怎樣發生演化的。這些切片清晰地勾勒出小組的轉換軌跡。

活躍社群的 12 個指標

每一個切片都可透過以下 12 個指標去檢視，有助於我們理解這些活躍社群。但如果你覺得有點枯燥，也可以直接跳過。

（1）規模。有多少成員參與了這個小組中的對話。

（2）連結數，即成員之間互動的次數。反映了成員之間關係的緊密程度，通常連結數愈多，表示成員之間的關係愈緊密。

（3）密度。反映了一個小組內成員之間互相認識的程度，如果密度很大，表示大家互相認識，連通性非常好。

（4）平均權重。反映了關係網絡的連結強度。權重愈高，表示成員間的關係愈緊密；權重愈低，表示成員間的關係愈疏遠。這個指標不僅與成員之間是否交談有關，還與交談的頻率有關。

（5）成員新舊（ID）。參與互動的成員會有新舊之分，通過對每個切片成員數的觀察，能看到裡面舊有成員數量是多少，以及新加入的成員數量是多少。

（6）最大成員數和曾經加入這個小組的人數。

（7）連通分支數。一個點可以到達另一個點，就是連通。在小組內，如果兩個成員可以輾轉透過其他成員的關係連結互動起來，就表明這兩個人是連通的。

在整個小組內，如果任意兩個成員之間都是連通的，不存在誰都不認識的人，那麼這些成員組合在一起就構成了一張連通圖。

有些小組內會分成幾個緊密的小圈子，但圈子之間互相不熟悉，這稱為連通分支。一個小組（或連通圖）內存在連通分支（小圈子）的數量，反映了這個小組關係的緊密程度。

（8）最大連通分支規模，是指小組內主流群體有多大。

（9）最大連通圖和整個小組成員數之間的比例，透過這個比例能觀察出主流人群在小組內的影響力。如果比例是1，說明最大的人

群就是主流人群；如果比例很小，說明小組內非常分裂，沒有主流人群。

（10）最大連通圖的密度，反映了成員之間互相認識、互動的緊密程度。

（11）最大連通圖的平均權重，反映了成員之間的互動強度和次數。這個指標會與成員所處的場景和狀態有一定程度的關係，如學生在上課時與下課時，互動強度和次數就完全不一樣，網絡社交小組內也會存在這樣的現象。

（12）最大連通圖的平均成員數，也就是最大的那個小圈子中成員數量有多少。

社群的 7 種形態和 8 個結論

這 12 個指標其實大多圍繞著兩個核心指標，分別是：成員之間互動是否頻繁、社群內主流群體的規模大小。

社群的類型與演化見圖 8-1。

透過 232 萬個切片計算出這 12 個指標，數據如此龐大，以至於我們一時難以看清，NP 將它們濃縮到一個直角坐標系中。在這個坐標系中，縱軸表示成員之間的互動頻率，愈往上表示成員之間互動愈頻繁，就用「互動頻繁」（Hot）來形容；愈往下互動愈稀少，就用「互動冷淡」（Cold）來形容。橫軸表示主流人群，愈往右主流人群比例愈高（United，連結緊密，數值無限大時相當於成員之間

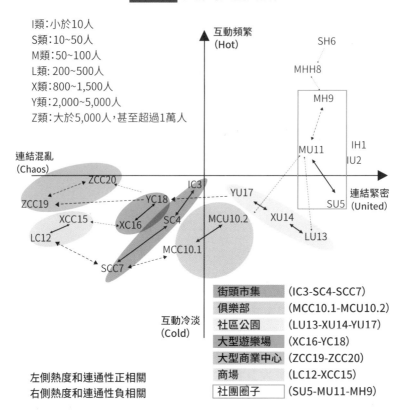

圖 8-1 社群的類型與演化

I類：小於10人
S類：10~50人
M類：50~100人
L類: 200~500人
X類：800~1,500人
Y類：2,000~5,000人
Z類：大於5,000人，甚至超過1萬人

互動頻繁
(Hot)

SH6

MHH8

MH9

連結混亂
(Chaos)

MU11

IH1
IU2

ZCC20

IC3

YU17

連結緊密
(United)

ZCC19

YC18

SC4

MCU10.2

XU14

SU5

XCC15

XC16

LC12

MCC10.1

LU13

SCC7

互動冷淡
(Cold)

街頭市集	(IC3-SC4-SCC7)
俱樂部	(MCC10.1-MCU10.2)
社區公園	(LU13-XU14-YU17)
大型遊樂場	(XC16-YC18)
大型商業中心	(ZCC19-ZCC20)
商場	(LC12-XCC15)
社團圈子	(SU5-MU11-MH9)

左側熱度和連通性正相關
右側熱度和連通性負相關

互相都認識），對社群愈有控制力；愈往左表示社群內部愈分裂，小圈子愈來愈多，主流人群對社群沒有控制力和影響力，也不存在意見領袖。

根據每天參與互動的人數多寡，將社群分為 7 種規模，分別是：

I 類（Initial，初始形態）少於 10 人。

S 類（Small，小型）10 ～ 50 人。

M 類（Medium，中等）50 ～ 100 人。

L 類（Large，大型）200 ～ 500 人。

X 類（Extra Large，特大型）800 ～ 1,500 人。

Y 類（Extra Extra Large，超大型）2,000 ～ 5,000 人。

Z 類（Extra Extra Extra Large，超級特大型）大於 5,000 人，甚至超過 1 萬人。

互動人數指當天參與討論的成員人數，包括某成員發出訊息幾天後獲得其他成員回應的情況。當然，當天完成互動的成員之間影響力最強。眾所周知，在社交網絡中「互動」是關鍵行為。通常人們以「瀏覽」為主，互動比較少（在後續章節中，我們還會看到更詳細的數據和分類），因此，互動人數愈多，意味著背後觸及、影響的人群更為龐大。

反映核心指標的縱軸（成員之間互動是否頻繁）和橫軸（社群內主流人群規模大小），就成為劃分這些小組所屬類別的工具。根據這些切片的成員互動多少和主流人群的規模大小，加上最終形成的社群規模大小，將其歸類到 20 個不同的小組類型下面。其中第一個字母表示這個小組（社群）的規模大小，中間一個字母或兩個字母表示互動或是核心人群的情況，最後的數字是社群種類的編號。

如「IH1」就表示小組內互動人數不超過 10 人，成員間關係非常緊密，屬編號為 1 的小組類型。「ZCC19」表示小組內互動人

數規模非常龐大，每天至少有 5 千～1 萬人發生互動，但成員之間關係非常冷淡，沒有核心人群，成員之間分裂成一個個不同的小圈子，屬於編號為 19 的小組類型。

用於觀察的 5,024 個豆瓣小組分屬 20 個小組類型，進一步歸納為 7 種社群形態。根據其形態特點，分別將這 7 種社群命名為：街頭市集、社團圈子、俱樂部、社區公園、商場、大型遊樂場、大型商業中心。

從圖 8-1 中首先得出了本章的前四個結論：

◆結論一：所有小組都處在第一、第三、第四這三個象限中，第二象限是空的。這表示一般不會形成「互動很好但成員之間很分散」的社群；互動頻繁必然導致成員之間關係緊密，反之亦然。

◆結論二：真實的社交網絡（從互動數據上看）都是冷淡的，相互之間的互動不是那麼頻繁。只有在一些小型和中型社群中，成員之間的互動才會非常頻繁。

◆結論三：互動很頻繁的小組／社群，成員之間很少分裂為多個小圈子。核心人群對社群影響非常大。

◆結論四：如果小組／社群規模過大，就會導致成員之間互動冷淡，繼而導致成員之間分裂成更多小圈子。不過，即使是小型的群組，如果互動冷淡的話，成員之間也會分裂。

最初始的小群

現在，讓我們回到圖 8-1，看看不同社群形態之間的關係和演

化。

　　我們會在圖 8-2 的右上角看到兩個在 7 種社群形態之外的小組類型（圖上標注為 IH1 和 IU2），它們和任何其他種類的社群之間都沒有演化關係。在對社群規模大小分類時，將超小型的、互動人數只在 10 人左右的社群定義為 I 類（Initial），「Initial」在英文中是「初始」的意思，「Initial」階段是社區的初始形態，也就是我們在社交網絡中常說的小群。這兩個類型小組都是典型的小群，且成員互相認識、互動頻繁。

　　實際上小型社群並不容易形成，因為一旦這個小群具備了生命

圖 8-2 最初始的小群

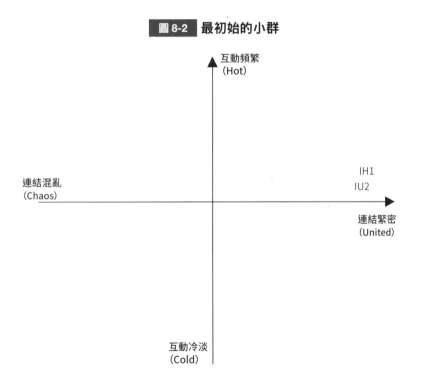

力，就會迅速長大；沒有生命力就會消亡。小型社群不是一種穩定的狀態。從圖中可以看出，這兩種社群狀態沒有任何演化的方向。不穩定的社群無法形成固定的演化方向，它們只是孤獨的存在。

　　這個觀察和我們在微信、微博的社群中看到的結果略有不同。在微信和微博中，小群狀態更穩定，也更持久，成員互動更加頻繁。這是因為場景和產品不同的緣故。分析這些豆瓣小組的時間段是在 2005 年 3 月到 2010 年 7 月，當時仍是 PC 時代。微信則幾乎是為了手機行動通訊而生，微博也迅速適應了移動時代。兩個時代的用戶習慣、溝通方式完全不同，因此我們也看到了結果上的差異。

街頭市集

　　第一種社群形態「街頭市集」可以看成是社群演變的起點。在街頭市集中，普遍特點是成員之間互動很少、參與某個話題討論的成員數也很少，且沒有什麼主流人群和意見領袖，就像我們在街頭菜市場、跳蚤市場看到的那樣。用戶只是需要一個發布訊息的平台（通常這樣的平台非常本地化），以方便有需求的用戶。因為完成交易就會走，不會產生熱烈討論，所以成員之間仍是陌生人關係。新加入的成員也因為缺乏互動而繼續保持互不相識的狀態，從而使小組／社群內部更加分裂。大家只是聚在一個共同的小組內而已。

　　在圖 8-3 中，街頭市集根據互動人數的多少分成了三種不同的子形態，顯示出小組的規模愈大，成員之間互動愈冷淡的趨勢。沒有一個主流人群存在，用戶更像是在有了需求之後，透過主動搜尋

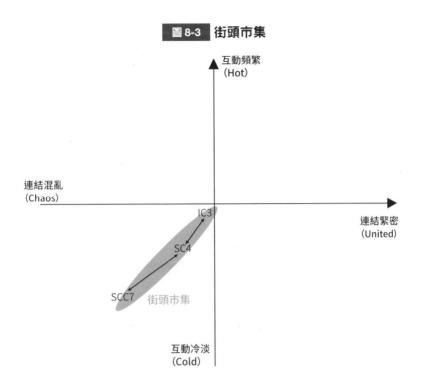

圖8-3 街頭市集

尋找並加入這些社群中。

「58同城」和「趕集網」（現在兩家公司已經合併為一家）以及「百姓網」是這類社群形態的典型代表。之前很難想像，分類資訊網站居然也會形成一種社群形態。豆瓣小組中那些類似「武漢逛街」、「上海跳蚤市場」、「在長沙很好玩」和「北京兼職」的小組也屬於這類社群形態。這些網站和小組中，用戶要麼發布一些二手消息或租房資訊，要麼搜尋資訊完成交易，幾乎沒人願意留下來聊家長裡短，因此呈現出互動人數非常少、互動人群也不大的特點。

實際上這強調了一個認知：哪怕互動人數很少，社群的實際規模仍可以很大，就如「58 同城」實際觸及的用戶一樣。7 種不同社群形態只是對應的場景不同而已。

過去這幾家類型資訊網的共同策略，正是透過大量優化百度的搜尋結果來吸引更多新用戶。搜尋會協助社群建立龐大的外部用戶池子，用戶的持續獲取也將依賴於這些獲客管道。從這個角度來看，過去社群分類中的陌生人型和瀏覽型社群，也具備類似特點：成員之間互動很少，高度依賴搜尋引擎。

社團圈子

這類社群的典型特點是核心人群穩定，互動的增加會吸引更多新成員加入，他們也會和原成員保持一致並頻繁互動。實際上，今天大部分垂直社群多歸屬此類，因此所呈現的另一鮮明熱點就是成功變現（見圖 8-4）。

在社團圈子中可以看到幾種不同的子形態，顯示社群成員的互動如果增加，社群的規模就會壯大。核心人群愈多，所能主導的社群規模也就愈大。

不過，**如果互動超過一定頻率，反而會對社群帶來另一種影響，即過強的互動會導致參與人數愈來愈少，慢慢縮減為非常微小的規模。**

因此，當互動增強時，我們看到這一類社群的互動人數規模從中型（M 級）再度降低到了小型（S 級）。在圖的右上方甚至出現了兩個子形態 SH6、MHH8，它們與社團圈子這種形態的關聯非常

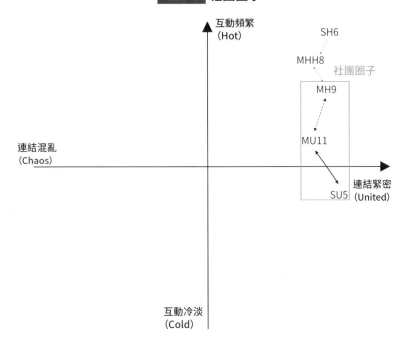

圖 8-4　社團圈子

強，卻沒有被納入進來。這兩個子形態幾乎就只是熟人圈子。也就是說，一個社群的全部成員就是這些熟人，類似我們常見的微信群和QQ群等。NP分析過後，乾脆將它們放在社團圈子之外。

　　互動愈強，參與者反而愈少，類似結果我們在第9章還會再見到。比如部分社群習慣採取的「強運營」（即運方強力組織諸多話題、活動來吸引用戶參與，詳見下一章），其最終的結局是愈來愈多的用戶保持沉默，和這個現象的結果極為相似。

　　在傳播界，「金鼠標」和「虎嘯」這兩個比較有影響力的廣告

大獎組織委員會，依託評委、4A 公司和傳播公司 CEO 等，各自組成了一個緊密而頻繁互動的社群，也頗有非請莫入的意思在內。在這兩個社群中，成員之間幾乎都認識，經常討論大量產業話題，在業內各種會議上頻繁相見；他們每年還會圍繞兩大社群分別組織的同業大會、廣告獎初審、廣告獎終審等大型活動，舉辦更多業內活動。從這一點看，金鼠標和虎嘯就可被看成是典型的社團圈子，即一個小而緊密的核心人群圈子，同樣能串起整個產業，具備覆蓋龐大人群的巨大影響力。由此可見，社團圈子是大部分同業社群的典型形態，也是易於建立並率先獲得收入的社群形態之一。

俱樂部

在對社群形態的分析中，一些興趣類的代表小組，如「葡萄酒」、「愛上五月天」、「心理學考研」、「留學北歐」和「犯罪心理學」等開始頻繁出現。豆瓣曾經認為，基於興趣的討論會更熱烈，用戶之間的連結強度也會更高。然而當這些數據整理出來時，NP 發現，基於相同地域、同校人群的討論，相較之下熱度和連結強度還更高。

還記得我們在第四章「你能為我解決什麼根本性問題」中討論了對微信群的研究嗎？那裡有一個結論：關係驅動所建構的社群，生命週期明顯大於事件驅動所建構的社群。觀察分析豆瓣小組之後，我們又得出一個新的結論：

興趣驅動的效益不如地域驅動來得高。地域驅動帶來的用戶互

動強度，要遠遠超過興趣驅動。

　　地域驅動是指相近的生活地域讓人們自然而然親近彼此，並長期聯繫在一起。興趣驅動則是指人們因為相近的興趣而自然聚攏在一起。這兩大驅動同為社交網絡中強而有力的驅動力，再加上年齡相近和性別相反，就組成了「三近一反」這個社群建構的基礎原則。在第一章中我們也已經知道，微博上相同地域的用戶在相互關注的用戶中排名第一。這也可以幫助我們延展理解，像「陌陌」這樣的 LBS（Location Based Services，適地性服務）小組為什麼能在騰訊的社交網絡鐵幕下悄然成長，以及為什麼在百度貼吧中，「地方吧」永遠是最有活力的主題吧之一。

　　「吃好網」CEO 黃琳也曾做過一次社群比對。他邀請剛升任爸爸媽媽的朋友一起，組建了十幾個 500 人的微信大群，在群中針對年輕父母的剛性需求推薦用綠色健康食品製作輔食，不過，即使是這樣的剛需社群，活躍度仍然不敵他所組建的地域群。在微信中，類似「江西人在北京」和「武漢人奮鬥在北京」這樣的群，其活躍度也遠超過其他社群。在「相同地域」背景下，人群的溝通欲望顯得非常強烈。

　　NP 將根據興趣驅動和地域驅動所組建、但互動人群規模並不大的社群，命名為第三種社群形態：俱樂部。M 級的人數規模顯示，「俱樂部」形態中每天互動的人數規模為 50 ～ 100 人（見圖8-5）。

　　這兩個俱樂部子形態之間的變化，取決於成員之間互相結識的

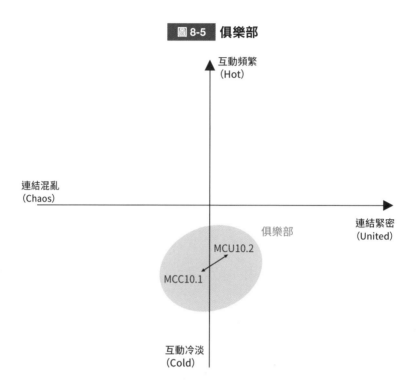

圖 8-5　俱樂部

互動頻繁
(Hot)

連結混亂
(Chaos)

連結緊密
(United)

俱樂部

MCU10.2

MCC10.1

互動冷淡
(Cold)

數量。如果成員之間相互認識的人較多，互動次數就會有所提升，反之則互動次數會下降。由於這兩個子形態之間的差距非常小，因此沒有劃分出不同的類別編號，而是用小數點來區分。

社區公園

第四種社群形態開始出現，NP 把這些更大的興趣社交社群稱為「社區公園」。豆瓣中類似「科幻世界」、「蘋果迷」、「德語」、「古典英語」、「宮崎駿」、「男人和他的護膚品」、「我

討厭 ×××」、「海賊王」和「方便麵」等主題小組都屬於這一類型，互動規模也進入了大型、特大型、超大型的等級。在社群規模分類中，L 類每天參與互動的人數為 200～500 人；X 類每天參與互動的人數為 800～1,500 人；Y 類每天參與互動的人數為 2,000～5,000 人。

這些小組中，「科幻世界」小組有 6.6 萬成員；「蘋果迷」小組有 13.7 萬成員；「德語」相關小組有許多個，排在前三位的分別擁有 6.9 萬、3.1 萬和 2.2 萬成員；「宮崎駿」小組有 10.4 萬成員；「海賊王」小組有 12.6 萬成員；「方便麵」小組有 5.5 萬成員；「男人和他的護膚品」小組最小，只有 3,961 名成員。

這類社群的典型特點是，主流人群（即相互之間比較熟悉、多半互相認識的人群）愈大，且主流人群之間互動愈頻繁，社群規模就愈大。我們可以將「俱樂部」和「社區公園」（見圖 8-6）視為大型社群誕生的基礎，其共同特點是「核心主流人群」在社群中具有非常重要的作用。

在北京，周天祥經營一個月嫂社群，其中核心人群只有 7,500 人左右（占全部成員的 5%），她們大部分是來自某家培訓機構的畢業學員，隨著時間推移，這些用戶陸續吸引了來自全中國的月嫂，最終有超過 15 萬人加入該社群。2016 年 11 月，周天祥發起「誰是最可愛的月嫂」活動，通過投票方式選出最可愛的月嫂 500 強乃至最終 10 強給予紅包獎勵。活動吸引了 5,000 人發起拉票、12 萬人參與投票。到 2017 年 4 月，團隊又推出另一個「科學月嫂考試」活動，成員可以透過答卷（完成試卷需要 20 分鐘以上）及分享答

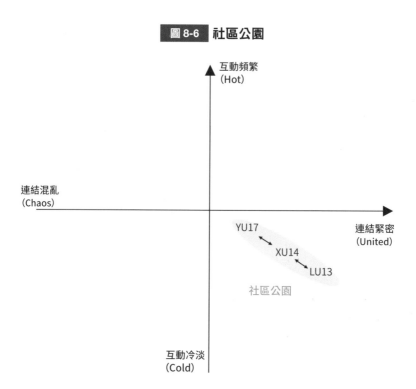

圖 8-6 社區公園

互動頻繁
(Hot)

連結混亂
(Chaos)

連結緊密
(United)

YU17

XU14

LU13

社區公園

互動冷淡
(Cold)

題連結,帶好友共同考試的方式參加,優勝者可以獲得紅包獎勵。
最後的活動成果是在 30 天內,有超過 4 萬人提交完整的答卷。這
些成效其實都受益於那個核心人群。

在創業人群中,創業圈第一社群「黑馬會」也是社區公園形態
的典型社群。如果將其公開舉行的各類活動詳加梳理,會看到典型
的意見領袖人群和核心人群。如包括黑馬會祕書長、副會長及導師
等在內的業界高層是典型的意見領袖(我的同事微播易創辦人徐揚就擔
任了黑馬會副會長、祕書長的職位),各地和各期黑馬會的班長、活躍

份子等則構成了核心人群，他們協助吸引了近萬名學員（這些學員都是各公司的創辦人），發起了 18 個行業分會、27 個地方分會。

「6628」這個以共同鍛鍊、相約運動為號召的社群共有成員 12 萬人，社群發起人希望在 2017 年年底前吸引 50 萬甚至 100 萬名成員加入。這些成員目前分散在超過 64 個分舵、116 個城市和 2,000 多個興趣部落中。其中，分舵以二級縣市為基礎，可以細分為許多個城市；興趣部落則是用戶自發成立的小群。

組織者因此設立了完整的層級結構，如整個社群有祕書處、舵主會等（我們可以忽略這些名稱的意思，直接理解為核心主流人群和 KOL 即可），不同城市的核心人群和 KOL 被聚攏在一個小圈子之中。經營團隊希望用層級結構來管理並營運這個大型社群，因為正是這些主流人群促進了社群的活躍。如其中一個興趣部落的用戶發起一次慈善捐助活動，就能吸引超過 2 萬名成員參與。這也是典型的核心主流人群影響大範圍用戶的「社區公園」形態。

大型遊樂場

有意思的是，將不同社群進行比對時，如將代表「興趣社交」（興趣驅動）的社區公園，與代表「熟人關係」（關係驅動）的社團圈子加以比對，會得出一個新的結論。

◆結論五：興趣社交中互動討論熱度的上限，是熟人社交的下限。興趣社交反對無意義的閒聊，話愈多成員愈會排斥，乃至逃離。而熟人之間容易滔滔不絕，閒聊反而被認為是在聯絡感情。

社區公園（興趣驅動）和社團圈子（關係驅動）之間也可以互相轉化。如社區公園內人群互動更緊密時，就成了社團圈子；當社團圈子商業化時，也可以壯大為社區公園。這是因為更緊密的互動會讓人群變小，並促使成員之間相互認識，這樣一來，興趣社交就轉變成了熟人關係，社區公園就轉變成為社團圈子。

如果影響社群成員的主流人群消失了呢？我們就會看到社區公園轉變成第五種社群 —— 大型遊樂場。

大型遊樂場仍是興趣驅動的社群，所容納的成員規模並未改變，只是成員之間結成了更多新社交圈，圈子之間溝通比較少，導

圖 8-7　大型遊樂場、社區公園、社團圈子

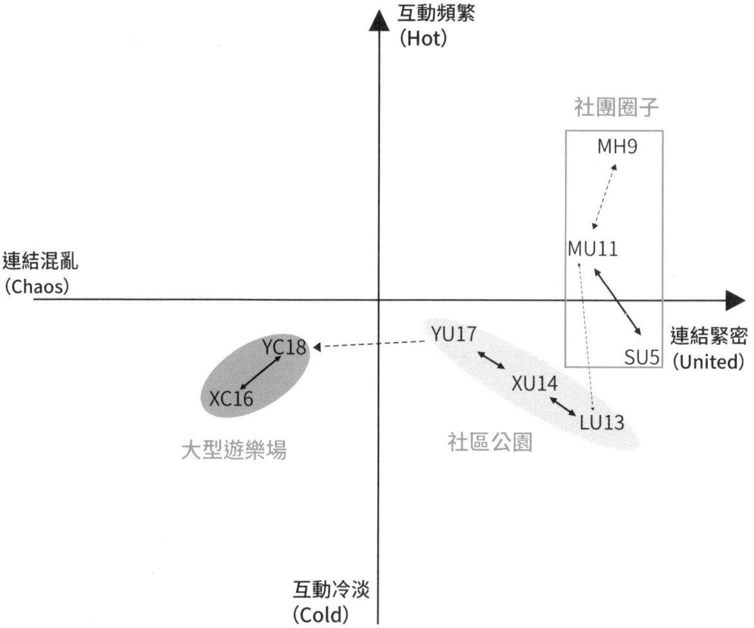

致主流人群影響力減弱（也就是主流人群變成了大型社群中的一個小圈子）。出現這種狀況，很可能是因為湧入更多新成員，社群沒能引導新成員和老成員互相認識。新成員轉而組成了更多新圈子，就像在遊樂場中三五成群結隊遊玩的人一樣。這種變化不可逆。因為規模壯大以後，社群不可能再產生新的主流群體和 KOL（見圖 8-7）。

商場和大型商業中心

另外兩種社群形態分別是：商場和大型商業中心。

這兩種社群的共同特點都是人群極度分散，非常類似日常生活中三三兩兩逛街購物的人群，不會有主流人群或大家都認識的 KOL 存在（即使是店長或商場總經理，顧客也不會有興趣去認識，這也是用商場來命名其中一種社群的原因之一），甚至連社群的發起者和組織者都失去了主導話題的能力（見圖 8-8）。

其中，「商場」和「街頭市集」有一定程度的關聯。這兩類社群多以資訊交換、解決某個問題的事件驅動為主。如果「街頭市集」定位很好，就會一躍升級到「商場」。而當「商場」崛起後，會吸走其他同類社群的用戶，因此會讓同樣定位的「街頭市集」無法壯大。

大型商業中心則是人數規模最大的社群（超級特大型），每天互動人數多於 5,000 人，甚至超過 1 萬人。之所以將這類社群命名為「大型商業中心」，是因為人數規模帶來了明顯的商業行為。如在豆瓣小組中，這類小組的組長會主動添加類似「黃金廣告招租」等訊息，一些小組的廣告報價也早已破萬（人民幣）。

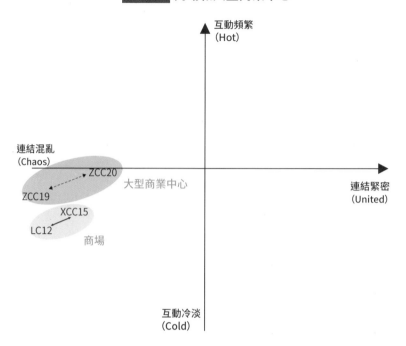

圖 8-8 商場和大型商業中心

類似的情況在貼吧和正朝向社群升級的微信公眾號中早已出現。社群天然的高轉化價值，會自然推動社群的商業化。商業化又會反向推動組長（營運者）採取策略，以提供更多服務、營造和維護社群氛圍、提升成員活躍度、刪除廢文等，從而獲取更大利益。

儘管創建者喪失了左右社群話題的能力，但仍具備服務社群的能力和動力。可以說，商業化在大型社群中一定會出現，而且幾乎是一種不可逆轉的趨勢。商業化也是推動社群壯大的核心動力。

在大型商業中心，龐大的成員規模會促使大家更加活躍，繼而吸引更多人前來參與。隨著發言人數增多，成員們在小圈子中的互

動也會增強。這個結論和前面我們討論過的「人人都想加入大群，人人都只在小群中活躍」保持一致。在大社群中，人們反而生活在一個個小圈子之中。

沒有 KOL、沒有主流人群，成員身處在一個個小圈子之中，那麼大型社群是如何運轉的呢？

NP 觀察到，這類社群非常依賴「社群文化」。如在豆瓣中，大型「咆哮組」至少有兩個，一個是「景濤咆哮組」，成員數高達 42 萬人；另一個是「咆哮組」，成員數也有 24 萬人之多。兩者都可歸入「大型商業中心」這類社群。這兩個小組的成員貼文都遵循一種默契，即所有人說話都用「咆哮體」──每個主題貼文後面都會加上許多驚嘆號。

這些行為形成了一種強大的社會壓力，促使每個加入的新成員都遵循相同的行為規則，直接形成社群文化，繼而形成無須說出口的默契。一旦社群文化形成，不管組長採取強運營方式還是其他措施，都無法對抗或影響這種文化下內容產生的能力。這帶給我們一個新的啟示，即：

社群的組織方式非常依賴社群形成的文化。

因此，「大型商業中心」也帶給我們兩個新結論。

◆ 結論六：社群規模愈大，成員之間的對話也會略有增加。

如「大型商業中心」中成員互動的頻率，明顯比「商場」和
「大型遊樂場」這兩種社群形態要高。成員們較常會在各自的小圈
子中互相聊天、互相接觸。

◆ 結論七：大型社群愈大，KOL 和主流人群的影響力愈弱。

在大型社群中，成員都在尋找話題、進行小圈子討論，不存在
人人都認識的 KOL。

不同社群是如何轉化、壯大的？

不同社群形態之間的演變和轉換，受到不同規則的影響。

在圖 8-1 中，NP 用兩種曲線來表示社群的演化。一種是實
線，表示某種基礎規則所產生的作用。例如「社團圈子」或「社區
公園」內部的不同子形態間，就受到「互動多寡」和「主流人群大

小」這些基礎規則的影響，從而不斷發生變化。

另一種是虛線，表示游離在基礎規則外的「潛規則」所產生的作用。如圍繞「大型商業中心」的社群轉化，就是由「商業化」所主導。我更願意將它理解為建立在基礎規則上的「新規則」。社群形態實現人跨度的轉化，多數是由這些新規則促成的。

例如「商場」沒有實現商業化或商家不認可廣告價值，就會下滑為「街頭市集」的形態，成員規模也會跟著減少。可見商業化這個新規則對於社群形態的穩定度，具有一定程度的影響。而「街頭市集」一旦定位精準、可以迅速解決部分用戶的問題，就會成功吸引周邊市集的用戶，升級為「商場」。

耿新躍（豆瓣副總裁）也曾和我討論過商業化對社群成長的幫助。他經常看到一些豆瓣小組組長為了壯大小組規模，會支付費用做搜尋引擎優化，以便從百度引來更多新增成員，他們甚至願意每月為此支付 5 ～ 6 萬元人民幣的費用。這些支出將由幾種收入來源彌補：一是出售小組置頂版位；二是有些小組可以引流到線下店面，獲得分成；三是開辦會員活動，販售會員商品等。一旦社群產生了廣告價值，就不會再回到過去的形態，而是持續壯大，並最終穩定在「大型商業中心」這個社群形態。在整張社群演進圖中，許多社群的形態之間都可以互相演進，從「社區公園」到「大型遊樂場」，再一路壯大到「大型商業中心」，這條演進路線明顯有去無回，展現了商業化的巨大作用。NP 認為，這是因為人數規模超過了一定閾值。到了這時，小組組長（社群經營者）就有了維持秩序、提供更好服務的動機，置頂廣告文、刪除垃圾貼文的行動力變得很

強。

　　我加入微播易（社會化媒體精準廣告投放平台）後也深刻感受到商業化對直播市場發展的推動力。2016年以來，中國大陸的直播產品蓬勃發展，這與包括微播易在內的第三方機構不遺餘力在推動直播的商業化，鼓勵和吸引大量企業投入直播、短視頻市場不無關係。要知道，當時甚至連平台方都還沒準備好。

　　有意思的是，有些互聯網產品會讓使用者下意識地拒絕商業化，認為商業化是對產品的褻瀆，或者認為商業化會破壞用戶體驗。但事實恰恰相反，在社群從小到大的升級演化過程中，商業化恰恰是有力的動力來源之一。

　　透過對典型小組進行追蹤觀察發現，有一個小組的演進軌跡非常特別。

　　小組「父母皆禍害」（Anti-Parents）在2008年創建後，很長一段時間內每天活躍互動的人數都在10～50人。直到有一天豆瓣首頁推薦了該小組的貼文，使得它每日的活躍互動人數上升到200～500人，社群形態也從早期的「社團圈子」升級為「社區公園」。豆瓣首頁推薦可以吸引更多新成員加入小組，這些新成員發布了更多貼文，繼而吸引更多互動。

　　由於小組的名稱非常具有爭議性，很容易引起外界關注。2010年，包括《武漢晨報》、《半島都市報》、《中國青年報》和《南方週末報》等媒體紛紛集中報導這個小組，引發了更大範圍的討論。在媒體的推動下，「父母皆禍害」每日活躍、互動人數再度上升到2,000～5,000人。到現在共有超過12萬用戶加入了這個小

組。

「父母皆禍害」每次實現成員規模的升級都和外部力量的介入有關，如獲豆瓣首頁推薦、媒體報導等。可見在夯實內部營運的基礎上，任何外力的介入都有可能變成社群大升級的契機。這就要求社群經營不僅要提升實力，也要不斷尋求外部資源的合作。

汪小帆教授是上海交通大學致遠學院副院長、長江學者特聘教授。2017 年，汪教授借調出任四川省教育廳副廳長。他在過往研究中得出一個簡單的結論：**社群成員參與互動程度愈高，社群效率愈高；社群與外部溝通、探索的次數愈多，創新的機會就愈大**。換言之，團隊的效率與內部溝通成正比，團隊的創新能力與外部探索成正比。

有一次汪小帆教授和李善友（混沌大學創辦人、前酷 6 網創辦人）討論時，繪製了圖 8-9。汪教授認為，社群誕生早期追求高互動，到了成長期和成熟期後，就要追求對外合作，以獲得更大的創新機會與外部機遇。此圖也說明了外部資源對於壯大社群的幫助。

不過，在社群規模擴大的過程中，「父母皆禍害」一直停留在象限的右側，而沒有進入左側（見圖 8-10）。

其中一個原因是，社群定位對於小組／社群的未來發展具有一定的約束力；另一個原因則是，小組內一直存在一個比較有影響力的核心人群和 KOL，哪怕在湧入了不少新成員後，這個人群仍然保有影響力。正因為核心人群的存在，促使「父母皆禍害」穩定處在「社區公園」這個社群形態裡人數最多的分類中。

我們將這些規則和外部力量歸納為第八個結論吧。

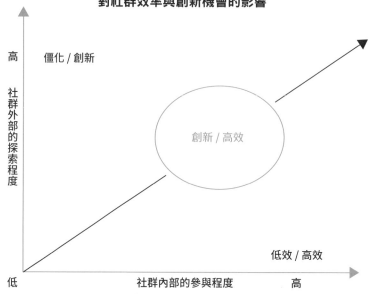

圖 8-9 社群內的參與程度／社群外的探索程度
對社群效率與創新機會的影響

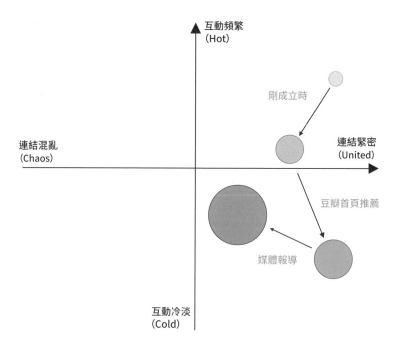

圖 8-10 「父母皆禍害」小組演進示意圖

◆結論八：社群的升級和演進受到四種力量的影響，分別是：成員之間互動是否頻繁、是否有一個足夠大的主流人群、商業化力量的介入，以及外部力量的介入。

　　現在，我們釐清了社群的樣貌，業界風起雲湧的無數優秀社群都可依此適當歸類。根據這些分類，我們可以找出並形成對應的社群經營路線。

09

讓人們愉快地消耗對方時間

如何經營不同種類和不同階段的社群

- 社群經營的本質是爭奪用戶時間，「強運營」和「弱運營」的區別在於圍繞的核心是誰（是社群經營者還是用戶本身）。

不同分類下的社群究竟應該如何經營？在用戶打法（或用戶池打法）中，用戶的持續活躍、進階、轉化等，最終都會落到「時間貨幣」上來，也就是用戶願意活躍多長時間，以及最後為社群帶來多少收入。時間貨幣的獲取很大程度上依賴於社群經營。現實中的社群經營有兩大風格可循。

從兩個小社群的日常營運說起

2016 年年初，班麗嬋離開公關公司「藍色光標」，創辦了「CMO（Chief Marketing Officer，行銷長）訓練營」，這是個目標用戶為行銷總監、行銷副總監、行銷長的社群。到年底時，這個社群吸引了超過 2 萬名付費會員，營收 300 多萬元人民幣（約新台幣 1,500 萬元）。這個成績對一個初創團隊來說是非常不錯的。

班麗嬋是怎麼做的呢？有一次我和她長聊了這個話題。不可否認的是，班麗嬋的個人資歷對這個社群的快速成長有巨大幫助，她曾出任《市場圈》《廣告主》雜誌主編，後曾就職於聯想集團品牌推廣部，創辦訓練營之前是「藍色光標活動樹」內容中心總經理。這些經歷自然有助於聚攏 CMO 族群。同樣地，當聚攏了這個垂直人群之後，就會迅速顯露出應有的價值 —— 垂直人群非常珍貴，能提振出很高的價值。在這裡，我們先撇除個人資歷的影響，只聚焦於日常營運。

從 2016 年下半年開始，CMO 訓練營側重於以下這些工作：

（1）每週一次線上「CMO 私房話」活動；

（2）每月一次 CMO 線下主題沙龍；

（3）每兩個月組織一次閉門深度學習（即高級研修班），每次為期兩天；

（4）不定期在一些企業內部展開 CMO 遊學活動；

（5）年底舉辦 CMO 同業年會。

從這些規畫中，我們看到了一個頻繁展開活動的社群，而且每項活動都有一個明確的主題。截至 2016 年年底，班麗嬋組織了一個超過 200 人的認證講師團隊（我也是其中一員）。

2017 年上半年，班麗嬋更是將未來一年將要展開的所有活動及其主題全部預先公開，時下鋒頭最健的企業和流行話題、熱門人物，幾乎全都囊括其中。訓練營還根據產業特色及位階職責劃分出更細的分組和主題，比如 B2B 營銷會、品牌總監群、品牌經理群等。這些活動和更深入的重度垂直話題，才是最後幫助 CMO 訓練營吸引超過 2 萬名付費會員的根本原因。

如果說訓練營會員規模的基礎是「三近」，那麼這個社群的「一反」則來自服務 CMO 族群的供應商體系：CMO 族群會釋放大量商業訂單和採購需求，而圍繞甲乙雙方的配合與抱怨，又是產業中最基礎、最熱門的話題，是最典型的「需求與衝突的結合」。與此同時，陳維賢發起了一個聚焦於討論社群經營的小型社群，名為「運營研究社」。2017 年年初，陳維賢盤點了一下這個社群的發展情況：過去一年中這個社群吸引了 441 人，每天在社群中簽

到的人數占 65%；共發起並完成了 38 次主題討論，其中，每個月都會有一個大型主題。

有一次，陳維賢根據成員活躍度，將社群成員做了劃分。因為這是一個「強運營」的群（陳維賢還會經常剔除一些沉默、不活躍的用戶），活躍比例非常高（見圖 9-1）。

這種社群成員的劃分方式，是根據成員的貢獻程度排列，從簽到、發言、參與討論，乃至心得分享，最後呈現出典型的金字塔模型。貢獻程度愈高的塔層，成員愈少。這種社群成員的劃分方式非常典型。CMO 訓練營的成員結構也幾乎與此一致。這種劃分沿襲了一直以來 BBS（Buttetin Board System，電子布告欄系統）的劃分方式。

在 PC 互聯網時代以「論壇」形式承載的社群中，我們通常會關注貼文量／貼文人數、回應量／回應人數等幾個核心指標。其中貼文人數所占比例由早期的百分之幾，逐漸下降到百分之零點幾，

圖 9-1 「運營研究社」社群成員的劃分

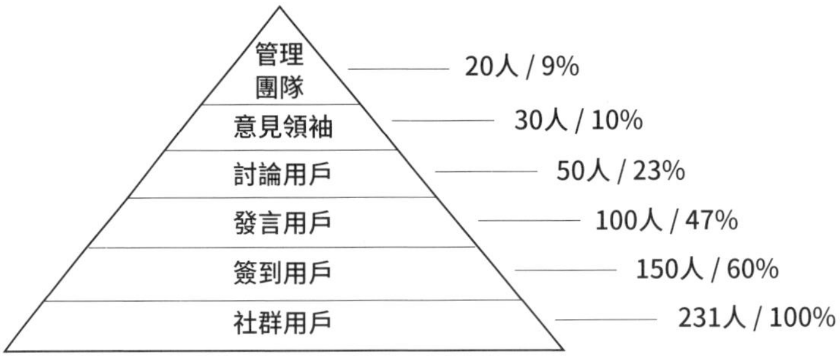

層級	人數 / 比例
管理團隊	20人 / 9%
意見領袖	30人 / 10%
討論用戶	50人 / 23%
發言用戶	100人 / 47%
簽到用戶	150人 / 60%
社群用戶	231人 / 100%

可見經常主動貼文的族群對論壇活躍程度的影響有多人。

如女性社區「55BBS」，在發展早期，有些用戶為了寫好一篇貼文，甚至會請假一週，寫出的貼文內容專業度堪比一本專業雜誌中的文章。康盛前總裁陳亮（2016年創辦「洗碗課堂」）說：「貢獻資訊的人會感覺到自己被需要、被追隨、被誇獎等。」在一個社區中，這些優秀的內容創造者大多扮演意見領袖的角色，常有「大神」的稱謂。

其次是互動用戶。根據動作劃分，這個族群可以再度細分為簽到、按讚、回應參與討論等不同類別。從重要性上看，回應參與討論的用戶更為重要。一個社群中優質內容的擴散和傳播也有賴於這個人群。互動用戶不僅有助於將優秀的貼文內容從可能遭埋沒的隱憂中解救出來，大量的互動和討論也相當於給發文者極大的「互動激勵」，能有效提升發文量，甚至將互動者轉變為發文者。可以說，在大神的誕生過程中，無數回應、互動的用戶也是非常關鍵的推手。

緊接著是瀏覽用戶，這個人群通常只看不說，也就是我們常說的「沉默的大多數」。他們構成了絕大部分社群的基礎。

✳ 社群成員角色的第二種區分方法 ✳

根據社群成員的貢獻內容和影響力，可以劃分為：❶原創用戶、❷互動用戶和❸瀏覽用戶。

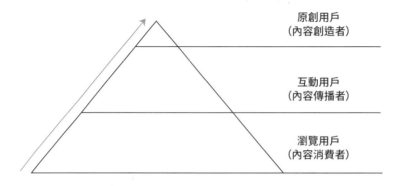

圖 9-2 社群成員的第二種劃分

原創用戶
（內容創造者）

互動用戶
（內容傳播者）

瀏覽用戶
（內容消費者）

　　這三種族群分別代表了內容創造者、內容傳播者和內容消費者，並由此構成了一個金字塔（見圖9-2）。

強運營應該強到什麼程度？

　　這種劃分成員角色的方法代表著一種主流的運作經營思路，即透過各種策略，將只看不說的內容消費者變成輕量的按讚用戶，繼而變成回應、參與討論的重度互動用戶。

　　社群經營者努力製造一系列話題和活動，鼓勵並吸引成員來參與，或者規定一系列強力的規則，讓每個成員都遵守，以壯大貢獻內容和互動的人群。這些策略可以稱為「強運營」。

強運營究竟需要「強」到什麼程度才算夠強？我們可以從一則「用戶公告」中看到些許端倪。

2011 年，有人在「知乎」（中國大陸問答網站）上發起一個提問，「為什麼『某些論壇』上的網友發言往往都很理性？充滿了正能量的『感謝文化』，與當下微博等開放社交網站上充斥的『鍵盤俠』（正義魔人）及裹挾大量負面情緒的批評文化截然不同。」看到這個問題後，高頓教育產品經理諶斌想起曾在類似網站看過一份令人歎為觀止的公告，於是再次認真細看。他發現，公告中所呈現的論壇管理水準超過了許多論壇（該公告內容請見附錄）。

這份公告「用一種強硬的方式來指導用戶」。規則非常詳細、具體，超過了 40 項，明確要求用戶遵守各種細節和「不允許」要求，任何違反規則的用戶都會被踢出論壇。當時很多網路討論區經常出現「鍵盤俠」等問題（其實現在也同樣存在），但這份從嚴從細的用戶規則從一開始就在杜絕類似問題。公告發自 2005 年，此後數年一直持續更新。每次更新都會公開最新刪除的會員數量，這更像是一個公開警告：你一旦違規，就要出局。

這是一個「強運營」的真實樣本。在瀏覽型、以陌生人為主的社群中，類似規則十分常見。諶斌將這份「公告」原封不動地貼在問題之下，最後在該問題所引發的 78 個回答中排名第一。

「碳 9 學社」是一個在中國創業圈中比較知名的學習型社群，名字取自「探究」之意，意在能夠深入探究某件事物的本質。創辦者馮新經常會邀請社群成員針對一些書籍進行深度討論和學習。不過，想要加入該社群並不是一件容易的事情，通常要經歷這樣一個

過程：

（1）交作業。要求加入的用戶首先需要針對活動主題（如某期話題是社群經營），根據自己的從業經歷撰文，或閱讀某本專業書籍後撰寫閱讀筆記，由社群管理者據此來判定用戶是否可以參與這次深度學習。

（2）同伴閱讀（小組讀書會）。加入後的用戶被分成不同小組，成員需要選擇共同閱讀的一本書，每天讀完 1 ～ 2 章，並提交300 字的讀書筆記。

（3）磨課（小組討論會）。小組成員圍繞當期話題展開多次深度討論，並形成某種程度的結論。

（4）正課。在磨課中形成的結論，將會在全部成員面前做深度分享。

（5）體驗課和公開課（講座）。邀請外部嘉賓進行系列主題分享，社群管理者和小組成員都可以邀約嘉賓。

（6）複盤作業（報告）。將系列課程和討論後最終形成的思考加以總結，形成結業文章。

碳 9 學社其中一期主題課程的時間安排見圖 9-3。

其中，成員每天閱讀書籍內容，就像每天打卡一樣，由小組成員透過微信群互相監督、討論；體驗課和公開課各三天時間，正課則是一次連上兩天。

儘管時間安排表中小組磨課有近 10 天時間，但實際多由小組成員自己約好時間，自己組織聚會討論。

在這樣的時間安排下，一次深度學習幾乎貫穿了整個月，各個

圖 9-3　「碳 9 學社」其中一期主題課程的時間安排

碳9學社第30期課程：領導力

學委：張繼之 助理：龍至中

一	二	三	四	五	六	日
1月19日至24日 創建社群/了解碳9	25 二八	26 二九	27 除夕	28 初一	29 初二	
30 初三	31 初四	2月	2 初六	3 初七	4 初八	2月5日 體驗課
6	2月7日 體驗課	8	2月9日 體驗課	10	2月11日 同伴閱讀	12
2月13日 公開課	14	2月15日 公開課	16	2月17日 公開課	2月18日 截止作業	2月19日 搶板凳分組
20 小組磨課	21 小組磨課	22 小組磨課	23 小組磨課	24 小組磨課	25 小組磨課	26 小組磨課
27 小組磨課	28 小組磨課	3月 小組磨課	3月2日 大磨時間	3 小組磨課	3月4-5日 正課時間	
6	7	3月8日 複盤作業				

環節都極度耗費用戶的時間。

　　這就是典型的強運營。和碳 9 學社一樣，CMO 訓練營每星期都會組織活動，並主動邀請 200 名來自各大企業的認證講師。陳維賢採取的入群收費、每天簽到、每月主題課程，以及經常剔除不活躍成員等措施，都屬於強運營的策略。

　　實際上，強運營案例在身邊比比皆是，且在許多垂直社群中運用最廣。例如：

趙宏民在上海組建了媒體人社群「媒媒噠」，每星期都會組織一次線下活動和線上分享會。他還曾組織過另一個同業社群，在年底發起「幫乙方討帳」的活動，幫助處於弱勢地位的乙方（公關公司、廣告公司）拿回欠款。

「微遊學」社群透過舉辦活動、免費課程等方式，吸引許多成員加入，再邀請其中的活躍用戶加入更小的新圈子，運用更多高品質深度分享、線下聚會等方式來營運。處在不同層級的每個成員都願意支付相應層級的費用。這種方式不僅實現了用戶進階分級，也實現了社群變現。

中國網紅「唐僧哥」經營一個名為「西天取金」的微商社群，讓社群裡的 5,000 位核心成員每天都遵從指令，通過拉群、發布微信訊息等方式進行擴散，這個核心人群的影響力直接觸及 10 萬名用戶，間接觸及了 300 萬潛在客群。

許多論壇甚至會組織編輯團隊來策畫、撰寫主題文章，或發起各種話題留言或轉貼分享活動，以吸引更多用戶來瀏覽網頁。我們甚至可以省略種種細節，用一句話來總結：**社群經營者努力在消耗用戶的時間。**

因此，強運營非常強調社群規則、意見領袖，強調社群管理、話題管理和引導，需要配備一個人數較多的經營團隊來進行服務。如果細心觀察身邊大多數社群，如黑馬會、虎嘯、金鼠標、CMO訓練營、運營研究社等，就會發現這些社群幾乎都有一支人數比例

不低的社群行銷隊伍。想要觸及更多成員數量，就需要相應擴大經營團隊。這意味著：**社群規模的大小取決於意見領袖及主流活躍人群數量的多少，或取決於經營團隊所能照顧到的最大成員數量。**

在這樣的背景下，強運營特別適用於族群範圍明確的社群及社群誕生早期，如各個垂直領域社群、地域社群等。族群愈明確，強運營所轉化的價值愈大。我們甚至可以跳過互聯網社群的案例，先來看一個故事。

黃章晉在《來到地球第一天》書中用一章內容探討了游牧民族壯大和衰頹的原因。章節一開始就描繪了一個非常有畫面感的細節：

「四十萬眾蒙古國主巴圖魯成吉思汗，問水濱三萬人滿洲國主英明皇帝，安寧無恙耶？」1619 年 10 月，蒙古國最後一任大汗林丹汗居高臨下地致信努爾哈赤，警告滿洲不得再拉攏分化位於遼東的左翼蒙古諸部。

最終結果當然是「三萬眾」的小部落憑藉著八旗制度，不僅成功擊敗了「四十萬眾」的林丹汗，最後還在明末亂局中成功入主中原。而林丹汗的先祖成吉思汗能夠在一統蒙古草原後，建立起遼闊的帝國，也得益於「打散了部落組織，將其編為 96 個千戶，千戶下又設百戶、十戶，牧民不得離開其組織，部落的界線被抹掉」。黃章晉將這一章節命名為「歷史偏愛有制度的莽夫」，如果放到社群經營的背景中去看，就是典型的強運營在族群範圍明確的情況下

勝出的案例。

強運營還有另外兩點值得強調,那就是建構社群的基礎「三近一反」以及小群制。

2011 年,學習型社交分享平台(Social Network of Learning and Sharing)「雙志精英會」成立,迄今為止吸引了 13,000 多名會員,日常活躍率近 50%,孵化了包括「今日排行榜」、「今今樂道讀書會」和「盒飯財經」在內等共 100 多個優秀自媒體帳號,成為業界非常重要的創業圈聚集地。

成立之初,雙志的本意只是想找到中國國內高收入族群,說服他們投資。但要怎麼做,才能和目標客戶建立長期、穩定、可信賴的合作夥伴關係,並說服他們參與到投資基金中呢?如果沒有 3 ～ 5 年時間來建構信任關係,根本無法實現最終訴求。團隊在分析目標用戶的過程中發現,高收入族群大都聚攏在中國的商學院體系周圍,每星期此起彼伏的各類分享會、培訓課程,是這類族群進行深度學習和深度社交的方式。甚至,許多培訓機構和商學院也開始反向做投資基金。

雙志繼續跟進用戶需求,發現許多企業家不希望總在同業內互動,而是特別渴求能獲得支持企業運轉的外部資源,如媒體人士、知識份子、醫生、明星名人等。另外,雙志發現大型培訓活動對於維持成員的長期活躍沒有幫助,**人們希望一小部分人彼此深度社交,在這個基礎上再去擴充更多人脈。**因此,雙志借鑑商學院的運作模式,採取了最「笨」的小班制,就像學校上課的那種班級制度一樣。創辦人楊鑠今曾在電視傳媒工作,還曾任職香港上市公司第

一視頻新聞網 CEO，他擁有的資源足以支撐小班制對嘉賓和重度內容的需求。

2015 年，我加入這個社群時已是第 89 班，它就是這樣一個典型的「小班」：全部成員 60 多人，包括領軍企業董事長、上市公司高層、知名演藝明星、媒體總編輯、銀行高層等，多是名震江湖的人物。從某種程度上看，這些成員在產業中的地位相當，又相互依存，各取所需，「三近一反」原則幾乎體現在每一個小班中。我所在的班級第一次開課時，就用了一整天時間進行「破冰」，要求每一位成員都能準確叫出其他成員的名字，之後才是連續兩天的深度分享時間。在破冰階段，成員還需要選出「班委」，班委會對自己將要幫助班級實現的目標做出承諾。其中，班長和副班長將對三件事情負責：

（1）組織一定數量的讀書會，包括班級內對企業發展的複盤分享、邀請專家進行公開課等，保持每週一次的頻率；

（2）舉辦投資巡迴說明會（Roadshow），保持每月一次的頻率；

（3）邀約「識人宴」，即學員邀請值得結交的朋友一起吃餐，介紹給大家認識；以組為單位（班級內再度分成幾個小組，每組 20 人），每月舉行一次。

在這三個核心工作之外，如每天打卡分享、紅酒賞析、旅遊等其他事項都由班委自由組織。

社群管理者還會安排老成員加入，擔任班級的名譽班長或副班長，幫助新成員更順利地組織活動，或解決實際需求。班級之間，

各地成員還會經常組織當地的閱讀高峰會、產業高峰會和公開課。每 1 ～ 2 個月就會組織一次「走進 500 強企業」活動，每 2 ～ 3 個月就會組織一次全球遊學，每年舉辦一次年度大會等。

這些活動和安排是典型的強運營手法，大量耗費了成員的時間。在這裡，雙志迅速崛起的典型特點是將大社群化為小群組，在每個小組充分體現「三近一反」。

來玩個棉花糖遊戲吧！

康盛前總裁陳亮在觀察不同論壇的發展時，曾看到一個很有趣的現象：

社群中的超級意見領袖一旦多起來，多半會發生部分人出走另組山頭的現象。

在他看來，這是因為社群無法同時容納太多意見領袖，尤其是超級意見領袖。社群的壯大和活躍雖然有賴於這個人群，但一旦數量多起來，反而會讓成員們為難：該捧誰呢？意見領袖們也都想當第一，競爭的結果多半是發生矛盾，導致其中部分人出走，另組山頭。

從這個現象中能看到社群經營的諸多要素，如社群角色的劃分、社群經營方法，以及社群發展的邊界等。強運營強調意見領袖，但利益也會逐漸流向主流人群、意見領袖，乃至社群的經營團隊和掌控者手中。當大部分活躍用戶享受不到應有利益時，會轉而

變成沉默用戶，乃至最終離開。如果一個社群中存在好幾個能影響大部分成員的意見領袖，那麼，社群最終會因為利益分配不均而分裂。這就是陳亮所提及的「社群無法同時容納太多意見領袖」的原因。

林思恩博士和她的同伴們（中科院心理所楊志教授、人大勞動人事學院王楨教授、上海交大汪小帆教授、劉颯）做過一個非常有意思的實驗，雖然領域不同，但說明了同樣的問題：

研究人員將 260 名網友分成 52 個小組，讓每個小組中的 5 名成員分別執行一項需要相互協作才能完成、略有挑戰性的任務：利用一些材料（20 根義大利麵條、膠帶、繩索、一把剪刀和一個棉花糖），搭建起能夠支撐棉花糖的結構，高度愈高，表明小組協作愈成功。這項實驗因此被命名為「棉花糖實驗」。

實驗結論很簡單：當小組成員的互動充分且均衡時（通常表現為成員之間的互相表達更加直接、簡短，以便所有成員都能表達），完成任務的過程最為順暢，成員之間最容易達成共識。如果溝通局限在少數幾個人之間（通常表現為某些成員長篇大論，阻礙且影響了其他成員的意見表達），成員分歧會比較多，也容易導致任務失敗。

《社會心理學視角下的心理契約》一書中也曾提及：「組織成員互動愈頻繁，當其中沒有任何人的互動頻率明顯比其他人高時，則成員彼此之間聯繫與互相交往時的輕鬆感愈強烈。」在分析豆瓣小組的過程中，我們還看過類似結論：特定人群（如意見領袖或主流人群）持續緊密互動，會令這個小圈子愈來愈緊密，社群也因此會

變得愈來愈小。

除此之外，強運營還面臨著成本壓力。以強運營的微信群為例，按照許多社群所強調的規則，違反規則的成員應當被移除。但當堅持執行規則時就會發現，執行規則的成本遠遠大於新建一個社群。這些成本包括：

◆ 尋找成本：找到那個成員並剔除出去所需的時間。
◆ 情感成本：面對被剔除成員可能產生的抱怨和怒火。
◆ 經營成本：維護社群、發起各種活動、提供服務等各項實際成本。
◆ 潛在損失：如果該成員是高階或活躍成員，移除該成員還可能會對社群的活躍度造成影響。
◆ 噪音產生：如果不移除，則相當於默許成員繼續破壞規則，並導致更多噪音產生，繼而驅趕了其他遵守規則的成員。

在微信群、QQ 群可輕易組建的今天，重新創建一個群比維護一個群的成本更低。浪費變得隨手可行，迅速衰亡和沉默的社群愈來愈多。

當社群人數不斷增加時，核心人群所產生的作用愈來愈小，成員也會逐漸形成一個個獨立的小圈子。這時，社群開始轉而強調文化，經營管理者需要將無數小圈子聚攏在一個共同認可的文化中，形成一個大型社群（關於社群文化的形成，我們將在接下來的章節中重點討論）。同時，由管理者強力約束的「顯規則」被基於關係的「潛

規則」所取代，部分內容如下：

關係親近，所以請不要騷擾諸位成員。

互相結識，對他人的訊息進行互動、評論，以及肯定和讚揚。

互相信任，推薦自己喜歡的商品和訊息，不洩漏群內的私密討論。

互相協作，貢獻自己的優勢，彌補他人的不足，實現成員間的長板合作。如能經常互相幫助、互相協作（頻繁互動），那就再好不過了。

當社群希望觸及更多成員，或者面對的人群範圍更大，新增成員不明確時，用戶支付的時間和信任成本，以及企業自身的經營成本、人力物力成本等，都會逐漸達到令人無法接受的地步，導致強運營逐漸退出核心，新的經營策略開始取而代之。

經營「閨蜜圈」的 3 種技巧

許多大型社群和平台都不主張「強運營」，尤其以騰訊、百度和豆瓣為代表，但不主張「強運營」不表示沒有經營。

2015 年，張威曾經撰寫並發表過一份備忘錄，詳細描述了行動垂直社群是如何營運的。他是「閨蜜圈」的創辦人，曾在騰訊工作多年。「閨蜜圈」一直保持著 16% 的用戶發文率和 35% 的用戶

回應率，以及單個用戶每日平均使用時間超過 40 分鐘等優良表現。張威在備忘錄中將實現這些優良表現的方法分別總結為三種經營技巧：機制經營、標竿經營、氛圍經營。

其中，機制經營可以用三個步驟來解釋。

第一步：將用戶人群進行細分。只有將人群加以細分，才能將他們引導到興趣相似的群組中去，也才能引導用戶看到他們感興趣的內容，有效提升互動率。這是「三近一反」策略的實際運用。

第二步：對產生的內容實施分類，最簡單的區分法是分為閱讀型和討論型，根據不同內容配備不同流量資源來進行推廣。

第三步：讓內容呈現去中心化。所有內容都有基礎曝光流量，根據不同內容屬性，充分利用好友關係鏈、細分人群等來做相關的曝光推薦等，讓流量得到最大利用。

張威認為，用戶基於內容充分交流，社群才會更活躍。其關鍵在於新貼文發表後，在短時間內就有人參與互動，以讓發表內容的人感覺愉悅。在此之前，「閨蜜圈」全部用戶都在一個大圈子中，隨著用戶愈來愈多，許多新貼文一出現就被更多的新貼文沖刷下去。發文卻沒有得到互動，就降低了用戶的愉悅感，繼而又導致內容數量的下降。在這種情況下，閨蜜圈通過產品機制將用戶分成了無數個不同小圈子。機制經營是建構用戶小圈子、充分曝光內容、充分互動的基礎，而氛圍經營和標竿經營則是對機制經營加以充分配合。

用戶會在意自己是否屬於某個圈子、在意好友是否在圈子裡面，氛圍經營就主打這一點。而內容在社群經營中也是強有力的工

具，因為內容會在擴散過程中幫助社群建立起巨大的外部池子。將用戶過濾補充到各個小圈子中，還會引導用戶「破冰」；看別人怎麼玩，則是新用戶最快捷的學習方式。

標竿經營就是找到社群中的典型用戶、典型內容和典型玩法，並給予資源推薦，包括較好的曝光位置、流量、活動展示等社群「硬」資源，以及活動激勵、勳章成就、用戶進階等「軟」資源。

在三種經營策略下，張威發現：**每個小圈子都有自己的生命週期，如果能夠在一個月內超過一定的閾值，這個小圈子就會活躍。**在閨蜜圈，這個閾值是 30 天內超過 5000 分（圈子質量分值）。不過這個質量分值放到其他社群中沒有任何意義，值得參考的是質量分值的構成，包括：小圈子中用戶的全部時間累計，30 天和 7 天內的發文數、回應數，以及 30 天和 7 天內的活躍用戶數等。另外，還要兼顧發文、回應的品質，例如優質貼文的權重應該更大，關注點仍是小群成員發文和互動這些核心行為。分值愈高，表示小圈子愈活躍，當達到高度活躍狀態時，哪怕創建者／群主已經離開，也不會造成影響；如果分值過低，則小圈子就會迅速衰亡。

來自「王者榮耀」的參考：
弱運營應該是什麼模樣？

我們還可以透過分析遊戲社群的經營來獲得更多啟發。

馮海利是前「藍港在線」副總裁，剛剛離職創業。他在漫長的

13 年遊戲生涯中發現，遊戲的生命週期離不開重度社群的交流互動，讓玩家在遊戲中找到存在感尤為關鍵。許多回合制的遊戲商品都會強推公會戰、組隊等多人配合，如組隊一般需要 3～5 人，公會戰則需要至少十幾人、幾十人。另外，也需要更多遊戲內部不同角色、不同等級之間進行各種組合，讓不同玩家找到存在感，在團隊中找到自己的定位，每次完成任務時獲得的榮譽感都會幫助個體找到存在價值。

今天的遊戲產品，也非常依賴外界的各種即時通訊工具。遊戲提供了內容和話題，用戶在各種通訊軟體中進行溝通互動。同一個公會或經常組隊的玩家會利用微信、QQ 等組成小群，經常在上面相約一起打遊戲，既不改變大家的溝通習慣，還能有效穩固小群內成員關係，提升玩家在遊戲中的黏著度。

最近市場上流行一種以回合制為主的動作角色扮演類遊戲（簡稱 ARPG）在社交方面劍走偏鋒，在娛樂和收益兩者之間更偏向後者。採用這類玩法會帶來完全不一樣的結果：

大型多人線上角色扮演遊戲（簡稱 MMORPG，Massively Multiplayer Online Role Playing Game）通常在一個月後就會流失 90% 以上的玩家。而回合制遊戲採用重社交玩法，生命更長久，如一款遊戲在 5 年前有 10 萬人在玩，5 年後依然會有 90% 以上的玩家留存並保持活躍。此外，這類玩法的付費率也非常高。在今天的遊戲設計中，提供大量地圖、交流互動的系統與功能，供玩家互相組隊去競爭的玩法，已經成為基礎。想要在遊戲中更快成長或獲得更多愉悅的體驗，組隊是最好的選擇，玩家因此會投入更長時間和更多情感，並

彼此產生影響；遊戲公司則會獲得用戶的長期活躍和變現收入。在遊戲設計中，幾個核心需求一直發揮強力主導作用，也是產生付費和收入的主要來源。其中包括：

◆ 安全需求。人類歷史上族群的誕生，就是以安全為前提。

◆ 成長需求。每個成員都希望自己逐步成長，進入更高階層。在第五章「小池塘裡的大魚」中，我們深入討論了「用戶進階機制」這一點。

◆ 探索需求。不同地圖和任務、新鮮玩法、新英雄和新裝備等，都會吸引成員展開更多嘗試。

◆ 交互需求。成員之間互相發起任務，展開溝通和討論，尋找共鳴、分享資訊等，都是交互需求的產物。

◆ 審美需求。從背景畫面到虛擬形象等，精美的設計都會吸引成員的目光。

◆ 尊重需求。各種「比較」下的排行榜、等級、勳章等，都在體現成員的尊重需求，讓每個成員能夠充分展示自己的個性，獲得榮譽，塑造形象等。

◆ 個人實現。引導用戶完成目標、解決問題、表達訴求等。

這些需求可以看成是對「工具性」問題（你解決了什麼根本性問題，見第4章）和六大社交驅動力的另一種解釋。在遊戲中，這些需求已經由深度系統設計和功能設計所解決，而且解決得愈來愈好。我們可以參考騰訊手遊「王者榮耀」的心智圖（Mind Map，見圖

9-4）。

2015 年年底，騰訊推出手遊王者榮耀，很快就躋身國民級遊戲行列。2016 年年底，王者榮耀順利摘下當年騰訊內部名品堂大獎。這是騰訊內部表彰最優秀產品的獎項（微信就曾是這個大獎的獲獎商品，當年獎金高達一億元人民幣），可見騰訊對這款遊戲的肯定。另一個數據是，2016 年這款遊戲登頂蘋果 iOS 暢銷榜超過 50 次。曾有媒體報導推測，王者榮耀在 2016 年營收達到 68 億元人民幣，2017 年第一季中，月收入則迅速竄升到了 30 億元人民幣。

熟練運用社交特性，運用「比較」，大量引導用戶進行組隊、戰隊競爭等，給這款遊戲用戶的迅猛增長帶來了巨大推力。許多產品經理都在深度關注和研究這款遊戲中的社群經營手法，倍全產品經理明振茂曾在一篇產品筆記中用一張心智圖將王者榮耀的各個核心設計畫出來，顯示上述 7 種核心需求均借助這些設計得到了滿足。當然，其中關係、比較的因素占據了很大比重。圖 9-4 就是由明振茂梳理並製作的。

這些策略被統稱為「弱運營」。

弱運營的實質是充分運用各種特性和各種機制、基礎需求，並將之融入產品的各項功能設計中去，讓用戶自發地行動起來，自發地去尋找結果。在弱運營語境中，團隊的管理者 / 社群的創建者，實際上變身為進階機制的設計者和驅動力的運用者。因此，我們也可以用一句話來形容弱運營：**讓人們愉快地消耗對方的時間。**

弱運營語境下也有一種針對用戶角色的分類方法，和強運營的用戶角色劃分略有不同。豆瓣在實際營運時，根據用戶狀態使用四

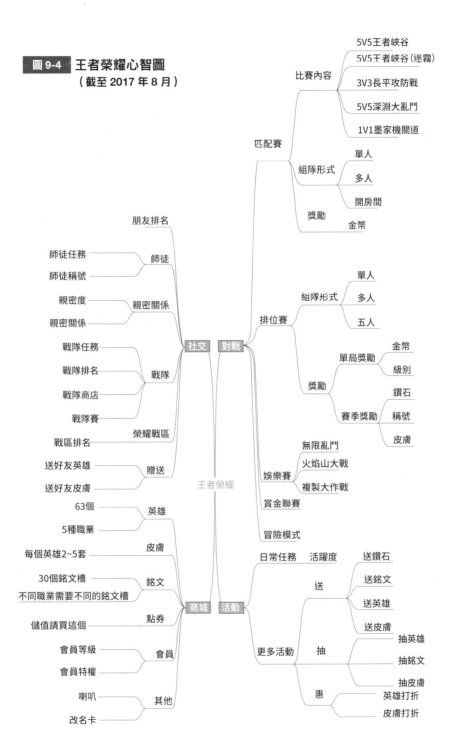

図9-4 王者榮耀心智圖
（截至 2017 年 8 月）

個不同的名詞來進行代稱，分別是：

Plant（植物型用戶）和 **Animal**（動物型用戶）。這兩類用戶類型都只看不說，不留下任何內容。這些用戶純消費和瀏覽內容，沒有為社群帶來貢獻，也就是社群中最常見的「沉默的大多數」。在過去，通常用「潛水」來形容這類用戶。兩者的差別在於訪問頻率：頻率低的歸類為植物型，頻率高的則歸類為動物型。

Human（人類型用戶）。用戶的行為在瀏覽的基礎上再進一步，產生了包括按讚、收藏等在內的基本簡單的動作行為，並逐漸開始記錄和生產有價值的內容，如寫網誌、評論等。

God（大神型用戶），也就是俗稱的意見領袖（KOL，Key Opinion Leader）。當人類型用戶產生的有價值內容開始輻射到外部，並吸引來更多新用戶，或在一個小圈子中獲得其他成員的肯定和崇拜（較多的正向反應）時，這些用戶就升級成為大神。

這四種用戶狀態還可以進一步歸納為「非人類型用戶」和「人類型用戶」兩種。差別只在於用戶是否留下了可以閱讀和分析的內容，如果留下了，就是人類型（人類和大神）；如果沒有留下，就是非人類型（植物和動物）。在豆瓣看來，用戶狀態並不是一成不變的，而是在這四種狀態之間不斷切換。就像是在生態系統中，四種狀態相互依存、相互作用一樣：

低層次類型用戶要盡量往高層次類型遷移（企業希望有更多用戶成為「大神型」）。

高層次類型用戶的生存，則依賴低層次類型用戶的仰望和支持。

> ### ✳ 社群成員角色的第三種區分方法 ✳
> 根據貢獻程度，社群成員可以區分為以下四種。
> Plant（植物型）：低頻率瀏覽。
> Animal（動物型）：高頻率瀏覽。
> Human（人類型）：產出動作和內容。
> God（大神型）：產出影響力。

因此，社群既要推動成員不斷向上遷移，從植物型最終升級為大神型，又要管理四種用戶狀態之間的比例。這個比例沒有好壞之分，只是反映出產品的變化。如果人類型用戶比例升高，大神型用戶比例降低，表明用戶自說自話的行為增加，成員之間沒有發生互動和關聯；如果非人類型用戶比例升高，人類型用戶比例降低，表明用戶正在逃離這個產品。

在這種用戶劃分的背景下，弱運營所強調的機制經營、標竿經營、氛圍經營顯然更適合激發更多用戶從非人類型轉化為人類型。而小圈子狀態中的用戶，也更適合於用戶狀態的呈現和向上升級遷移。

線下社群的弱運營實驗

「強運營」和「弱運營」的選擇和差異，在身邊許多領域都可

以明顯感知到，以我生活的小區為例：

我住在北京郊區的一個小鎮。2017 年 3 月中旬，小鎮舉辦風車節，廣場上布置了一個巨大的風車迷宮，小朋友可以在裡面奔跑遊戲。路口豎起一個巨大的荷蘭風車塔，家長可以陪同小朋友一起登上這個大風車，然後從一個高高的滑梯上面一滑而下，吸引了許多小朋友和家長。所有的商家也都布置了風車元素，還有一個臨時搭建起來、號稱創意市集的小小跳蚤市場等。

小鎮經常策畫主題活動，每個月都有不同的活動主題推出，這個風車節是其中之一，也因此吸引了許多家長帶著小朋友前來。有一回我碰到一位家長，他竟然從遙遠的西二旗（我所居住的小鎮位於北京東北角，西二旗則位於北京西北方向）開車前來參加活動。雖然這個小鎮的公共交通設施並不十分便利，從最近的地鐵站下車後要步行 40 分鐘（騎車 10 ～ 15 分鐘）才能到達，但這並不妨礙親子攜手遠道而來。

這是典型的強運營方式。是不是還有其他方式呢？房地產業正非常開放地在思考這個問題。

我在一個名為「領教工坊」的學習型社群結識了張誠，他是「田園東方」的創辦人。近年來，中國大陸許多房地產商開始將目光從城市轉向郊區，開發「小鎮」形態的新物件。田園東方正是其中之一，這家公司以「田園綜合體」為模式，在成都、無錫等地開發了自己的「新田園主義小鎮」。

對於居住在城市中的人來說，冷漠和互不相識是一個不得不面對的現狀，如何解決居民之間的互動問題？最理想的方法是模擬農

村狀態，但這很不容易。我從農村長大，多少熟悉一些農村的情況。在我家鄉江西豐城的一個典型農村，全村人幾乎都姓徐，都算是親戚，血緣和宗族在其中具有很大的影響力。大城市中的小鎮沒有這些「三近」，尤其是當人際交往向線上遷移時，大家更沒有動力去結識社區中的鄰居。因此，讓居民互動起來是一個巨大挑戰。我和張誠探討的就是這個問題。

2016 年 6 月，張誠前往瑞典一個名叫於特耶納（Ytter järna）的村落考察，這是他系列考察中的一站。耶納（Järna）是瑞典人智學（Anthroposophy）運動中心，於特耶納意思就是耶納旁邊的一個村落。說是村落，其實更像是個人智學集中交流和展示中心，吸引一批人智學研究人士，以及農業、教育、醫學、藝術等領域的專家聚集在這裡。村落裡住了 6,000 多位居民，其中大約 2,000 人從事與人智學相關的職業，包括協會、醫療機構、農場市集、教育培訓、研究機構、餐飲住宿、劇場、會議、批發零售、道德銀行（或譯為「良心銀行」，ethical bank）等。

在於特耶納，所有機構都由各自不同的營運單位負責日常維護，背後都有基金和道德銀行的支持。道德銀行不追求賺多少錢，而追求錢所產生的意義，銀行把錢用於解決社會問題、推廣可持續發展的環保事業和促進當地鄉村經濟的發展，所有對外借款都是公開透明的，通過網站和雜誌向公眾明示。道德銀行支撐了文化中心、華德福學校、生物動力農場和治療之家的營運。張誠在這裡停留的時候還拜訪了許多當地人，他發現當地居民共享著相同的價值觀、處世態度和思維模式。

在考察多日後，張誠認為這就是社群形態，這並非因為本書是社群主題才如此牽強附會，而是張誠在他的考察筆記中就是如此記載。他將這次考察的結論歸納為四個面向：參與性、價值觀、自治性和產業性。

中國的房地產業一直有個專業術語，叫「三統一分散」，即統一規畫、統一建設、統一管理、分散經營。張誠認為，房地產業者並不是什麼都擅長，它需要更多人參與進來，僅有房地產是生冷的，產業才會促成人群聚集，所以這些合建者要占到一定比例，不然就是冷冰冰的社區。因此，他要求目前正在進行的田園小鎮規畫，應該將上述四個特點滲透其中。

田園東方的無錫小鎮裡，包含了市場、華德福學校、田園大講堂、蜜桃故事館、田野樂園等功能，其中書院和咖啡廳就是合建的結果。雖然原本規畫為書店，不過合作夥伴按照自己的獨立意志做成了書院，定期舉辦各種活動。還有一位女孩兒很喜歡那裡的環境，主動開設了一間咖啡廳。社區裡有一位大媽懂得花藝，社區管委會正努力促成以她為中心來組織下午茶話會、花藝會等，鼓勵居民發起相互服務、相互主導的活動。張誠期望這個項目最終能成為一個包含原住民、新住民、遊客和路人的新社區。而這些就是房地產弱運營的試探。

兩張表看清不同社群的經營策略

將本書中出現的社群劃分方法和經營策略分別對應起來，可以得出一張表格（見表9-1）。

在這些分類中，愈是成員互相認識（好友們在這裡）的社群，弱運營愈能發揮巨大作用；相反地，愈是陌生人和瀏覽型為主、事件驅動為主的社群，強運營產生的作用愈大。

強、弱運營策略在經營團隊、社群規則、意見領袖等許多關鍵環節上的表現明顯不同，見表9-2。

強運營和弱運營並沒有好壞和優劣之分，只是分別適用於不同社群形態和社群發展階段。

剛起步和目標族群明確的社群多採取強運營方式，以鞏固影響力和收入。如在書中提及的黑馬會、雙志精英會，以及與之類似的正和島、虎嘯、金鼠標、CMO訓練營等，都屬於目標族群明確、依賴核心意見領袖和強有力經營規則的典範，也是我們之前所說的「做」群的典型。成熟的大型平台則多半採取弱運營方式，這和大型平台孕育的社群數量龐大，以及對社群經營規律的理解和運用有關，如微信讀書、全民K歌、大V店、閨蜜圈、王者榮耀等，是「用」群的典型。

不同經營策略下，團隊架構和員工配備差別很大。強運營需要配備大量編輯和龐大的經營隊伍。而在弱運營策略中，經營隊伍將會大幅縮減，轉而依賴產品和技術團隊，以及團隊對社群運行規律的理解和運用。包括閨蜜圈和豆瓣在內的弱運營社群，實際的經營

表 9-1 不同社群分別使用的經營策略

	強運營	弱運營
按組建目的畫分	事件驅動型	關係驅動型
按動作畫分	瀏覽型	互動型
按關係畫分	陌生人型	熟人型
按成員關係畫分	關係不平等型	關係平等型
按場景畫分	街頭市集、社團圈子、俱樂部	社區公園、商場、大型遊樂場、大型商業中心

表 9-2 不同經營策略所呈現的典型特徵

	強運營	弱運營
意見領袖	非常重要	不重要
核心主流人群	有，主流人群愈大，社群愈大	無，分散的小圈子愈多，社群規模愈大
社群規則	需要制定強有力的社群規則	通過設置底層機制的方式來引導用戶
舉辦活動	多	少
經營團隊	人數多	人數少
適用族群	目標族群集中明確	目標族群比較廣泛
適用階段	社群起步早期	成長期和成熟期

團隊都非常小。直到 2016 年，閨蜜圈都沒有設置經營崗，豆瓣也只有 2 名左右的經營人員。如果採用強運營，這兩家公司經營崗位的員工可能就需要數十人以上。

因此，如果我們想經營一個邊界明確、目標族群規模不大的社群，可以採用強運營的策略。如果我們希望「用」好社群，將社群邏輯運用在自己的產品和市場中，並且希望做一個觸及範圍更大的超大型平台，那麼，弱運營是不二之選。值得強調的是，**經營的本質是吸引用戶將更多時間投入進來，「經營者努力消耗用戶的時間」（強運營）與「讓人們愉快地消耗對方時間」（弱運營）都是為了達到這個目的。**

因此，在實際的操作經營上，很多社群採用兩種風格綜合使用的混合策略。

找一個你熟悉的社群，嘗試進行以下工作：

1. 運用社群的 7 種劃分方法，分析這個社群的特點和未來的發展。

2. 結合強運營和弱運營的特點，分析對方的操作和經營中有哪些優點和不足。

我想證明
自己很偉大

事件驅動如何帶來巨大效益

- 事件驅動力：告訴粉絲一個需要集體完成的偉大事件，能迅速活絡社群。
- 社群經營者只需要經常做一件事：讓粉絲甘心把你的目標當成自己的目標。

社群文化是如何吸引無數鬆散的小組、用戶，並使之牢牢凝聚在大型社群（或者企業產品、品牌推動的虛擬社群）之下的？社群文化又是如何產生的？

1位連結者
號召出２００萬網軍

2016 年年初，「貼吧」用戶成功製造了一起「出征臉書」的大事件。事件的起因是韓國一家演藝公司旗下某位藝人發表了不當言論。儘管該藝人公開道歉，但他在臉書上的態度和公開道歉訊息截然不同，引發了許多藝人、粉絲、不同立場的網友，甚至政客之間的論戰。在這樣的背景下，貼吧最大主題吧「李毅吧」的網友分別在三個臉書帳號下表達自己的觀點。

與此同時，中國大陸眾多直播分享平台如「鬥魚」、「龍珠」同步直播了網路論戰的實況（直播內容主要為各類教程，例如怎麼開通臉書帳號等）。12 個小時內，其中一個臉書帳號的主頁收到近 4 萬條評論。

事後有人估算，「出征臉書」期間，網友平均每分鐘上傳了6,000 則新貼文，「貼吧」共有 200 萬新增用戶參與了這次活動，全部參與用戶數量保守估計在千萬以上。

這次事件受到了主流傳統媒體的高度關注。《經濟學人》雜誌（The Economist）在一篇題為〈開啟新一輪兩岸互聯網交流〉的報導

裡闡述：

「用戶原本可能會使用更加激烈的言辭，但行動組織者制定了
一系列規則以維護陣營的形象，包括禁止使用謾罵或過於恐嚇性質
的語言。」大部分論戰內容都是轉發別人的評論，只有少量原
創。……參加事件的群體不僅包括身在中國的學生，還有美國、加
拿大、愛爾蘭、英國、日本等地的中國留學生。很多帳號是幾天前
才新註冊的。

媒體還注意到了這項行動非常有組織，「出征臉書」的網友被
組織者分派到不同組別中，包括：

◆表情包組。負責製作網友發布訊息時所需的各種表情包。
◆翻譯組。負責即時翻譯海外各種外文訊息。
◆辯論組。當一些海外網友發表了需要詳細討論的訊息時，辯
論組成員迅速將需要做出回應的訊息整理出來，提供給有需要的網
友。
◆招募組。在各大社交網絡、貼吧小組、微博邀請網友加入，
此次參與遠征的不僅僅是貼吧，還聚集了不同平台包括天涯、豆瓣、
微博……等在內的網友。
◆爆破組。有些訊息是手動發表，有些則需要技術人員來編寫
代碼，一次發表在許多帳號上。
此外，還有一個指揮部（兩個管理總群和一個前線群）。

這個現象和我們在微博上看到的一些熱門社會話題中總是充滿謾罵的現象截然相反。是什麼樣的規範讓這些用戶像一個群體般行動呢？

2017 年春節後，我飛往廣州拜訪英三嘉哥和他討論此事。他的身分非常特殊──他是「李毅吧」的吧主、吧主們的吧主，協助百度擔任「吧主學院」這個主題吧的吧主工作。從 2012 年開始，英三嘉哥就開始擔任「風暴英雄」、「貼吧大神」等主題吧吧主，之後進入「守望先鋒」主題吧，從 2014 年開始擔任「李毅吧」吧主至今。

「李毅吧」的主題口號是「努力，主宰自己的命運，眾人皆帝」，所以又被簡稱為「帝吧」。目前共有 2,767 萬名追蹤用戶，累計發文量超過 10 億則。在貼吧中，「帝吧」這個名字甚至比「李毅吧」的原名更受認可。

英三嘉哥回溯了整個事件，告訴我「出征」事件並非由吧主和貼吧推動。相反地，這是一個偶然發生的事件：

出征當天，一個普通網友在新浪微博上發出號召，此後訊息擴散到「帝吧」，並得到了一個 16 級高階帳號及部分普通帳號的回應。「貼吧」用戶的最高等級為 18 級。以「帝吧」為例，迄今為止共有 3 個 18 級吧友（按照經營守則，吧友若要達到這一等級，至少需要在 5 年時間內每天都保持高度活躍。在「帝吧」，英三嘉哥是第一個達到這個等級的吧友），除此之外就只有 4 個 17 級吧友、26 個 16 級吧友、200 多個 15 級吧友，可見這些高階帳號的稀有度。因此，16 級帳號多有「大神」之稱。高階帳號的介入引起了吧友的關注。有意思

的是，部分追蹤帳號被誤以為是受僱灌水作弊的網軍，導致大神的貼文迅速被吧主刪除，曾一度引起大神的不滿。

從微博上發起號召，到在「帝吧」激起漣漪，再到迅速吸引數個社交網絡用戶雲集而來，直至「出征」成功，這一切不過發生在短短數小時內。此後才有不少吧主參與進來（包括英三嘉哥等），透過劃分不同小組來引導網友。參與者對當時報導此事的 Pingwest 網編輯說，自己正好看到了資訊就自願加入進來—— 可見大量用戶只是看到了相關訊息，就毫不猶豫地參與進來，並按照自己的特長貢獻力量。

只有這樣才能證明自己很偉大

「出征」期間，英三嘉哥也經常和吧友們聊他們為什麼願意參加，並積極主動承擔許多工作，甚至是從其他社交平台主動雲集而來。有吧友這樣回答他：

「像我這種沒人關注的人，只有這麼做，才能證明自己做了件很偉大的事情。」

這番話讓我們彷彿看見歷史的重演。財經作家吳曉波在《騰訊傳》中也曾記錄了這樣一個時刻，那是 2003 年騰訊推出「QQ 秀」[1] 時的用戶需求討論。我在騰訊工作時，曾向這個產品的負責人顧思斌（今天已經是中國微影公司〔一家製作與發行微電影的集團〕總裁）求教過 QQ 秀的歷史背景，在騰訊互聯網的收入來源中，QQ

1　編注：這是一款虛擬形象設計系統，用戶可以利用 QQ 秀中的虛擬服飾、場景和人物形象，來裝扮自己在 QQ、QQ 聊天室、騰訊社區等服務中的虛擬形象。

秀一度占到前三名，可見這項業務帶來的收入量級有多大。吳曉波這樣記錄道：

QQ 秀的早期使用者大部分是 15 ～ 25 歲的年輕人，這是一群在現實生活中不受重視，卻渴望得到認可的焦慮世代。他們在家庭裡受到嚴厲管制，在社會組織裡被忽視和邊緣化；因為賀爾蒙的作用，他們又渴望確認自我，渴望找到屬於自己的族群。這些在現實世界中不可能達到的目標，在虛擬世界中卻可以輕易實現。

QQ 秀的誕生，讓這種需求得到了展示的機會。……當我們看到騰訊創辦人馬化騰在 QQ 秀中那個年輕牛仔形象的時候，我們幾乎可以確認，他的心裡也藏著一個「不羈的牛仔」，或許連他自己也是第一次意識到。這是一種非常美妙而怪異的生命體驗，你無法在其他場合，以其他的方式實現。

QQ 秀於 2003 年 1 月正式推出。那些 15 ～ 25 歲的年輕人，在 14 年後的今天已經 29 ～ 39 歲，年齡最大的即將步入中年。這些過去的年輕人已經成為今天互聯網的主流人群，有些已經在各大公司擔任高階主管。不過，顯然 14 年後的新「年輕人」在需求上沒有任何變化，他們仍然渴望獲得認可，渴望找到屬於自己的族群。只是在表現形式上，由「虛擬形象」變成了參與一個「大事件」。

如果詳加比較，我們還是能看到過去的年輕人和現在的年輕人之間有巨大的不同。過去的「年輕人」熱衷於「展示」自己與他人

的不同，因此成就了「QQ 秀」這樣的產品。而現在，年輕人更熱衷於自己尋找、自己發起、自己去實現這些「大事件」。

「貼吧」這個產品的神奇之處是，年輕用戶始終保有吸引力。2013 年，我曾經瀏覽過貼吧的用戶輪廓數據，那時貼吧用戶中 1980 年後、1990 年後、2000 年後出生的用戶，占全部用戶的 90%，其中「90 後」用戶占總用戶的 70%。到了 2017 年，再度瀏覽這些數據時，我發現「95 後」用戶占總用戶的 70% 以上。「鐵打的產品，流水的年輕人」（意味雖然年輕人如流水般來來去去，但「貼吧」歷久不衰）。他們在「爆吧」、「出征」這樣的大事件上，成功塑造了屬於自己的文化。

「我想做一件偉大的事情」是典型的榮譽驅動和事件驅動的結合。儘管我們用了一個完整的章節闡述榮譽驅動所引發的「小池塘裡的大魚」現象，但榮譽驅動非常值得再更深入討論。榮譽不僅僅是指小小的「排名第幾」或「超過了百分之多少的用戶」，還包括可以自豪地說「這件大事是我做的」。

當我們將「榮譽驅動」和「利益驅動」進行比較，常會得出以下結論：

利益驅動不如榮譽驅動。

如果能夠給用戶一個參與「大事件」的榮譽和機會，或者讓他們透過比較和競爭成功塑造自己想要的形象或地位，由此產生的驅動力會遠遠大於支付金錢所產生的驅動力。**如果僅僅是比較／競爭，則是榮譽驅動在發揮作用。如果加入了「大事件」，那麼榮譽驅動和事件驅動就會結合在一起，爆發出更大的影響力。**

把權力下放給用戶
才能催生出最多元的社群文化

「出征」和過去的諸多「爆吧」大戰現象如出一轍：「爆吧」大戰是中國大陸網友在貼吧平台上（或任何一個單獨論壇平台上），針對某個目標貼吧進行干擾或破壞的洗版行為；「出征」則是跨平台乃至跨國界的行為。在過去幾年中，「爆吧」是貼吧中最具指標的現象。

百度百科在「爆吧」詞條下對歷年來的爆吧事件做了系統化的梳理。其中最早的「爆吧」大戰發生在「帝吧」和「李宇春吧」之間（時間為 2007 年 6 月），當時，兩個吧的用戶分別湧入對方主題吧，發布大量無意義貼文，讓正常用戶無法瀏覽、發布主題。誰能想到兩大主題吧之間的爆吧大戰影響了之後 10 年的網路生態，以至於每年都會發生多起爆吧事件。

同年 8 月，許多網友在某位藝人的主題吧中爆吧，百度百科對此有著明確的描述，「對爆吧者而言，爆吧行為是一種情緒的宣洩，更是一種遊戲，在這個虛擬的世界中，他們以此顯示力量。」當這種力量的顯示變得觸手可及時，「年輕人」就開始樂此不疲，乃至突破了不同貼吧、小圈子、社交平台。

「讓用戶宣洩和表達，從中找到共鳴和認同感」，一旦開啟這些關鍵詞，社群就會自然生長，開始繼續孕育新鮮事物。英三嘉哥和我梳理了貼吧文化的形成過程。他認為，一開始「貼吧」和流行文化結合，發展出「粉絲文化」（如「李宇春吧」是歌唱比賽「超級女

聲」的粉絲根據地）；後來，大家對喜歡的東西開始有了不同的理解，開始各種自我嘲諷。不再認為社會上的金錢、地位、名譽會讓自己高人一等，吧友開始認可「我就是宇宙一塵埃，我也可以吃路邊攤」的觀點，以平凡人自詡。這種文化後來被稱為「草根文化」。「自我嘲諷」和「草根文化」一度成為貼吧文化的另一個代名詞。英三嘉哥這樣理解網路文化的不斷轉變和形成：「用戶很明白自己要什麼，只是暫時沒有獲得主流文化的認同。」

　　貼吧從「粉絲文化」發展為自我嘲諷的「草根文化」，又迅速發酵成共同製造一起大事件的「爆吧」文化。這和社交網絡用戶定義自己的方式極其類似。最初以信任為底層機制的社交網絡，在時間貨幣不斷積累的情況下，發展出了用「買買買」來定義身分的新方式。

　　現在，新一代「年輕人」正在繼續崛起，原本渴望被認可的用戶需求可能再度發生變化。英三嘉哥觀察到，貼吧中新的「年輕人」開始對曾經盛行一時的自我嘲諷文化不感興趣，甚至連「爆吧」和「出征」這樣的大事件也在逐漸淡化，就像曾經年輕的我們如今也不再討論 QQ 秀一樣。在百度百科，關於「爆吧」的持續更新，到 2016 年 4 月就戛然而止了。或許未來還會有新的網友提交更新，但持續一年多的沉默已經表明這群人對「爆吧」早已意興闌珊。新一波的「年輕人」開始對「二次元」（動畫、遊戲、漫畫）表達了更為濃厚的興趣，「二次元」展露了許多新的文化跡象。

　　回到「出征」和「爆吧」中來。媒體率先在「出征」事件中看到組織者將網友分派到不同的組別，用以撬動一個大規模的網絡事

件，這些是典型的強運營做法。當人群明確時，強運營會率先造就社群文化。

許多明星貼吧就明確規定，發文必須遵守一定的格式。這些約束對新人造成非常強的影響，最後一路沿襲下來。我們在第 8 章討論社群分類時，提到了豆瓣小組中的「咆哮組」，每則貼文都必須帶上諸多驚嘆號，就像用戶正在咆哮那樣，這也成為一種文化現象。有些網站採行嚴格而細節的規則約束所有用戶，不僅可以在降低成本之餘獲得收入，也意外形成了「感謝」文化 —— 每個用戶都彬彬有禮。

那麼，如果面對不明確的目標人群，採用「弱運營」風格的社群，如何形成屬於自己的社群文化呢？我們回到貼吧中去看看。百度貼吧有許多非常有意思的社群文化，廣為人知的有以下幾種：

◆ 混個臉熟。常見於新用戶進入貼吧後打招呼、自我介紹等行為，目的是為了融入貼吧。貼吧甚至將用戶分成兩種，經常互動、打招呼的用戶被稱為「臉熟黨」，貢獻優質內容的用戶被稱為「名人黨」。

◆「新人沒人權」。新用戶發的貼文即使內容很好，也會「秒沉」。而 12 級以上老玩家發的主題貼文哪怕是一句「呵呵」，也會有許多用戶跟著回覆「呵呵」。關係仍會對用戶產生一定影響。

◆ 百度鎮樓。早期用戶認為，新貼文主題加上這句話後就不會被刪除，因此大部分主題貼文的第一樓都會是這句話。

◆ 15 字回覆。貼吧用戶曾認為回覆貼文不足 15 個字時，不會

累積貼吧經驗值，因此故意將一些回覆湊成 15 個字，例如「你們見過這麼整齊的 15 個字嗎？」、「這麼整齊的 15 個字人家最喜歡了」、「他們都說打出 15 個字才是最標準的」、「我也沒辦法因為我要打 15 個字啊」等，沒想到意外成為一種文化。

◆ 一本正經地胡說八道。講述者一本正經地講述著顯然十分荒誕、違背常識、不可能真實的故事。

◆ 簽名文化。將簽名檔設計得個性十足。

我向貼吧的營運負責人彭梧求教這些文化誕生的原因。彭梧也是知名媒體人，後來加入百度貼吧，負責營運部門。他認為，這和權力是否掌握在用戶手上有很大關係。

貼吧的權力掌握在用戶手上，甚至連吧主（吧主更多時候是社群的意見領袖，而不是權力擁有者）都可以被大家投票罷免，過去幾大貼吧中都發生過無數次這樣的事。包括我們剛才提到的「帝吧」，吧主更是更換過數輪，其中幾次吧主的變更還在貼吧用戶中掀起軒然大波。歷史上發生在「李宇春吧」和「帝吧」吧友之間的第一次「爆吧」事件，就和吧主更替有著很深的關聯。

與強運營相比，權力掌握在用戶手上的主題吧，能迸發出更炫目和多樣的社群文化。這些層出不窮的社群文化，恐怕連貼吧當年的創辦者都沒有想到。

在貼吧中，每天都有訊息發布的主題吧超過百萬個，其中活躍用戶在 1,000 名以上的主題吧超過 10 萬個。每個主題貼吧的訪問高峰發生在新訊息發布後的一個小時，用戶會圍繞這些主題進行深

度討論。用戶習慣主動表達或參與表達，「不在意發的是什麼，而在意有沒有發言」。這種用戶習慣「催生」了許多有意思的事件和現象，即成員在貼吧裡充分活躍、頻繁互動時，脫口而出或即興而為的發言，就會使人家產生共鳴，進而迅速地如病毒般擴散開來。從一個小人群、小圈子的認可，變成全體成員的接納。「出征」事件和「草根文化」的興起，都可以說是這樣的意外「湧現」。

「出征」這個烏龍事件何嘗不是如此。這時需要的是平台或者團隊的發現之眼，即如何將這些「標竿」迅速挖掘出來（標竿營運）。一旦社群文化形成，成員就像有了一個個指引的路標，也就知道什麼將是「大事件」，以及應該如何去為此努力實現。

「讓人們愉快地消耗對方時間」，不僅大大地促進了用戶活躍，還會協助多元文化的形成，再度將用戶強而有力地聯繫在一起。

不過，百度對「吧主」的定義和思考上，也一直在搖擺和調整。過去貼吧對於吧主的定義，大多是「組織」的管理者和協調者——他們視每個貼吧為一個組織。管理是指「及時處理吧內的不和諧事件，維護吧內秩序」，協調是「好好為大家服務」。當權力掌握在網友手上時，吧主更多是在扮演「協調者」的角色，吧友無須在意吧主是誰，表達訴求、尋找共鳴和認同感才最重要。

但當平台希望握有更大「權力」，又期望吧主在「管理者」角色上更進一步，甚至是平台對吧主的管理上更進一步時，就會產生新的波折和調整。早期，百度貼吧官方制定了〈百度貼吧吧主制度〉與〈百度貼吧吧主指導細則〉，並提供培訓與獎勵機制，為吧

主的行為做指引和規範。近期則發生了貼吧為吧主制定 KPI（關鍵績效指標）的傳聞。這些制度上的轉變，究其原因，都是出於「權力歸屬」的考量。

「權力在誰手上」是一件現在觸摸不到，卻又非常重要的事情。我們在「連結者」章節中討論了狼人殺英雄榜的案例，其中經營者多次將權力下放給法官，包括發起狼人殺排位賽、認證法官等，這個措施讓這款小遊戲的用戶在早期迅速增長。微播易和自媒體打交道時，經常會被問及該聚焦在什麼自媒體平台才算合適，過去幾年中我們提供最多的答案恰恰是參照以下這條標準：

將權力下放到自媒體和用戶的手上。只有這樣，用戶才可以自由選擇關注什麼帳號和內容，自媒體也才可以自由判斷發布什麼內容最能吸引、滿足和長期留存粉絲。不斷優化的結果是優質內容和優秀團隊會愈走愈遠。

金庸小說是最好的社群經營教科書

社群文化會催生出幾種能將無數小社群和成員聚攏在自己麾下的機制。金庸在《鹿鼎記》中對韋小寶拜陳近南為師，出任青木堂香主時「開香堂」儀式的描寫，就將這些機制充分展示出來：

這時李力世進來回報，香堂已經設好。陳近南引著眾人來到後堂。韋小寶見一張板桌上供著兩個靈牌，中間一個寫著「大明天子

之位」，側邊一個寫著「大明延平郡王、招討大將軍鄭之位」，板桌上供著一個豬頭、一個羊頭、一隻雞、一尾魚，插著七枝香。眾人一齊跪下，向靈位拜了。蔡德忠在供桌上取過一張白紙，朗聲讀道：

「天地萬有，回復大明，滅絕胡虜。吾人當同生同死，仿桃園故事，約為兄弟，姓洪名金蘭，合為一家。拜天為父，拜地為母，日為兄，月為姊妹，復拜五祖及始祖萬雲龍為洪家之全神靈。吾人以甲寅七月二十五日丑時為生時。凡昔二京十三省，當一心同體。今朝廷王侯非王侯，將相非將相，人心動搖，即為明朝回復，胡虜剿滅之天兆。吾人當行陳近南之命令，歷五湖四海，以求英雄豪傑。焚香設誓，順天行道，恢復明朝，報仇雪恥。歃血誓盟，神明降鑑。」

蔡德忠念罷演詞，解釋道：「韋兄弟，這番話中所說桃園結義的故事，你知道嗎？」韋小寶道：「劉關張桃園三結義，不願同年同月同日生，但願同年同月同日死。」蔡德忠道：「對了，你入了天地會，大家便都是兄弟了。我們和總舵主是兄弟，你拜了他老人家為師，大家是你的伯伯叔叔，因此你見了我們要磕頭。但從今而後，大家都是兄弟，你就不用再向我們磕頭了。」韋小寶應道：「是。」心想：「那好得很。」

蔡德忠道：「我們天地會，又稱為洪門，洪就是明太祖的年號洪武。姓洪名金蘭，就是洪門兄弟的意思。我洪門尊萬雲龍為始祖，那萬雲龍，就是國姓爺了。一來國姓爺真姓真名，兄弟們不敢隨便亂叫；二來如果韃子的鷹爪們聽了諸多不便，所以兄弟之間，稱國姓爺為萬雲龍。『萬』便是千千萬萬人，『雲龍』是雲從龍。千千萬萬人保定大明天子，恢復我錦繡江山。韋兄弟，這是本會的祕密，

可不能跟會外的朋友說起，就算茅十八爺是你的好朋友、好兄弟，也是不能跟他說的。」韋小寶點頭道：「我知道了。茅大哥挺想入咱們天地會，咱們能讓他入會嗎？」蔡德忠道：「日後韋兄弟可以做他的接引人，會中再派人詳細查察之後，那自然也是可以的。」

蔡德忠又道：「七月二十五日丑時，是本會創立的日子時辰。本會五祖，乃是我軍在江寧殉難的五位大將，第一位姓甘名輝。想當年我大軍攻打江寧，我統率鎮兵，奉了總舵主軍師之命，埋伏在江寧西城門外，韃子兵……」他一說到當年攻打江寧府，指手畫腳，不由得愈說愈遠。

馬超光微笑插嘴：「蔡香主，攻打江寧府之事，咱們慢慢再說不遲。」

蔡德忠一笑，伸手輕輕一彈自己額頭，道：「對，對，一說起舊事，就是沒了沒完。現下我讀『三點革命詩』，我讀一句，你跟著念一句。」當下讀詩道：「三點暗藏革命宗，入我洪門莫通風。養成銳勢從仇日，誓滅清朝一掃空。」韋小寶跟著念了。蔡德忠道：「我這洪門的洪字，其實就是我們漢人的『漢』字，我漢人的江山給韃子占了，沒了土地，『漢』字中去了個『土』字，便是『洪』字了。」當下將會中的三十六條誓詞、十禁十刑、二十一條守則，都向韋小寶解釋明白，大抵是忠心義氣，孝順父母，和睦鄉黨，兄弟一家，患難相助等等。若有洩漏機密，扳連兄弟，投降官府，姦淫擄掠，欺侮孤弱，言而無信，吞沒公款等情由，輕則割耳、責打，重則大卸八塊，斷首分屍。

韋小寶一一凜遵，發誓不敢有違。他這次是真心誠意，發誓時

並不搗鬼。

馬超興取過一大碗酒來，用針在左手中指上一刺，將血滴入酒中。陳近南等人了都刺了血，最後韋小寶刺血入酒，各人喝了一口血酒，入會儀典告成。眾人和他拉手相抱，甚是親熱。韋小寶全身熱乎乎地，只覺從今而後，在這世上再也不是無依無靠。

在金庸的描寫中，我們看到了社群所強調的「強規則」和「強運營」（三十六條誓詞、十禁十刑、二十一條守則，及違反將會受到什麼懲處等），以及社群是如何建構的。（「咱們大軍留在江南的甚多，無法都退回台灣，有些退到廈門，那也只是一小部分，因此總舵主奉國姓爺之命，留在中土，成立天地會，聯絡國姓爺的舊部。凡是曾隨國姓爺攻打江浙的兵將，自然都成為會中兄弟，不必由人接引，也不須察看。但若外人要入會，就得查察明白，以防有奸細混入。」）更重要的是，這一段故事提到了既支撐社群文化，又協助社群文化聚攏成員向心力的幾個關鍵要素：

◆ 故事。藉著開香堂的時機，蔡德忠向韋小寶詳細講明了天地會的歷史和由來，以及幾場足夠流傳後世的大戰役（想當年我大軍攻打江寧……）。

◆ 充滿儀式感的活動。「開香堂」本身就是一個嚴肅的活動。此後韋小寶混入神龍教被委任為白龍門掌門使時，神龍教也曾開過「香堂」，不過形式簡單許多，不如天地會來得詳細。

◆ 湧現出獨有的「語言」。如蔡德忠介紹了「萬雲龍」的由來。在金庸的多部武俠小說中，幫會「切口」（暗語）是最常見的形式之

一，除非幫會中人，否則外人根本不知道他們在說什麼。

　　◆ 競爭。天地會開宗明義「反清復明」。不同人群之間的競爭給社群帶來的活力，我們在「小池塘裡的大魚」章節中有深入描述。綜觀社交網絡和過去的 BBS，哪怕是一些很無聊的衝突，也會迅速導致人群劃分出幫派。

　　◆ 歸屬感。「韋小寶一一凜遵，發誓不敢有違。他這次是真心誠意，發誓時並不搗鬼……韋小寶全身熱乎乎地，只覺從今而後，在這世上再也不是無依無靠。」社群的歸屬感對成員來說十分重要。很多時候，各項社群機制聯合發生作用的結果，就是塑造和形成一種「歸屬感」。

　　◆ 模擬關係。入會之後，韋小寶就和這些「叔叔伯伯」成了兄弟，再也不用磕頭行大禮了。

塑造社群向心力的 3 種機制：
說故事、創造暗語、模擬關係

　　不僅金庸這樣描寫。台灣學者王明珂在 1997 年出版的《華夏邊緣：歷史記憶與族群認同》書中探討了一個民族如何實現自身發展的議題。他認為「（文化）是人群用來表現主觀族群認同的工具」，「人群的發展與重組以結構性失憶及強化新集體記憶來達成」。

「可供集體回憶的家庭故事，成為一個家庭的歷史；重複講述這些故事成為家庭的傳統，有助於強化家庭成員間的凝聚。在引進新成員的過程中，候選的新成員一方面被不斷告知舊的家庭故事（如情侶們互訴自己家中的過往瑣事）；另一方面，以不尋常的、令人印象深刻的方式（如情侶們的瘋狂舉止，大規模的賓客慶祝，或特殊的結婚儀式等），創造並保存新的集體記憶。」「一個族群，常以共同的儀式來定期或不定期地加強集體記憶，或以建立永久性的實質紀念物來維持集體記憶，或民族國家以歷史教育來制度化地傳遞此集體記憶。」

以色列學者哈拉瑞（Yuval Noah Harari）在 2012 年出版的《人類大歷史：從野獸到扮演上帝》（Sapiens: A Brief History of Humankind）書中也重複了這個觀點。他說：「智人是怎麼跨過 150 人的鄧巴數 2 這個門檻值，最後創造出了有數萬居民的城市、有上億人口的帝國？這裡的祕密很可能就在於虛構的故事。大批互相不認識的人，只要同樣相信某個故事，就能共同合作。」類似表述還有：「人類和黑猩猩之間真正不同的地方就在於那些虛構的故事，它像膠水一樣把千千萬萬的個人、家庭和群體結合在一起。」

如蔡德忠經常叨叨攻打江寧府之事一樣，索尼部族的族人在獲得榮耀、聲望之後，想必會不斷向四鄰炫耀、向子孫講起；出征臉書、爆吧這樣的大事件，變成了貼吧用戶經常聊起的傳奇……故事可以說是事件驅動的結果，不僅吸引成員去完成一個「大事件」，還會變成廣泛流傳的故事和記憶，繼而經過外部媒體報導，再度獲得社群創新和壯大的機會。

2　編注：Dunbar's number，也稱 150 定律，指每個人能與他人維持緊密人際關係的人數上限，通常是 150 人。

這些都是典型的「故事」和「儀式感活動」的實際運用，能幫助吸納、轉化新成員，建立起認同感。這在我們身邊也時常發生，例如每年年底和春節前夕，許多公司都會組織自己的年底聚會，正是典型的、定期舉辦的、用以加強集體記憶的大型活動；加入某個俱樂部時，會有介紹環節和一個小小的歡迎儀式；有些美國大學社團招收新社員時，還會要求加入者通過一個個挑戰性測試，才可以成為新成員。

　　在社交網絡中，這類「儀式感」的行為有了更多變化。如「快手」上有一個網紅家族（現在，旨在聚攏和服務更多網紅的公會家族已經非常普遍）叫「天安社」，每個成員都在自己名字前加上了「天安」這個稱謂，這也是一種「儀式」。這個玩法其實就是從網絡遊戲、QQ 中承襲而來的。許多遊戲和 QQ 玩家在形成社群時，會在暱稱前統一加上前綴詞，用以宣示自己的身分。

　　關於社群由來的故事還會發展成多重解讀。活動中所形成的「故事」和「記憶」，在不斷的傳播擴散中變成素材，被成員和外部人員做出各種不一樣的解讀。組織者的解讀是為了傳播之需，成員們的各自解讀則能夠將一個故事擴散出去，繼而影響並吸引到更多社群以外的人。外部成員的討論再度讓這些訊息發酵擴散（讓人們討論你）。

　　在「故事」和「儀式感活動」之外，還有其他兩種方式可以強而有力的連結起成員情感：

❶社群暗語

直播語境中的詞彙「666」（源於一些東北籍主播經常對粉絲喊道：「老鐵雙擊666」，用以拉動粉絲互動）、貼吧語境中的「挽尊」（用回覆評論的方式幫網友挽救貼文）、「一樓度娘」（第一樓回覆送給百度的意思）、「23333」（捶地大笑的意思）、豆瓣八卦組的「八組鵝」（豆瓣上的一個喜歡爆料八卦的小組組員自稱），都是在各自社群語境下湧現出來的、只有參與者才熟悉的「語言」方式。如果有些用戶聽到這類話語而懵然不知，就可以判定自己與他們不是「同一類人」了。

前文提到的「帝吧」意外「背鍋」的「臉書出征」事件，還可以當作是表情包的勝利，或者視為表情包文化向海外網友的一次密集展示。此次「出征」的網友們製作了大量表情圖（裡面不乏非常好玩的逗趣圖案），將一件嚴肅的事情用有趣的方式表達出來，同時表達自己對祖國的熱愛。我們觀察年輕用戶發現，用圖片表達比用文字表達更順暢，甚至在不同用戶之間還會進行「鬥圖」，就像「尬舞」那樣互相進行比拚。這種方式充滿了這個時代年輕人獨有的特徵，在「出征」過程中甚至吸引了許多海外網友前來詢問，希望能收集這些表情包。這些表情包也是貼吧用戶和年輕用戶的獨有「語言」。

❷模擬關係

「模擬關係」是社群文化中最常使用的工具之一，能發揮巨大價值，卻也最常被忽略。

所謂模擬關係，我們仍可從《華夏邊緣：歷史記憶與族群認同》中得到啟發。王明珂認為，許多族群成員間的情感聯繫是在模擬某種血緣與繼嗣關係，「我們由族群成員間的互稱可以看出來：中國人互稱為同胞，在英語中『brothers and sisters』（兄弟姐妹們）也被用來稱呼與自己有共同族源的人。這些稱呼，即說明了族群感情在於模擬同胞手足之情。」

如我身處的「雙志精英會」——這個社群創建於 2012 年，迄今吸引了近萬名各行各業的企業家、影視明星等，大家經常在一起互相討論、研習企業管理與互聯網的最新發展趨勢。社群組織者為成員之間見面相處做了一些規定，如制定社群口號「人生若只如初見，我必待你勝家人」，並要求所有成員之間互稱「師兄」，以示互相學習，互相砥礪。有時，微信好友數量過多，無法辨識每一位好友時，一句「師兄」足以讓大家迅速確認這是來自雙志的好友。

騰訊員工將自己稱為「企鵝」，騰訊公司則被戲稱為「鵝廠」；小米稱自己的用戶為「米粉」；中國大陸女歌手李宇春所到之處，自稱「玉米」的粉絲之狂熱，就足夠讓她的演唱會大賣特賣；中國大陸男團 TFBOYS（加油少年）的粉絲從他們一首歌的歌詞「四葉草在未來唯美盛開」中獲得靈感，將自己稱為「四葉草」，表達了團體三人及粉絲第四人共同組成四葉草一起成長的意思；韓國男子組合 EXO 成員鹿晗的粉絲團「鹿飯」們，則爆發出了讓媒體驚歎的強大組織能力。

社群成員之間互相模擬關係，毫無疑問可以迅速消除陌生感，使相互關係更加緊密。

不過，這僅僅是最基礎的運用，模擬關係還能協助社群爆發出意想不到的能量。

日本女團 AKB48 背後的模擬關係

2017 年 5 月，AKB48 剛剛舉辦了她們的第 9 次總選舉，這個誕生於 2005 年的女子偶像團體毫無疑問地主宰著今天的日本娛樂界，成為諸多藝人團體學習的對象。2009 年，王一凡開始深入研究 AKB48 現象，並在 3 年後（2012 年）以「海爾凱特」為筆名陸續發表累計超過 40 萬字的微博連載文章〈AKB48 —— 21 世紀的醜小鴨傳說〉。此後，他還一度加入 AKB48 經紀公司 Office48 任職。

在對 AKB48 經營策略的觀察中，他詳述了「比較」和「團隊競爭」的運用，他將這些策略歸納出幫助 AKB48 迅速崛起的「三張牌」：

◆ 第一張牌，「代演」。

在每晚一場、週末連演三場的長期公演中，難免會出現成員請假的情況。在以前只有一批演員的時候，這種狀況是無解的，無論做什麼樣的臨時調整，舞台上都會少個人。現在有兩支隊伍了，如果 A 組有人請假，K 組來補上相應的位置就是。對於 K 組來說，這相當於直接參加了 A 組的演出。她們可以利用這個機會，對尚不了

解自己的歌迷們好好做一次展示，甚至直接把 A 組的歌迷拉到自己這邊來。

◆ 第二張牌，「亂入事件」。

2006 年 4 月 8 日，高橋南以當天是她生日為名，突然衝上 K 組正在演出的舞台，站在 K 組的前面把剩下的歌全部唱完，K 組一下子全體變成了她的伴舞。

一個月後，在 A 組的第二季公演過程中，大島優子也突然跑上舞台，同樣以迅雷不及掩耳之勢耍了一段個人秀，然後迅速撤退。這種看似搗亂的做法，顯然是在秋元康（AKB48 創辦人）的授意下做的。其目的當然是要在歌迷中製造「A 組和 K 組誰也不服誰，互相踢場子」的印象。

◆ 第三張牌，「握手會」。

因一次音響事故而誕生的握手會，已經成為 AKB48 的粉絲服務固定項目。隨著歌迷人數的增加，出於時間、安全等多方面因素考慮，握手會上每個歌迷和偶像交流的時間只有短短幾秒，一旦超時就會被保安拉開。

但在某次為 K 組專門舉辦的握手會上，這種時間限制臨時取消了，現場幾百位歌迷和 K 組的成員們面對面站著開了個茶話會，痛痛快快聊了很久。這種完全屬「偏袒」的機會傾斜，為 K 組培養自己的鐵桿歌迷帶來決定性的作用。短短一個月，K 組的人氣已經追上了 A 組。

秋元康一手策畫的「A-K 組對抗三部曲」，顯然已經取得了應有的成果。因為精彩激烈的內部對抗，A 組和 K 組在秋葉原掀起了

一波又一波話題，歌迷數量也在穩步增長。6 月初，AKB48 在秋葉原 UDX 大廈舉行了第一次劇場外活動，那天到現場的歌迷多達 1,200 多人。這個觀眾數說明成立半年的 AKB48 已經製造出相當大的動靜。有了這些資本，秋元康終於有底氣開始他的下一步計畫。

新的計畫就是如今外界非常熟悉的「總選舉」，粉絲可以透過購買 CD 獲得投票券的方式，確定下一張單曲的 7 人錄製陣容，因此，這 7 人也被稱為「神 7」。總選舉一舉奠定了 AKB48 日本國民偶像的地位，對於急劇擴大的新歌迷群體來說，認識 AKB48 就是從認識這 7 個人開始的。

從「A-K 組對抗三部曲」到「總選舉」，毫無疑問都是競爭／比較元素的充分運用；在這些競爭中，幫助小女生一路成長為大明星，在總選舉中幫助自己喜歡的成員進入「神 7」，這些都是讓人全力以赴的「大事件」。「最後，他們終於完成了史詩般的壯舉，成為那個世界的傳說。」

不過，這一切也和「模擬關係」密不可分。

我們可以再度回到 2006 年年初 AKB48 剛成立不久的那段日子。那時，這個新生的女團每場僅有寥寥數名觀眾而已，許多觀眾來了又走，因為這個團隊基礎實在太差了。王一凡這樣描述當時的情景：

劇場裡的表演實在是乏善可陳，這些叫作 AKB48 的女孩，既不玩 cosplay（角色扮演），也不賣萌，歌詞也只是表達小女生的小心思，

舞蹈什麼的更談不上專業性。很多人上來看了一眼，轉了一圈就走了（下樓的扶梯在另一側）。

但是，休完新年長假回來（日本把元旦當春節過），他們發現這些姑娘居然還在唱，還在跳。雖然和那些實力派唱將相比仍差十萬八千里，但和上個月比起來，平心而論，她們確實是有進步的。

一種似曾相識的感覺忽然撲面而來：眼前這一幕，不是很像動漫和遊戲裡常有的設定嗎？平凡的村民因某種契機走上了勇者的道路，但他只有三腳貓的功夫，裝備也只有鐵鍬。慢慢地，他結識了些同伴，遇到了些困難，在和同伴們歷盡千難萬險的旅途中，他們變成了真正的強者。等級在提升，裝備在更新，真正的潛力開始覺醒。最後，他們終於完成了史詩般的壯舉，成為那個世界的傳說。

如果說，一個月前這些姑娘的等級只有1，現在恐怕也就是2級，但無論如何，她們的確在提升。動漫和遊戲中反覆出現的場景，如今卻近在咫尺。看著這些每天可以見到的「未完成的偶像」，宅男們的心中忽然產生了從未有過的想法——不能再讓她們「自生自滅」了。應該保護她們，應該支持她們，就像呵護鳥窩裡弱小的雛鳥那樣照顧她們，直到她們一飛沖天的時候到來。

在秋葉原的餐廳和女僕咖啡店裡，「堂吉8樓那些女孩子」的話題漸漸流傳開來。一個月來一直冷冷清清的劇場，終於出現了三五成群結伴而來的觀眾。而篠田麻里子和大堀惠等人擔任服務員的咖啡屋，終於也開始忙碌起來。

在這些描述中，秋葉原的宅男們和這些當時還不是大明星的

「小女生」們悄然完成了關係的模擬與建立，模擬呵護小鳥成長的大鳥、陪伴小孩成長的家長，或呵護初級成員成長的大神。（「我應該保護她們，應該支持她們，就像呵護鳥窩裡弱小的雛鳥那樣照顧她們，直到她們一飛沖天的時候到來。」）

　　模擬關係不僅僅可以運用在成員之間，還可在海量成員和社群經營者之間搭建一座橋梁，協助每位粉絲和成員與社群經營者模擬一對一的強關係。 如 AKB48，過去明星與粉絲之間的不平等關係、陌生人關係，被模擬成了極強的家人關係。到了這裡，關係驅動可被分為小群關係、強關係、動態小池塘以及模擬關係，中間無數環節被直接省略。

　　今天的業界無數次強調與粉絲、用戶建立「連結關係」的重要性，「連結」也透過多種現象呈現出來，如六大驅動力中的利益驅動在企業之間建構了強且有力的連結；用戶透過「follow」（追蹤）機制將陌生人添加為好友，或透過加入一個社群等方式來建立帳號之間的連結等。不過，這些「連結」都會不斷衰減。利盡則散，公眾帳號的打開率也會愈來愈低。這些「連結」只是形成了弱關係。模擬關係則幫助企業和經營者與無數粉絲、用戶完成了強連結（因為再也沒有比家人更強的關係了）。建立「歸屬感」可以讓平等關係回到社群文化之中，將權力重新轉移回粉絲、用戶和社群成員中，新的社群文化得以開始自發醞釀。

　　藉由「模擬關係」，AKB48 終於奠定了自己崛起的基礎。從2010 年開始，這個女子團體開始催生出日本娛樂界極具歷史意義的百萬銷量唱片。2012 年王一凡動筆連載部落格時，AKB48 成員

前田敦子宣布退出，這一消息不僅在日本社會引起巨大震動，也在中國大陸引發漣漪，一度衝上百度熱搜排名。「因為對許多人來說，那是一次真正的、不含任何誇張成分的、內心深處信仰的崩塌。」到了今天，AKB48 在日本娛樂界的地位已經無可動搖。

2014 年 4 月，王一凡離開日本回到中國大陸，數月後參與創辦中國大陸女團「偶像學園 Idol School」。登錄網站後，我們可以在醒目的藝人成員照片下，看見兩行醒目的資訊：

上一個目標：媒體出道／第一張唱片（完成）

下一個目標：第一場演唱會

這兩條資訊旨在告訴人們，這個新興的中國女子藝人組合正在奔向自己的「演唱會」目標，希望變成粉絲「可以面對面的偶像」，書寫出醜小鴨成長為白天鵝的青春奮鬥物語。這個新興的社團，也在重走這條利用社群崛起之路。

隱形但強大的事件驅動力

我們再度回顧、總結穿插在各章節中的六大驅動力，它們雖被三句話概括 —— **事件驅動不如關係驅動，興趣驅動不如地域驅動，利益驅動不如榮譽驅動** —— 但這並非說明某種驅動力真的不如另一種，而是為了便於我們記憶和理解。在不同場景下，不同驅動力的運用會有很大差異。每種驅動力都有著非常現實的意義，充分運用其中任意一種，都能帶來巨大價值。

如同我們在利益驅動中所看到的「互惠接口」，看到滴滴打車利用滴滴紅包這個功能進入獨角獸行列；在關係驅動中我們看到用戶在「三人成虎」的環境中受吸引，並重新下定決策；在關係、興趣和地域驅動中又看到「三近一反」成為社群建構的基礎；在榮譽驅動和關係驅動中，我們看到「小池塘裡的大魚」推動微信讀書、全民 K 歌的壯大。但這些案例均有興趣驅動在內，此外利益驅動都發揮了重要作用，如「買一贈一」、「贈一得一」和「虛擬贈品」等。每一個案例均由多種驅動力交錯在一起，共同發生作用。

　　這六大驅動力之間的關係，如圖 10-1 所示。**利益驅動和榮譽驅動就像是兩大最突出的攻堅力量，關係驅動和地域驅動更像是基礎力量，興趣驅動和事件驅動則多在內部發生強有力的作用。**

　　本書針對關係驅動、榮譽驅動和利益驅動展開重點講解，簡略提及地域驅動和興趣驅動。只有事件驅動提及較少，僅在討論微信群的壽命時有所提及。如果不是強而有力的驅動力，那為什麼事件驅動仍能名列六大驅動力之中呢？答案正在「模擬關係」這裡。事件驅動最大的威力，是和「模擬關係」相配合。

　　在 AKB48 中，明星和粉絲被模擬成家人的關係，曾經可以被忽略的陌生人之間，變成了「養成」的強關係。粉絲為了自己喜歡的成員能進入「神 7」或者實現其他什麼目標，而心甘情願扮演自己能夠扮演的角色，心甘情願付出辛勤勞動。

　　「出征」事件中，網友們模擬了親密的戰友關係，為了能夠做成一起「大事件」，數百萬網友甚至放棄休息時間，幾個小時內就完成了從號召到行動，再到產出結果的完整過程。期間「隨時待

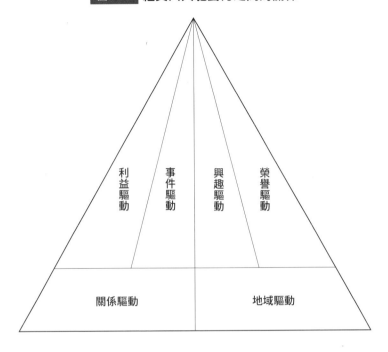

圖 10-1 社交六大驅動力之間的關係

利益驅動　事件驅動　興趣驅動　榮譽驅動

關係驅動　　　　　地域驅動

命」，做好分配給自己的工作。

在「三人成虎」章節中，18 歲的豪豪模擬著和 MC 天佑的「老大與小弟」的兄弟關係。為了「老大有面子」，豪豪願意每月從微薄的收入中拿出 1/4 用來打賞。

關於這些，我想借用一下「小池塘裡的大魚」中提及團隊競爭的那個結論：

人們不是賣命地提升索尼的地位，也不在意成員流轉在不同球隊，而是自豪於自己在一個「勝利」的團隊中。因此，為了這個勝利的歸屬感去心甘情願扮演自己能夠扮演的角色，心甘情願「為這

一天的到來辛苦工作了很長時間」，所做的工作是出於「義務」的。人們認為自己有責任、有義務為所在社群或團隊的勝利做出貢獻。

我將你的目標視為我的目標，並自覺地分配時間、精力和資源去幫助你努力實現這個目標，這就是「事件驅動力」。模擬、確立並穩固了無數粉絲與社群經營者的關係後，大事件就開始成為最大的驅動力。而經營者只需要經常做一件事，那就是：告訴粉絲一個目標。

在這裡，比較和競爭為「事件驅動」披上了一件外衣，「模擬關係」則幫助「事件驅動」解決了時間短促的困擾，驅動粉絲和用戶自動且心甘情願地完成一次次不同的「大事件」。不管是「神7」還是「爆吧」，或者其他事件，都遵循這個規律。

┤ 實戰練習 ├

1. 「模擬關係」和「事件驅動力」的結合，可以爆發出巨大的威力。那麼，模擬關係和其他驅動力是否也可以進行類似結合？你身邊有無這樣的事例？

致謝

　　這本書寫了整整兩年，寫了兩個獨立版本。第一個版本完成於
2016 年春節後，讀過後很不滿意。我希望寫出一本更好的書，這
是一個樸素的想法，因此轉而重新收集更多數據和一手案例，做更
多訪談，直到 2017 年春節再度動筆，重新寫作第二個版本。

　　這本書的困難點之一正是數據和案例的收集。 基於真實數據來
寫作，是我這三本書一直謹守的基本原則（《社交紅利》、《社交紅利
2.0：即時引爆》，以及本書）。說易行難，因為人力、數據分析習
慣，乃至不同公司的保密原則，這些數據散落在無數產品的後台之
中，需要專門去尋找、討論、提煉和抽取。我一度簽署了多份保密
協議，也被拒絕多次。

　　困難點之二是案例的選擇。 這件事情現在變得極具挑戰性，在
互聯網中，再好的案例可能一兩年之後就變得索然無味，再好的數
據也會被其他案例蓋過和超越，再好的技巧也會迅速變成大家共同
使用的基礎經營技巧。當下的熱點可能一週後就湮滅無聞。因此，

不斷遴選、不斷更換案例，讓案例及數據能夠禁受時間的考驗，也成為本書寫作時一大困難所在。

　　兩年的時間中，這兩個環節耗時最多。直至本書完稿前一刻，我仍在補充最新案例的採訪和數據，甚至仍然留有一些遺憾，如和一些公司所討論的數據還沒分析完成，一些案例則因為篇幅或結論雷同沒有被納入等。因此，我也更加感激書中提及和未提及的每一位受訪者。書中絕大多數的數據過去從未披露過。基於信任，提供者幾乎直接給出了後台最原始和真實的數據，為本書建構了新的骨架與血肉。雖然在這裡不再重複這些名字，但仍要真誠地道謝，尤其因為篇幅所限而沒有提到的那些朋友，謝謝你們。

　　困難點之三是如何使用案例。許多案例不管成功失敗，都能說明數個關鍵問題。方法論之間也互相咬合、互相銜接，究竟是將它們分別打散穿插在多個章節中，還是只在一個章節中重點描述？這個問題貌似簡單，卻在實際寫作中反覆糾纏著我。或許大家在閱讀本書時，還是能感受到這種糾結。如自媒體的社群化這個話題就被迫分散在各章中，社群的分類方法和觀察社群的幾個角度，也散落在各章節中作為輔線處理。對此如果您有什麼好建議，可以隨時掃描書封折口作者簡介下面的 QRCode 告訴我。感激不盡。

　　困難點之四是時間。書稿撰寫之耗時耗力，我在過去早有體會。愈是工作忙碌，想記錄的思路和方法論就愈層出不窮，洶湧而來；在行業內交流愈多，知悉的驚豔的數據和案例就愈多。不記錄下來心裡又實在癢得難受，不如乾脆下筆。現在居然已整理好三本書：《社交紅利》（2013 年）、《社交紅利 2.0：即時引爆》（2015

年），以及本書。過去從沒想過自己居然能寫書，也沒有想過還能一連寫三本，平均兩年一本。大部分夜晚和假期、無聊的飛機時間，我都在閱讀和整理中度過，今天再回頭看，這些算是自己進入30歲後接連送給自己的最好的禮物吧。

我要感謝微播易的同事們，他們衝在社交媒體傳播、自媒體溝通、研究分析第一線，是市場上的真正行家。善於行動的人往往拙於表達，而我幾乎可說是這些結論和研究的受益者。謝謝同事們，在你們的幫助下，這本書才能順利成書。

感謝我的前東家騰訊，在騰訊時養成的追問「Know How」（方法論）習慣，使得本書最先形成關鍵方法論，在搜集、整理數據和案例的過程中，這些方法論不斷被驗證、被修正、被提升。每一次採集案例時的深度碰撞，都令這些方法論更加穩固。書中許多基本的方法論和基礎數據得益於騰訊前同事們的幫助。

感謝我朋友圈中的每一位好友，寫作時我能深深感覺到他／她們的強大。每次寫到難處時，朋友們總是會隨時出現給予幫助，或者幫忙介紹關鍵人物。正是由於這些幫助，這本書的二次寫作才會完成得如此順利。

我和北京師範大學系統與科學學院院長狄增如教授相識於2016年最後一天，在2017年春節期間，狄教授和我長談數個小時，介紹了當下最先進的幾項研究成果，幫我釐清了許多困惑。

當我向田園東方創辦人張誠求教《偉大城市的誕生與衰亡》（*The Death and Life of Great American Cities*）這本書及城市規劃、小鎮經營的一些特點時，張誠邀請業界多位精英組了一個專業沙龍，用

一個完整的下午和我深度剖析。這些朋友包括：牛健（共享社區系統創辦人）、繆琪（中國城市規劃設計研究院主任、高級城市規畫師）、秦川（旅遊規畫師）、高揚（中央美術學院城市設計學院家居產品設計系主任）、姜民（魯迅美術學院老師）、張藝凡（建築設計師）、費卉卉、鄒迎晞（裊藍建築 CEO）等。一個下午的跨界碰撞，令我至今想起都十分感動。

豆瓣耿新躍和前康盛總裁陳亮是強大的歷史查詢器和人脈中心，書中對社群的許多關鍵追問、多個關鍵案例都源於他們。好友胡瑛在試讀時想到他有幾組更好的數據和案例可提供，第一時間協助拉群介紹。內購網和 YESBOX（人工智能共享櫥窗）創辦人蔡虎兄也在最後時刻幫忙介紹了多個實操案例。趙異、洋桔梗錢小虎和李川在試讀時介紹了多個新案例，這些案例恰好回答了非常關鍵的幾個問題。感謝宋文利提供的小雲社群分類數據。感謝唯麥科技（Wemind）COO（營運長）區揚提供的一手案例和後台數據。類似這樣的故事和幫助在寫作和全書稿試讀優化的過程中比比皆是。

特別需要提及百度貼吧部門的資訊開放度，從 2013 年我撰寫第一本書《社交紅利》開始，到《社交紅利 2.0：即時引爆》，再到本書，我都會求助於貼吧友人的數據及其對產品的理解。不管是哪個部門，都提供了極大的開放協助，大大的增進了內容的廣度。我在前面兩書的後記中應該都有提及，這裡再次謹表謝意。

感謝友盟，在 2015 年就已協助我分析了大量數據，只是遺憾在多個版本的修改中，因為對內容有所調整而最終沒有記錄在書中。還有眾多友人提供了數據和案例，因為內容布局和篇幅限制沒

有體現出來。這裡也一併表示感謝。

　　要特別感謝前 AdMaster（精碩科技）產品經理何濟洲（現美團高級產品經理），前 AdMaster 產品經理秦俊輝（現美利金融產品經理），前 AdMaster 高級數據分析師周默（現壹通傳媒高級客戶經理）。2015年我已經完成了對 AdMaster 的採訪，第一章「小群效應」中引用的對社交圖譜的分析和解讀即來自周默、秦俊輝、何濟洲的貢獻。兩年後三位朋友雖已紛紛就任新職，但仍陪伴我不斷討論和修正這些內容。定稿中高解析圖檔的再梳理出自秦俊輝之手，何濟洲也就章節內容提出了多個建議。

　　謝謝許敏。這位獅子座的哥們兒現在上海參與創辦一家名為議園的公司，是第一批參與試讀的朋友。其間除去閱讀體驗、章節邏輯等大的建議外，甚至連每個章節中的病句、錯字都幫我一一改正，專業水準不讓編輯。阿里巴巴 A. I. Labs（阿里人工智能實驗室）閆文、北京百分點陳鐵力、廣州康鼎廣告潘頌斌、徐代軍、少曼、尤可教授、深悅讀肖薇薇等朋友，也都給出了詳細而具體的修改文檔。

　　試讀一直貫穿在寫作的整個環節。和用數據說話一樣，試讀也是三本書寫作過程中我所堅持的另一個原則。

　　本書寫作過程中進行了更多試讀上的嘗試，包括每寫完一章就隨時釋放、最後所有章節一次邀請數百人同時閱讀討論、線聚閱讀討論等方式。數百位朋友透過各種形式參與，在忍受草稿粗劣的同時，提出了大量有價值的修改和改進意見，也幫忙推薦和介紹了許多新的採訪對象、數據／案例提供對象。這些試讀的朋友對提升書

稿品質，以及豐富內容度、閱讀舒適度都給予了十分重要的幫助。這些提出試讀意見和給予幫助的朋友包括：

B12 主筆記者仇蝶、騰訊眾創空間（武漢）肖承、起風了李學斌、京翰教育宋嘉、《哈佛商業評論》新媒體齊青、華章歐俊華、佛山慧聚謝春業、重慶尚渝網絡夏陽、環宇萬維謝丹、南京悅活吳姜、蔣林伶、清友學社吳建輝、GMGC（全球移動遊戲聯盟）任培文、朋拓科技李良永、樂動力潘可佳、人聯網賈墨蓮、人崗匹配研究員周江嶺、中百信唐勇、神州數碼戴劍、天津大招科技李維遠、黃翠蘭、鄭州青創江聰、百高互動趙悅茗、李猛、實幹家徐晶、任佶、上官璐璐。

雅培陳健君、《封面》孟梅、好享瘦 APP 何志毛、深圳南方科技董新勝、火石創造邱秋、中國科學探險協會王林波、Parabo-Limited 夏漢青、伽百略諮詢陳歡、埃摩森鄭輝、悟空新媒體陶遜、張亞玲、石榴家王叢洲、深圳融易學諮詢劉家俊、網聯正能量陳雪峰、混沌大學衡曉靜、筆記俠柯洲、美菜謝釗等朋友都曾參與試讀並提出大量修改建議。

我的老讀者們，中廣創思夏曉岑、鐵血網黃子雄、檸檬洗洗劉一君、扇貝單詞張兆超、毛心宇、中國移動黃鶴羽、深大荔知楊玉會、柳溪、科大訊飛張祚勇、環球優購秦義成、盤絲洞陳劍、母嬰號「大小愛玩」梁岩、「知識星球用戶增長」馬驍驛、「UU 跑腿」魔王等，也參與試讀並提出了許多寶貴意見。感謝無界空間曾提供超棒的場地，方便我和老讀者們面對面溝通討論。

360 大學王冉、向明和 PMCAFF 阿德，也幫我發起了面對面

新書試讀活動，邀請了包括電商平台 Wants 好物李毅秋、搜開 PA 清風、達人說王嘯林、花椒直播魏濤、超聲波楊子超、超聲波龔海瀚、大數據公司 WeHome 余鵬、碎樂周鑫、樂視周政、奶糖劉佳良和 360 楊玉奇等在內的產品經理們進行線下深度討論。產品經理們的意見為內容專業度和閱讀體驗等帶來了非常大的幫助。清風和百度李天華還幫我介紹了多個關鍵人物，以補充新的案例和數據。

實際上，參與試讀的朋友有 400 多位，因為疏忽，我沒有記錄下更多給予幫助和提出修改意見的朋友。這裡一併致謝。

試讀對於書稿提升帶來的幫助不言而喻。每次釋放試讀必然伴隨著深度分享和溝通，每一次我都會得到更多啟發，「贈人玫瑰，手留餘香」這句話又要用在這裡了，在這個過程中獲得深度啟發多次，在草稿完成後又進行了三輪大範圍內容升級，甚至有多個章節推翻重寫。

接下來的時間裡，我仍將對本書持續進行修改和改版，並會公開分享。那些遺憾沒有來得及納入的案例和數據，也將在改版時呈現出來。

謝謝簡書黃一琨。我的三本書寫作都受益於他的長談，每次他都像我追問採訪對象那樣追問我：

你的書是寫給誰看的？要告訴他們什麼核心資訊？

這個追問對我梳理書稿邏輯、明確寫作風格，乃至制定後續傳播規畫，都有非常大的幫助。

認真對待書稿，朋友們就認真對待寫書的人。

謝謝在書裡書外提供了無數幫助的人們，謝謝我的每一位朋友，謝謝每一位讀者，謝謝你們。

謝謝妻子，謝謝長輩，謝謝我的姊姊們、親人們。家人承擔了無數日常煩勞的小事，我才能安心坐在那裡整理書稿。

謝謝我可愛的得米。每次疲倦時，她在旁邊唱起兒歌，跟我講起她構思的稚嫩的小故事，乃至小小的撒嬌，都會讓我倍感幸福。我常常會幻想一個未來場景——當得米長大後，《社交紅利》系列依然暢銷，內容依然禁得起考驗，我的得米可以指著書自豪地說：

這是我爸爸寫的。

這是我爸爸為我寫的。

一想到這些，我就會咧開嘴笑出聲來。

徐志斌

2017 年 8 月

主題：註冊會員必看！

2008 年 6 月 8 日刪除 29,085 名不合格會員
發表於 2005 年 9 月 4 日 16 點 30 分

⊙自 2007 年起，每隔幾天（一個星期或幾天）就會刪除不合格的會員。以下是刪
　除不合格會員的記錄：

　　8 月 13 日已刪除 5,909 名會員

　　8 月 21 日已刪除 505 名會員

　　……

　　2008 年 6 月 1 日刪除 27,521 名不合格會員

⊙本網站不歡迎任何變相廣告者，看到必封鎖 IP（互聯網協議位址）。本網站不歡
　迎潛水員和不知規定為何物的會員！本論壇不歡迎無貢獻者。每一位會員必看
　公告區所有貼文，否則後果就是封鎖 IP，沒有第 2 次機會進入網站。

　　（1）進入各版前請認真閱讀版規，版規和論壇公告不相衝突。

　　（2）請隨時注意回收站貼文，所有貼文進入回收站被確認後將在幾天之內刪
　除，以免浪費論壇資源！

　　（3）任何會員在註冊 7 天後如果積分還是 0 ～ 1 分，那麼就和你說再見！我
　們相信自己的網站，但不是為這種人服務！論壇不定時檢查不合格會員。

　　（4）論壇 30 天清理一次會員的私訊，請及時查看自己的私訊。每個月的 30

號為清理私訊。

（5）沒人要你註冊成會員，但請注意註冊時使用正規 ID，使用全數字者刪，其他像 aaaaaaaa、bbbbbbbb、ccccc 者刪。

（6）發文或回文像 dddddddddd、aslkdfjlskadfsd 者刪！

（7）亂灌水被發現封鎖 IP！亂發文者封鎖 IP！亂回文者封鎖 IP。論壇不歡迎不貢獻的人！註冊前請自重！

（8）新進會員不明白的地方請在公告區留言。

（9）為了保證大家更好地使用論壇、參與論壇，註冊一週從未發文的帳號將被刪除。一個月未登錄會員的帳號將被刪除，任何發廣告者、灌水者、搗亂者刪帳號。祝各位在這裡玩得開心。在論壇關閉註冊之時只接受邀請註冊。

（10）會員必看：鑑別廣告，拒絕廣告，舉報廣告！

⊙ **灌水定義**

（1）漢字回文少於 10 個字，或者拼音和英語單詞回應少於 10 個詞；嚴禁出現用沒有意義的字、詞、單詞〔如：沙發、頂、好、第一、謝謝、謝謝樓主的發文、謝謝、同意、第二、ok（好的）、good（好）、支持樓主貼文……〕回文。

（2）與主題內容無關的回應，嚴禁用類似「搶上謝謝了」「這就是傳說中的謝謝嗎？」「坐板凳」這種詞語來回應。

（3）兩三個字不斷重複，例如「謝謝樓主的發文謝謝樓主的發文謝謝樓主的發文謝謝樓主的發文」等毫無意義的重複。

（4）複製他人回文後在任何區萬能回文。

（5）辱罵、侮辱樓主、管理員或者其他會員，進行人身傷害。

（6）通篇都是謝謝謝謝謝謝等字眼，占據很大的內存，影響論壇運行速度。

（7）亂開主題。

（8）刷屏，就是在很短時間裡在同一個貼文或者在其他貼文裡回覆的內容幾乎一樣。

（9）與主題沒有任何關係的回文，屬惡意灌水，扣分警告！

（10）一連串沒意義的文字、符號、字母的回文，屬惡意灌水，扣分警告！

（11）帶有人身攻擊性語言的回文，辱罵他人，屬惡意灌水，扣分警告！

（12）用字或符號組成的圖案，屬惡意灌水，扣分警告！

（13）複製別人回應，屬惡意灌水，扣分警告！

（14）同一貼文回應 3 次以上的，屬惡意灌水，扣分警告！

（15）回文中帶有惡意廣告或網址，屬惡意灌水，扣分警告！

（16）回文中帶有談論政治類敏感話題，屬惡意灌水，扣分警告！

（17）影視版在回文中出現外論壇或者其他網站的連結一律視為廣告貼文。

（18）在回文中的附件內容包含病毒。

（19）不斷灌水，並且不聽勸告的會員。

（20）出現個人 QQ 號碼和其他聯繫方式。

（21）字數少又毫無意義（沙發、頂、謝、不錯、看看等）。

（22）發文內容與主題毫不相關，嚴重離題。

（23）純數字灌水（3Q、88、9494……等）。

（24）純水貼文，毫無內容的一些符號貼文。

（25）過分複製貼文，連續發同樣內容的貼文或數字貼文等。

（26）純複製／引用別人的貼文。

（27）使用不文明的字或句，攻擊別人的貼文。

（28）以賺錢、灌水為名，發些毫無意義的貼文（例如：如何賺錢等）。

（29）重複發內容類似的主題。（例如：xxx 好看嗎？ooo 好看嗎？kkk 好看嗎？）

（30）發一些內容無意義的「灌水」貼文。

（31）在任何版區內的同一貼文內連續回多於一個貼文。

⊙**廣告定義**

（1）在貼文或回覆中出現外部論壇或者其他網站的連結，一律視為廣告貼文。

（2）在圖區中發文，內容出現外論壇或者其他網站的連結，或直接按圖片即可轉到外論壇或者其他網站的連結，一律視為廣告貼文（圖區的圖片內含有其他網站連結不算，酷站推薦不算在內）。

（3）在發文或回文中帶有個人訊息（真實電話、手機號碼、住址等一切聯絡方式）。

（4）凡是有「ID=xxxx」「a=xxxx」「key=xxxx」「u=xxxx」「get=xxxx」等含有 ID 的宣傳貼文。

⊙重複貼文定義

（1）貼文標題內容相同。

（2）貼文標題不一樣，但內容相同，改頭換面型。

（3）文學版貼文標題一樣，內容大部分相同或長期不更新，或多或少為重複貼文，長期不更新的貼文會移至回收站。

（4）圖區的大部分圖片均為東拼西湊而成，此類貼文屬重複貼文（個別情況除外，如活動收集關於扣分的說明）。

1）灌水扣分：違反以上規定者扣 1 ～ 30 分（視情況而定），若有嚴重違反者和屢次違反者，可申報至版主或以上管理員刪除 ID ！

2）廣告扣分：違反以上規定者，可申報版主或以上管理員刪除 ID ！

3）重複扣分：違反以上規定者，可移回收站，有嚴重違反者和屢次故意違反者，可申報至版主或以上管理員，說明原因後，由相關人員刪除 ID ！

以上扣分標準最低 1 分，最高 30 分。

我在寫作過程中，參考或受到下列這些書籍的各種啟發，其中部分書曾有出現在正文中，謹記錄如下[1]：

（1）徐志斌，《社交紅利》，北京聯合出版公司，2014.

（2）徐志斌，《社交紅利2.0：即時引爆》，北京中信出版社，2015.

（3）菲利普・鮑爾，《預知社會：群體行為的內在法則》（*Critical Mass: How One Thing Leads to Another*, Philip Ball），北京當代中國出版社，2010.

（4）珍・雅各，《偉大城市的誕生與衰亡：美國都市街道生活的啟發》（*The Death and Life of Great American Cities*, Jane Jacobs），聯經出版公司，2007.

（5）道格・桑德斯，《落腳城市：最終的人口大遷徙與世界的未來》（*Arrival City：The Final Migration and Our Next World*, Doug Saunders），麥田出版社，2011.

（6）王明珂，《華夏邊緣：歷史記憶與族群認同》，允晨文化，1997.

（7）張坦，《窄門前的石門坎》，貴州大學出版社，2009

（8）費孝通，《鄉土中國》，上海人民出版社，2013.

（9）尹全海、余紀珍、喬清忠，《中原與閩台淵源關係研究三十年：1981～2011》，崧燁文化事業有限公司，2018.

（10）秦海龍，《面向社會媒體的用戶在線社交圈識別與分析》，哈爾濱工業大學出版社，2016.

（11）史蒂芬・褚威格，《人類的群星閃耀時》（*Sternstunden der Menschheit*, Stefan Zweig），網路與書出版，2009.

（12）勒達夫，《底特律：一座美國城市的衰落》（*Detroit: An American Autopsy*, Charlie LeDuff），北京中信出版社，2014.

（13）戴維・邁爾斯，《社會心理學》（*Social Psychology*, David G. Myers），北京人民郵電出版社，2006.

（14）戴維・M・巴斯，《進化心理學》（*Evolutionary Psychology: The New Science of the Mind*），北京商務印書館，2015.

（15）史蒂芬・平克，《人性中的善良天使：暴力如何從我們的世界中逐漸消失》（*The Better Angels of Our Nature：Why Violence Has Declined*, Steven Pinker），遠流出版，2016.

（16）羅伯特・賴特，《非零年代──人類命運的邏輯》（*Nonzero：The Logic of Human Destiny*, Robert Wright）張老師文化，2001.

（17）克里斯・安德森，《長尾理論──打破80／20法則的新經濟學》（*The Long Tail: Why the Future of Business is Selling*, Chris Anderson），天下文化，2015.

1　編注：如有繁體中文版，則置換為台灣版書名及出版社。

（18）李磊，《社會心理學視角下的心理契約》，經濟科學出版社，2009.

（19）哈拉瑞，《人類大歷史：從野獸到扮演上帝》（*Sapiens: A Brief History of Human-kind*, Yuval Noah Harari），天下文化，2014.

（20）哈拉瑞，《人類大命運：從智人到神人》（*Homo Deus The Brief History of Tomorrow*, Yuval Noah Harari），天下文化，2017.

（21）賈德‧戴蒙，《槍炮、病菌與鋼鐵：人類社會的命運》（*Guns, Germs, and Steel: The Fates of Human Societies*, Jared Diamond），時報出版，2015.

（22）邁可‧桑德爾，《正義：一場思辨之旅》（*Justice: What's the Right Thing to Do?*, Michael J. Sandel，先覺出版，2018.

（23）沈志華，《一個大國的崛起與崩潰》，社會科學文獻出版社，2009.

（24）凱文‧凱利，《NET & TEN》（*New Rules for the New Economy*, Kevin Kelly），大塊文化，2009.

（25）傑瑞米‧里夫金，《同理心文明》（*The Empathic Civilization*, Jeremy Rifkin），北京中信出版社，2015.

（26）艾瑞克‧萊斯，《精實創業》（*The Lean Startup*, Eric Ries），行人出版，2017.

（27）吳曉波，《騰訊傳》，天下文化，2018.

（28）潘東燕、王曉明，《騰訊方法》，北京機械工業出版社，2014.

（29）布萊德‧史東，《貝佐斯傳：從電商之王到物聯網中樞，亞馬遜成功的關鍵》（*The Everything Store：Jeff Bezos and the Age of Amazon*, Brad Stone），天下文化，2014.

（30）李志剛，《九敗一勝：美團創始人王興創業十年》，北京聯合出版公司，2014.

（31）李志剛，《創京東》，北京中信出版社，2015.

（32）劉強東，《劉強東自述：我的經營模式》，北京中信出版社，2016.

（33）朱光，《壹百度》，江蘇文藝出版社，2010.

（34）劉鷹，項松林，方若乃，《阿里巴巴模式》，啟動文化，2014.

（35）田中秀臣，《AKB48 的格子裙經濟學》（*AKB48 no Keizaigaku*），遠流出版，2013.

（36）羅傑‧費希爾，艾倫‧夏普，《橫向領導力》（*Getting It Done*, Roger Fisher, Alan Sharp），北京聯合出版公司，2015.

（37）肯‧布蘭佳，謝爾登‧鮑爾斯，《共好！》（*Gung ho!, Ken Blanchard, Sheldon Bowles*），哈佛企管出版，1998.

（38）傑夫‧薩瑟蘭，《SCRUM：用一半的時間做兩倍的事》（*SCRUM: The Art of Doing Twice the Work in Half the Time*, Jeff Sutherland, J. J. Sutherland），天下文化，2018.

（39）鹽野七生，《羅馬人的故事》，三民出版，1998.

（40）黃章晉，《來到地球的第一天》，北京中信出版社，2014.

（41）張令牟，《消失的帝國：匈奴帝國》，中國國際廣播出版社，2013.

（42）笑非，《我的鑽石人生》，清華大學出版社，2013.

（43）金庸，《鹿鼎記》，遠流出版，2013.

（44）劉慈欣，《三體》，貓頭鷹出版社，2011.

（45）馬里奧‧普佐，《教父》（The Godfather, Mario Puzo），新雨出版社，2014.

（46）我吃西紅柿，《星辰變》，太白文藝出版社，2011.

（47）天蠶土豆，《鬥破蒼穹》，青島出版社，2015.

（48）南無袈裟理科佛《苗疆蠱事》，普天出版社，2015.

（49）瘋子，〈邏輯思維的騙局〉[2015-08-30]

http://mp.weixin.qq.com/s?__biz=MzA5NDg2NDQ2OQ==&mid=209330045&idx-=1&sn=3fbaab581e336df35513009f7ec516ba&scene=0#wechat_redirect

（50）怪蜀黍，〈《CF》創造射擊網遊紀錄，同時在線人數突破 600 萬〉[2016-03-13]

http://www.yxdown.com/news/201603/275692.html

（51）靳曼、劉言蹊，〈虎牙 1 億簽約爐石主播？這可是它一個季度的營收〉[2016-06-07]

http://tech.sina.com.cn/i/2016-06-07/doc-ifxsvenv6829930.shtml.

（52）韋二，〈千萬挖角 MC 天佑？火山開撕快手或引短視頻大戰〉[2017-05-17]

http:// tech.sina.com.cn/i/2017-05-17/doc-ifyfeivp5819175.shtml

（53）每日經濟新聞，〈1.68 億人辛苦「集福」一個月，昨晚每人分了不到 1.2 元⋯⋯送支付寶一個大寫的服〉[2017-01-28]

http://www.sohu.com/a/125229933_115362

（54）尹天琦 ，〈快的 vs 滴滴： 大戰、死磕全記錄〉[2014-04-12]

https://www.pintu360.com/a6160.html

（55）《GQ》，〈追蹤三個月，看 MC 天佑如何統治直播江湖〉[2016-09-22]

http://www.gq.com.cn/magazine/news_143298c5c0e7348a.html

（56）半島網，〈孩子緣何喊出「父母皆禍害」？〉[2010-09-28]

http://news.sina.com.cn/o/2010-09-28/133818172095s.shtml

（57）中青在線，〈「父母皆禍害」： 無驚悚，不討論？〉[2010-07-23]

http://zqb.cyol.com/content/2010-07/23/content_3339401.htm

（58）Chloe，〈移動社區運營要做到「 無為而治」〉[2015-01-23]

https://36kr.com/p/218985.html

（59）知乎，〈為什麼色情網站（論壇）上的網友發言往往都很理性？〉[2011-07-16]

https://www.zhihu.com/question/19711033/answer/12855729

（60）每日人物，〈快手第一天團天安社引發的追捧效應：紅與黑〉[2017-01-11]

http://www.ebrun.com/20170111/210423.shtml

（61）海爾凱特，〈AKB48—21 世紀的醜小鴨傳説 〉[2012-04-01]
　　　http://blog.sina.com.cn/s/articlelist_1406636674_3_1.html

（62）超聲波，〈 收入全球前五：為什麼《王者榮耀》這麼火？〉[2017-02-17]
　　　http://www.iheima.com/article-161268.html

（63）伽馬數據，〈2016 中國電競市場規模超 504 億，上漲 34%〉[2017-03-01]
　　　http://www.gamelook.com.cn/2017/03/283607

（64）瑰麗的靜止，〈王者榮耀之我見〉[2017-03-01]
　　　http://api.m.pmcaff.com/article/index/629389307902080?from=related&pmc_
　　　param%5Bentry_id%5D=1222035939664000